新技术法学研究丛书

丛书主编：张保生 郑飞

区块链技术的应用风险与防范治理

马贺 陈沛文 —— 等著

中国政法大学出版社

2025 · 北京

图书在版编目（CIP）数据

区块链技术的应用风险与防范治理 / 马贺等著. -- 北京 ：中国政法大学出版社, 2025. 3. -- ISBN 978-7-5764-2024-1

Ⅰ. D922.174

中国国家版本馆 CIP 数据核字第 202553TY40 号

书　名	区块链技术的应用风险与防范治理 QUKUAILIAN JISHU DE YINGYONG FENGXIAN YU FANGFAN ZHILI
出版者	中国政法大学出版社
地　址	北京市海淀区西土城路 25 号
邮　箱	bianjishi07public@163.com
网　址	http://www.cuplpress.com (网络实名：中国政法大学出版社)
电　话	010-58908466(第七编辑部) 010-58908334(邮购部)
承　印	固安华明印业有限公司
开　本	720mm × 960mm　1/16
印　张	20. 5
字　数	315 千字
版　次	2025 年 3 月第 1 版
印　次	2025 年 3 月第 1 次印刷
定　价	98.00 元

作者简介

马　贺　华东政法大学刑事法学院副教授、互联网企业反腐败与合规研究院副院长，上海靖霖律师事务所涉外刑事业务部主任，法学博士。加拿大蒙特利尔大学特邀研究员、联合国前南斯拉夫问题国际刑事法庭访问学者、法国巴黎第一大学等知名高校访问学者、美国旧金山大学客座教授。2019 年入选上海涉外法律人才库（第一批），2018 年入选上海市涉外律师人才库（第一批）。主持、参与多项国家级、省部级课题，撰写或参与撰写多部专著，发表多篇英语、法语译文

陈沛文　上海靖霖律师事务所党支部副书记、高级合伙人、网络犯罪研究与辩护部主任，靖霖网络犯罪研究办公室主任，法学硕士。现任北海国际仲裁院仲裁员、上海市律师协会数据合规与网络安全专业委员会委员、普陀区刑事专业委员会副主任、上海市普陀区青年律师联合会副会长。专业研究网络、黑灰产、数据及涉区块链犯罪的辩护与合规，撰写研究文章六十余篇。办理典型网络案件近百件，无罪三十余件。为十余家大中型互联网企业提供刑事合规及风险防控服务

麻双豹　上海市人工智能社会治理协同创新中心助理研究员

陆姚旭　上海高凯律师事务所合伙人

黄双双　浙江靖霖律师事务所专职律师

张警语　上海靖霖律师事务所专职律师

张伟伟　上海市荣业律师事务所专职律师

总　序

21世纪以来，科技迅猛发展，人类社会进入了新技术“大爆发”的时代。互联网、大数据、人工智能、区块链、元宇宙等数字技术为我们展现了一个全新的虚拟世界；基因工程、脑机接口、克隆技术等生物技术正在重塑我们的生物机体；火箭、航天器、星链等空天技术助力我们探索更宽阔的宇宙空间。这些新技术极大地拓展了人类的活动空间和认知领域，丰富了我们的物质世界和精神世界，不断地改变着人类社会生活的面貌。正如罗素所言，通过科学了解和掌握事物，可以战胜对于未知事物的恐惧。

然而，科学技术本身是一柄“双刃剑”。诺伯特·维纳在《控制论》序言中说，科学技术的发展具有为善和作恶的巨大可能性。斯蒂芬·霍金则警告，技术“大爆炸”会带来一个充满未知风险的时代。的确，数字技术使信息数量和传播速度呈指数级增长，在给人类生产和生活带来信息革命的同时，也催生出诸如隐私泄露、网络犯罪、新闻造假等问题。克隆技术、基因编辑等生物技术在助力人类攻克不治之症、提高生活质量的同时，也带来了诸如病毒传播、基因突变的风险，并给社会伦理带来巨大挑战。

奥马尔·布拉德利说：“如果我们继续在不够明智和审慎的情况下发展技术，我们的佣人可能最终成为我们的刽子手。”在享受新技术带来的便利和机遇的同时，提高风险防范和应对能力是题中应有之义。我们需要完善立法来保护隐私和知识产权，需要通过技术伦理审查确保新技术的研发和应用符合人类价值观和道德规范。尤为重要的是，当新技术被积极地应用于司法领域时，我们更要保持清醒的头脑，不要为其表面的科学性和查明事实真相方面的精确性所诱，陷入工具崇拜的泥潭，而要坚持相关性与可靠性相结合的科学证据采信标准，坚守法治思维和司法文明的理念，严守司法的底线，不能让新技术成为践踏人权的手段和工具。

不驰于空想，不骛于虚声。在这样一个机遇与挑战并存的时代，我们应以开放的胸襟和创新的精神迎接新技术带来的机遇，也需要以法治理念和公序良俗应对新技术带来的挑战。弗里德里奇·哈耶克曾反思道："我们这一代人的巨大不幸是，自然科学令人称奇的进步所导致的人类对支配的兴趣，并没有让人们认识到这一点，即人不过是一个更大过程的一部分，也没有让人类认识到，在不对这个过程进行支配，也不必服从他人命令的情形下，每一个人都可以为着共同的福祉做出贡献。"因此，在新技术"大爆发"的新时代，我们需要明确新技术的应用价值、应用风险和风险规制方式。本丛书的宗旨就在于从微观、中观和宏观角度"究新技术法理，铸未来法基石"。阿尔伯特·爱因斯坦说过："人类精神必须置于技术之上。"只有良法善治，新技术才能真正被用于为人类谋福祉。

张保生

2023 年 12 月

序

技术的发展不仅在于技术本身，还在于技术的规范化应用。区块链技术在带来现实革新的同时，也为法律工作者提出了全新的挑战。随着技术的不断发展及政策的不断演变，认识并理解区块链技术，引导并规范区块链技术应用有其重大的研究价值和现实必要性。本书基于作者团队大量的实务经验，对新兴技术的敏锐触觉，以及对域内外区块链技术的研究总结，系统性分析了区块链技术应用的风险与规范化要求，对我国区块链技术应用的法律研究具有重要的参考价值。

本书由马贺、陈沛文、麻双豹带领的团队编著。该团队深耕新兴技术的法律研究，对区块链法律有着独到的见解与认识。团队有着丰富的区块链法律实务经验，办理过大量涉区块链辩护及合规案件，对区块链项目市场有着深刻的认识与洞悉。与此同时，该团队还具备扎实的基础理论研究，作为我国第一批开展区块链法律研究的团队，积累了大量研究成果，通过理论与实践的深度融合，真正做到了法律研究的前瞻、务实、精深。

区块链的法律研究与一般的法律研究不同，不仅需要深厚的法学功底，还需要真正了解技术。本书的作者团队便具备技术与法律的双重背景，不仅有着一线的法律工作经验，而且深度把握区块链技术底层知识以及前沿的技术动向。凭借着团队复合型的背景，刺破了技术的神秘面纱，让技术与法律以能够被理解的方式进行呈现，为技术法律的研究提供了值得借鉴的分析样式。

从法律研究的角度，本书具有十足的开拓性。团队通过对区块链技术应用风险及治理的全方面研究，在许多方面填补了我国相关研究的空白，资料翔实，论述准确，深化了我国区块链技术应用的法律研究与实务应对。法律或许具有滞后性，但法律研究不应该有滞后性。当下的法律工作者，尤其是年轻的法律工作者，只有秉持这样的开拓精神，与时俱进，才能看到未来法律市场更多的可能性。

事实上，我与本书的作者团队，尤其是马贺教授、陈沛文律师，有着许多的共事经验与接触。他们优秀的专业能力、敬业勤勉的研究精神和广阔的国际视野都令人印象深刻。在日常的共事中能够深刻感受到马贺教授、陈沛文律师对于政策与法律理解的准确和独到，对于案件办理的细致和深刻，对于法律研究保有的热忱。法律研究不是一蹴而就的冲动，而是需要投入大量的精力，从实践中总结经验，从理论中提炼核心，如此往复。本书的作者团队便具有上述的品性与特征，因此才能铸就他们在新兴技术法律研究领域的领先水平。

本书作为作者团队近年来研究的集大成者，有着视角的广度、专业的深度，以及理论的厚度。本书从区块链技术出发，解读政策规范，剖析风险要素，架构规范化体系，全方面解构区块链技术应用中所涉法律问题及解决方案，提供了区块链技术应用法律研究的范本，也是我国区块链技术应用法律研究的突破性成果。相信本书的出版，对于深化我国区块链技术应用的法律研究与实务应用具有积极的引领价值，鉴于此，乐意向读者推荐。

我谨此衷心预祝本书成功付梓。

徐宗新

2024年12月12日

自　序

一、区块链技术的发展是一次前所未有的历史机遇

从历史的角度来看，中国的科技、经济与文化曾经长时间领先于世界诸国，但自工业革命以来，随着技术的快速发展与变迁，中国与西方的差距越来越大。虽然我们不断在加快科技创新，加强底层技术研发，逐步追赶工业革命以来与西方拉开的差距，但历史拉开的差距，往往需要重大的变革作为拐点，才能实现决定性的弯道超车，随着以互联网为代表的新技术革命对全球经济社会产生的颠覆性影响，这样的时代风口已然到来。近二十年来，在中国大地上如火如荼地展开的“互联网+”的技术革命，造就了一大批站在时代风口的“独角兽”企业。诸如阿里、腾讯、百度、字节跳动这些互联网界的“独角兽”的出现，使得中国经济凭借互联网的连接能力与赋能功效，产生了系统性、全局性的重大变革。而这种变革，随着区块链技术的兴起与应用，已然走到了这场变革最为重大的历史转折点。

区块链技术被认为是互联网发明以来最具有颠覆性的技术创新，依托于密码学、经济学、博弈论以及计算机学科等多个学科，将传统中心化网络的交互引导向去中心化网络中的点对点交互，其交易不可逆、数据不可篡改的特点，使去中心化网络中的各方都保持了足够的透明度和地位的平等性。这种特性，在诸如金融、能源、物流、教育、文化和社会服务等多个领域，均具备前所未有的商业价值。随着近期“Web 3.0”及“元宇宙”

概念的大火，未来建立在区块链技术上的去中心化互联网将是互联网行业必然的发展方向，也是互联网第三次技术革命的重要方向。在区块链技术的支持下，Web 3.0 通过区块链、去中心化身份等方式解决了 Web 2.0 下数据安全的隐患，几乎根除了虚假信息流通的可能。另外，在 Web 3.0 的概念下，用户所创造的数字内容所有权明确为用户所有、由用户控制，其所创造的价值也将根据用户与他人签订的协议进行分配，即数据变为数字资产，可以得到资产级别的保障，使得在数字经济时代，数据权益真正地归于每一个主体。虽然这样的变革，还有很长一段路要走，但未来已然清晰可见。每每出现新的技术革命，人类经济体制和社会结构必然会发生深刻的变革，这是历史的机遇，也是时代的必然。

二、区块链时代需要关注的新问题

区块链是一场技术革命，更是一次技术伦理和利益格局的变革，这种变革必然带来的是对传统行业利益格局的冲突，也会对我们传统的政策监管方向提出全新的挑战。这就需要我们法律从业者及法律研究人员对于这一新领域的监管问题予以高度的关注。技术应用的规范化，永远是技术能够取得广泛应用和长足发展的基石。需要注意的是，如果单纯地套用传统的监管模式，必然会极大地遏制技术及产业的创新，而一味地放任技术的应用，过分地秉持技术中立的观点进行治理，又必然会陷入社会风险及犯罪频发的怪圈。过去“一刀切”的监管模式，造成了当前我们区块链产业的野蛮增长，区块链技术及其概念被别有用心的不法分子进行利用，引发了诸如非法集资、传销、诈骗、赌博、洗钱等一系列的违法犯罪案件，也使得区块链技术在社会层面和监管层面存在污名化的现象，甚至将整个区块链产业与“币圈”相等同，这又进一步限制了区块链产业的正常发展。

因此，在处理新技术革命带来的监管难题时，我们需要完成从“监管”到“治理”的转变，特别要重视新技术产业的内生性治理及政策引导层面的包容性治理，在充分探究区块链技术应用的不法风险的基础上，有针对性地寻求规范性治理的方案，这才是应对技术变革的社会治理方式的唯一解。

三、新技术的治理需要正本清源的研究思路

当前对于区块链技术的研究主要来自相关行业从业者及技术人员对技术逻辑及技术应用等基本问题的研究，法学界对这一领域关注得并不多。更多的法学研究，主要还是针对具体不法行为的认定及法律责任的分析，普遍以“币圈”所涉及的违法犯罪行为展开，侧重于不法行为的打击与惩处，将区块链技术的应用规制片面地等同于加密数字货币的管控，但这样的研究显然是片面的，甚至忽视了区块链技术本身的特质与价值。对于新技术的治理，防范风险自然是迫切且必须的，但更加不能忽视的是，新技术应用所带来的不法风险是时代的产物，必须立足于时代背景和技术条件，明确新技术发展过程中所产生的法律规范及监管政策的必然需求，方能实现对新技术的现代化治理。

因此，我们需要遵循先搞清楚技术逻辑及应用场景，再谈不法风险与监管需求的基本路径，避免监管的“拍脑袋”决策和“一刀切”控制，以产业发展为导向，将治理模式与技术发展的路径相融合，紧跟时代的步伐，避免在法学研究的范围内“闭门造车”，方能实现技术与法律的相融互通。

区块链技术及其产业经历了行业蓬勃的发展，经历过“币圈”乱象的起伏跌宕，也承受了来自监管层面的严厉整治，甚至自2021年十部委公告出台后彻底进入了产业寒冬。但不论如何变化，不可阻挡的是，以区块链技术应用为基础的新时代，已然降临，时代的洪流，发展的大势，不是任何个人甚至一个国家可以阻挡的。对于已然降临的区块链时代，我们将去向何方，英国作家查尔斯·狄更斯《双城记》中的经典论调早已给我们指明方向——这是一个最好的时代，也是一个最坏的时代；这是一个智慧的年代，这是一个愚蠢的年代；这是一个信任的时期，这是一个怀疑的时

期；这是一个光明的季节，这是一个黑暗的季节；这是希望之春，这是失望之冬；人们面前应有尽有，人们面前一无所有；人们正踏上天堂之路，人们正走向地狱之门。

陈沛文

2024 年 11 月 23 日

于苏州河畔

目　录

第一章　区块链的基础理论　001

第一节　区块链技术基础　003

第二节　区块链产业影响　037

第三节　数字货币的价值及其未来　042

第二章　区块链技术与数字代币监管的域外实践　083

第一节　概　述　085

第二节　美国的监管实践　089

第三节　欧盟的监管实践　104

第四节　东南亚的监管实践　110

第五节　哈萨克斯坦等新兴矿场国家的监管实践　114

第六节　总　结　114

第三章　我国区块链技术与数字代币监管的相关实践　119

第一节　我国区块链技术的监管现状　121

第二节　我国数字代币的监管现状　131

第三节　我国香港地区区块链技术与数字代币的监管实践　141

第四节　当前区块链技术与数字代币监管的问题　153

第四章　当前监管背景下区块链技术的应用风险　163

第一节　加密数字货币场景下的应用风险　165

第二节　代币发行场景下的应用风险　174
第三节　数字资产交易场景下的应用风险　184
第四节　分布式存储应用场景下的应用风险　191
第五节　智能合约场景下的应用风险　199
第六节　去中心化金融场景下的应用风险　209
第七节　数字艺术品应用场景下的应用风险　218
第八节　区块链游戏场景下的应用风险　227

第五章　区块链技术及应用的风险防范治理模式　235
第一节　区块链技术的伦理规范化治理　237
第二节　区块链技术的规范化治理　245
第三节　区块链技术的应用规范化治理　251
第四节　区块链技术的安全规范化治理　259
第五节　区块链技术的运营规范化治理　271

第六章　区块链技术监管的政策建议及未来展望　281
第一节　国际区块链监管政策的关切　283
第二节　我国区块链技术监管政策的建议　286
第三节　区块链技术发展的未来展望　292

附　录　299
关键词索引　307
后　记　312

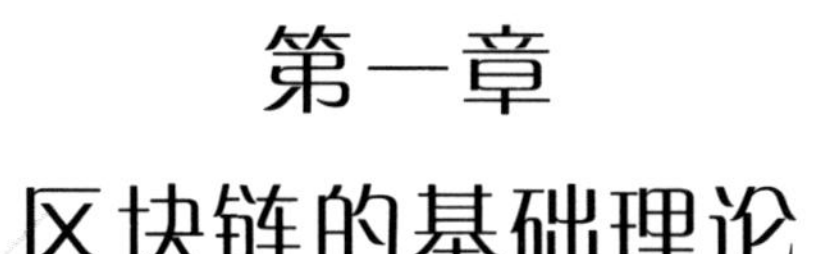

第一章 区块链的基础理论

第一节　区块链技术基础

一、区块链技术的起源

近几年，世界各地都笼罩在新冠疫情的阴影之下，人们的生活、学习、商务往来，乃至不同地区和不同国家间的政治往来都受到严重影响。新冠疫情一方面削弱了人们的线下往来能力，另一方面也在一定程度上推进了数字经济和数字社会甚至数字法律的发展。事实上，这种发展的大门早已打开。在19世纪末到20世纪初的这段时间里，技术发生巨变，人口新聚集至各个城市中心。在这期间，互联网的TCP/IP协议（传输控制协议/因特网互联协议），基本实现了全球信息传递高速低成本的传输。21世纪的今天，新科技正在推动我们的生活、工作和社交方式发生巨大的转变。

20世纪50年代，第三次工业革命的金钥匙打开了机器时代的大门，信息技术和电子计算机的出现从根本上塑造了全新的世界。这种技术进步一直持续到第四次工业革命，人工智能、机器人、大数据、量子计算、物联网和区块链等新兴技术的快速发展，标志着信息互联网技术的成熟和价值互联网的出现。从1969年第一封电子邮件的发送和接收成功，到1974年TCP/IP协议的开发，互联网技术迅猛发展。在此期间确定的很多标准，一直是发展互联网协议与标准所使用的机制，至今仍然发挥着作用。1990年年底推出的世界上第一个网页浏览器和第一个网页服务器，推动了万维网的产生，推动了互联网应用的迅速发展。[1]互联网的迅速发展和普及，使电子商务成为可能，“地球村”也成了当时的热词。尽管经历了20世纪末到21世纪初的互联网泡沫，[2]但是随着互联网用户的增加，互联网在现代经济生活中发挥着日益重要的作用。通信软件如微信、Skype、Face-

---

〔1〕张琪主编：《JAVA WEB系统开发与实践》，上海交通大学出版社2015年版，第1-3页。

〔2〕参见杨婷婷、周哲浩：《如果危机将至：互联网泡沫启示录》，载《中国经济评论》2022年第6期。

book，支付软件如支付宝、Paypal，检索软件如百度、谷歌，以及移动手机、笔记本电脑等移动设备的发展，使得人们的交流更加便捷。我们生活在“信息高速路”上，将信息快速生成并且复制到全世界每一个有网络的角落，是我们现在的互联网网络最擅长的事情，所以当前的互联网网络也被称为“信息互联网”。信息互联网非常善于处理“信息分享”，但不能解决“价值转移”或者说“信用”这件事情。[1]

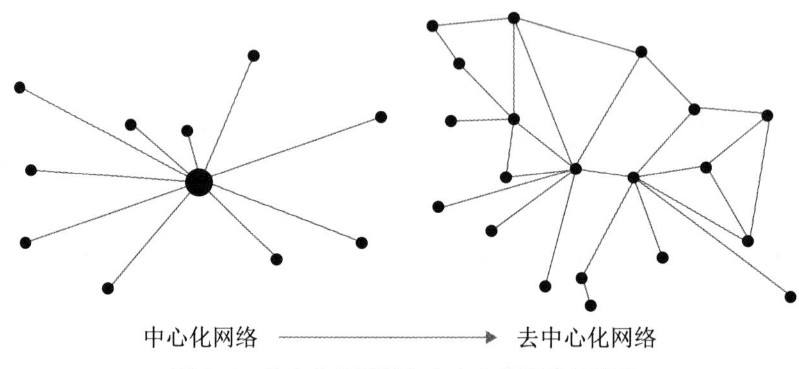

图 1-1　从中心化网络向去中心化网络的转变

信息互联网的发展给人们生活带来便捷的同时，也带来了许多问题，世界各地频发网络安全事件，诸如数据泄露、勒索软件、黑客攻击等层出不穷，有组织、有目的的网络攻击趋势愈加明显，网络安全风险持续增加。2020 年 3 月，全球第三大个人险种保险公司好事达（Allstate）向监管部门披露了一份文件，该文件描述了一个计算每一份汽车保险的复杂算法，它直接建立了一个马里兰州参保者的“冤大头”列表，这些参保者都是大户，而好事达的新算法会从他们身上榨取比其他人更多的利润，这也让该公司坐实了大数据杀熟的做法。[2]2021 年 4 月，美国社交媒体脸书（Facebook）超 5 亿用户的个人数据遭到泄露，包括电话号码、电子邮件等

---

〔1〕 龚鸣：《区块链社会：解码区块链全球应用与投资案例》，中信出版社 2016 年版，第 4 页。

〔2〕 曹培信：《美国第三大保险公司，坐实了大数据“杀熟”》，载 http://tech.sina.com.cn/csj/2020-03-30/doc-iimxxsth2641110.shtml，最后访问日期：2021 年 10 月 9 日。

信息。[1]甚至有媒体披露，脸书创始人扎克伯格的电话号码也遭泄露。除此之外，各种暗网、赌博网站、色情网站的存在，也时时刻刻挑战着社会的秩序与安全。面对日益复杂多变的生产关系和虚拟互联网世界原生的弱安全、低互信问题，亟须一种善于处理跨主体可信协作的新型信息化技术。与此同时，在当今主流的互联网 TCP/IP 协议中，货币作为一种特殊的信息无法在上面进行高速传输，本质原因在于，传统互联网是信息互联网，而不是价值互联网。[2]

在这一背景下，区块链的思想和应用逐步发展起来。2008 年由化名为“中本聪”（Satoshi Nakamoto）的学者在密码学邮件组发表了奠基性论文《比特币：一种点对点电子现金系统》。目前尚未形成行业公认的区块链定义。一般认为，区块链是一种按照时间顺序将数据区块以链条的方式组合成特定的数据结构，并以密码学方式保证的不可篡改和不可伪造的去中心化共享总账（Decentralized Shared Ledger），能够安全存储简单的、有先后关系的、能在系统内验证的数据。区块链技术是利用加密链式区块结构来验证与存储数据、利用分布式节点共识算法来生成和更新数据、利用自动化脚本代码（智能合约）来编程和操作数据的一种全新的去中心化基础架构与分布式计算范式。区块链技术将人们从信息互联网社会带入价值互联网社会，为金融、经济、科技甚至政治等各领域带来深刻变革。美国知名区块链、大数据专家梅兰妮·斯万认为，区块链的发展分为三个阶段（如图 1-2 所示），即以可编程加密数字货币体系为主要特征的区块链 1.0 模式、以可编程金融系统为主要特征的区块链 2.0 模式和以可编程社会为主要特征的区块链 3.0 模式。[3]

---

〔1〕 光潮：《Facebook 超 5 亿用户数据泄露，近十年全球信息安全问题集中频发!》，载 https://www.51cto.com/article/656041.html，最后访问日期：2021 年 10 月 11 日。

〔2〕 参见车卉淳、卞启超、许秀江：《区块链原理在普惠金融领域的应用前瞻》，载《河北经贸大学学报（综合版）》2018 年第 4 期。

〔3〕 ［美］梅兰妮·斯万著，韩锋主编：《区块链：新经济蓝图及导读》，新星出版社 2016 年版，第 11-15 页。

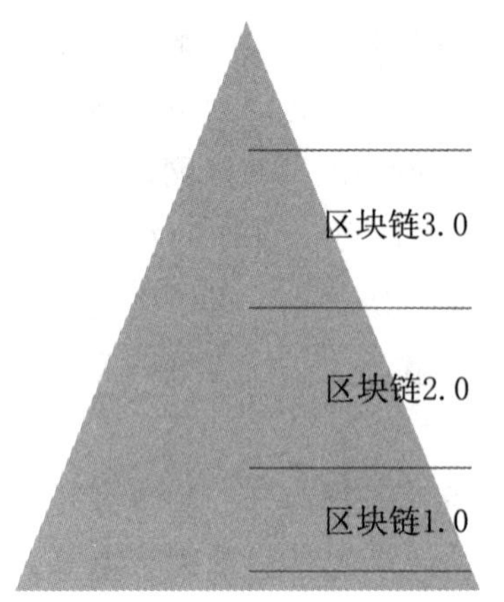

图 1-2　区块链的三个发展阶段

区块链技术被称为互联网出现以来重要的技术创新之一。通过去中心化网络中的点对点交易，[1]各方之间能够保持足够的透明度，从而可以创造一个可信的平台，这个平台中所有参与者的地位都是平等的。区块链技术为去中心化网络中的每一笔交易提供验证和确认，所有的交易都是公开的、不可篡改的，因此，区块链在提高透明度的同时，也大大降低了交易成本，减少了对包括律师在内的中介机构的需求，转而依赖于代码、社区、协作等。以太坊的创始人 Vitalik Buterin 认为，区块链技术的用途远远超出了简单记录交易。以太坊让智能合约的构建、设计和管理成为可能。智能合约延展了区块链的功能，从交易数据存储到自动执行该数据的商业规则和法律条件，并减少第三方的监督，因为区块链的公共结构创造了透明度，大大降低了数据被操纵的可能。例如，在金融行业，信息和交易的全球共识记录创造了当前信息互联网时代亟须的透明度，同时开放了全球的融资渠道——包括世界上不容易获得银行系统服务的地区。而且区块链技术也有助于消除欺诈性交易，区块链的安全措施要求区块链采取更加透明的验证技术，避免出错和腐败。

---

〔1〕 参见王恺祺等：《基于区块链构建安全去中心化的联邦学习方案》，载《中国科学：信息科学》2024 年第 2 期。

二、区块链技术的发展历程

区块链的发展大致经历了四个阶段，第一个阶段为前区块链阶段（1990—2008 年），该阶段主要为分布式技术的探索阶段；第二个阶段为区块链创世阶段（2008—2013 年），该阶段主要以比特币和比特币挖矿为主；[1]第三个阶段（2013—2018 年）为智能合约阶段，标志事件是以太坊智能合约的发展；第四个阶段为爆发式阶段（2018 年至今），去中心化金融（DeFi）、数字藏品（NFT）、元宇宙（Metaverse）、分布式自治组织（DAO）等蓬勃发展，将数字世界带入了新阶段。

第一个阶段（1990—2008 年）：从金融业到制造业及教育等各个领域产生的连锁效应，区块链成为 21 世纪最大的创新之一。虽然人们得知区块链源于中本聪的比特币白皮书，但早在 20 世纪 90 年代区块链已经出现了雏形。密码学家 David Chaum 在其 1979 年的论文《由相互怀疑的团体建立、维护和信任的计算机系统》中首次提出了一个类似区块链的协议。[2]1992 年，Haber、Stornetta 和 Dave Bayer 将 Merkle 树纳入设计，通过允许将多个文件证书收集到一个区块中来提高其效率。Merkle 树使用了一个安全的区块链（Secured Chain of Blocks），实现了在一个序列中存储多条数据记录。[3]2004 年，密码学家哈尔·芬尼推出了一个被称为“可重复使用的工作量证明”的数字现金系统。这一步被认为是区块链和密码学历史上的游戏规则的重大改变。这个系统通过将代币的所有权登记在一个可信的服务器上，帮助其他人解决双花问题。[4]

第二个阶段（2008—2013 年）：直到 2008 年，区块链历史正式拉开帷幕，这要归功于中本聪的成果。中本聪被认为是区块链技术背后的大脑。

---

〔1〕 参见沈传年：《区块链安全问题研究综述》，载《计算机工程与科学》2024 年第 1 期。

〔2〕 Chaum, David Lee, “Computer Systems Established, Maintained and Trusted by Mutually Suspicious Groups”, *Electronics Research Laboratory*, University of California, 1979.

〔3〕 Bayer, Dave, Stuart Haber, and W. Scott Stornetta, *Improving the efficiency and reliability of digital time-stamping*, Sequences Ii. Springer, New York, NY, 1993, pp. 329-334.

〔4〕 Roth, Nicholas, “An Architectural Assessment of Bitcoin: Using the Systems Modeling Language”, *Procedia Computer Science* No. 44, 2015.

人们对中本聪知之甚少，人们相信他可能是从事比特币工作的一个人或一群人。比特币也是数字账本技术的首次应用。中本聪在他的白皮书中详细介绍了它是一个电子的点对点系统，并指出该技术如何在去中心化方面增强数字信任，这意味着没有人能够单独控制任何东西。[1]至此，比特币区块链问世。自从区块链的应用——比特币问世以来，出现了许多其他应用，它们都试图利用数字账本技术的原理和能力。在该阶段，区块链的应用开始初露端倪。

第三个阶段（2013—2018 年）：比特币诞生之后，人们发现通过区块链可以在不认识或不信任对方的各方之间操作，且不需要信任第三方。这促使开发者在比特币区块链的基础上，创建新的区块链网络。

在一个创新成为主流的世界里，维塔利克·布特林（Vitalik Buterin）无疑是重要的一员，他认为比特币区块链网络远未实现区块链的全部潜力。因此，在以太坊区块链网络里，他将智能合约部署在区块链上，提供去中心化的以太坊虚拟机来处理点对点合约。以太坊将区块链的应用从加密数字货币发展到了去中心化开发平台。以太坊代表了一个具有内置图灵完备编程语言的区块链，它提供了一个抽象层，使任何人都能为所有权、交易格式和状态转换功能创建自己的规则。这是通过设计智能合约来实现的，智能合约是一组加密规则，只有在满足某些条件时才会执行。[2]2015 年，以太坊区块链正式启动，由于具备执行各种功能的智能合约的能力，迅速发展成区块链技术的最大应用之一。以太坊区块链平台还成功地形成了一个活跃的开发者社区，建立了一个真正的生态系统。

2016 年 5 月初，以太坊社区的一些成员宣布了“The DAO”的诞生。它是作为以太坊区块链上的一种智能合约而被创造的。DAO 的全称是 Decentralized Autonomy Organization（分布式自治组织），该概念最早由 Buterin 提出。分布式自治组织是通过智能合约运行的实体。在该项目中，金融交

---

〔1〕 中本聪：《比特币：一种点对点的电子现金系统》，载 https://bitcoin.org/files/bitcoin-paper/bitcoin_zh_cn.pdf，最后访问日期：2020 年 10 月 20 日。

〔2〕 Varavka V. V.，“Smart Contract as Form of Civil Contract”，*Bulletin of Taras Shevchenko National University of Kyiv Legal Studies*，No. 111，2009.

易和规则被编码在区块链上。The DAO 致力于成为像风险投资基金那样来运作加密和去中心化项目，没有了集中的权力约束，降低了成本，并在理论上为投资者提供了更多的自我控制和入场机会。在创建期间，任何人都可以将 Ether（以太币）发送到一个指定的钱包地址，以换取 1—100 的 DAO Token，它取得了意外的成功，成功地收集了当时价值约 1.5 亿美元 Ether，成为当时最大的众筹。[1]2016 年 6 月 17 日，一名黑客在编码上发现了漏洞，使得他可以从 The DAO 上抽走资金。在攻击的头几个小时，360 万的以太币被转出，当时价值相当于 7000 万美元。[2]虽然 The DAO 项目已经结束，但其影响仍在继续。除了让人们认识到安全区块链平台的重要性，从某种意义上来讲，The DAO 是自比特币后最重要的一个社会实验——在一个所有人都习惯了中心化管理的世界中，如何实现去中心化的管理组织。

与此同时，也出现了多个重要的区块链平台。超级账本（Hyperledger）是一个联盟链区块链网络，该网络仅对其成员开放，没有自身的加密数字货币，旨在推动区块链跨行业应用的开源项目，由 Linux 基金会在 2015 年 12 月主导发起该项目，成员包括金融、银行、物联网、供应链、制造和科技行业的领军企业。[3]Hyperledger Fabric 与其他平台最大的差异就是它是一种实现联盟链的工具。像比特币、以太坊等是全网公开的网络，是任何人都可以接入的公有链，区块链的账本是全网共享的，这对于企业来说，显然是不能接受的，每个企业的生意网是不会对所有人开放的。而 Hyperledger Fabric 是用于企业与企业之间的联盟链，其达成共识或交易验证的节点将由中央机构进行选择。Hyperledger Fabric 组织的成员必须通过注册才能访问，所有的参与者都要得到批准。Corda 是一个分布式账本平台，

---

〔1〕 Kyung Taeck Minn, "Towards Enhanced Oversight of 'Self-Governing' Decentralized Autonomous Organizations: Case Study of the DAO and Its Shortcomings", *9 NYU J. Intell. Prop. & Ent. L.* No. 139, 2019.

〔2〕《The DAO 报告》，载 https://www.sec.gov/litigation/investreport/34-81207.pdf，最后访问日期：2021 年 11 月 18 日。

〔3〕 Hyperledger, About Hyperledger，载 https://www.hyperledger.org/about，最后访问日期：2021 年 11 月 18 日。

用于记录、管理与自动化业务合作伙伴之间的法律协议。由世界上最大的金融机构设计，并且在多个行业应用。它针对分散式应用程序面临的隐私和可扩展性挑战提供了独特的响应。[1]Corda 借鉴了区块链的部分特性，如 UTXO 模型及智能合约，但它在本质上又不同于区块链，并非所有人都可以使用这种平台，其面向的是银行间或银行与其商业用户之间的互操作场景。瑞波（Ripple）是世界上第一个开放的支付网络，通过这个支付网络可以转账任意一种货币，包括美元、欧元、人民币、日元或者比特币，简便、易行、快捷，交易确认在几秒内完成，交易费用几乎是零，没有所谓的跨行异地及跨国支付费用。[2]Ripple 是开放源码的点到点支付网络，它可以使你轻松、廉价并安全地把你的金钱转账到互联网上的任何一个人，无论他在世界的哪个地方。因为 Ripple 是 P2P 软件，没有任何个人、公司或政府操控，任何人可以创建一个 Ripple 账户。NEO 于 2014 年由达鸿飞和 Erik Zhan 在中国成立，原名为 AntShares，2017 年 6 月更名为 NEO。它是一个基于区块链的平台，支持自己的加密数字货币，并支持数字资产和智能合约的开发。其目标是通过使用智能合约构建一个基于分布式网络的智能经济系统。

第四个阶段（2018 年至今）：在第四个阶段，去中心化金融（DeFi）、数字藏品（NFT）、元宇宙（Metaverse）、分布式自治组织（DAO）等蓬勃发展，区块链的潜力开始真正地爆发出来。尽管最早的去中心化金融项目的雏形早已在五年前出现，但 2018 年是去中心化金融项目爆发的元年。

DeFi 是 Decentralized Finance 的英文缩写，一般翻译为分布式金融或去中心化金融。简单理解就是，与传统的高度中心化金融体系相比，去中心化金融是通过区块链技术，如基于区块链技术开发的手机钱包软件，通过智能合约代码实现去除第三方机构及中介这样的中间人角色，并能够直接将交易双方连接起来进行金融交易，如转账、理财、货币兑换、借贷、抵押等，从而避免因繁杂的中间环节导致金钱成本和时间成本的

---

〔1〕 Corda：《Corda 介绍》，载 https://www.corda.net，最后访问日期：2021 年 11 月 18 日。

〔2〕 Ripple：《瑞波币简介》，载 https://ripple.com，最后访问日期：2021 年 11 月 20 日。

浪费。[1]Maker 是以太坊上自动化抵押贷款平台，亦是一个运行在以太坊区块链上的智能合约平台，Maker 提供稳定币 DAI，建立起以太坊上的去中心化衍生金融体系。Maker DAO 与 Compound、AVAE、Bancor 等项目，共同推动了去中心化金融协议的热潮。BlockData 联合创始人兼总经理乔纳森·克内特尔曾指出："在拥有 94 万亿美元资产的世界前 100 家银行中，有 55 家已经投资了加密数字货币，这些银行和许多其他机构现在都在寻求将资金投入 DeFi。如果一两家大银行找到了从 DeFi 中获益的方法，即使只注入 1%的资金，更多银行会走上这条路，以免被时代抛弃。"[2]

2017 年，正值以太坊生态开始发力之时，原本两个不在加密数字货币圈子的开发者机缘巧合之下带着一万多个像素头像来到这个生态当中，并由此开发出世界上第一个 NFT 项目——Crypto Punks。Crypto Punks 由幼虫实验室（Larva Labs）构建，它有一个可以与 Meta Mask 等钱包一起使用的链上市场，从而降低了与 NFT 互动的进入障碍。NFT 的概念是由加密猫（Crypto Kitties）的创始人兼 CTO Dieter Shirley 在 2017 年正式提出的。[3] Crypto Kitties 于 2017 年末在 ETH 滑铁卢黑客马拉松赛上推出，其特色在于原始的链式游戏，允许用户将猫一起繁殖，生产出稀有而又与众不同的新猫。NFT 项目在 2018 年初经历了一个小的炒作周期后，开始进入建设阶段。象队的 AXIe 无限与霓虹灯区，Crypto Kitties 后成为他们的起点，并双倍地建立了自己的核心社区。*NonFungible. com* 推出了一个 NFT 市场追踪平台，并整合了"非同质化"这个术语作为主要术语来描述新的资产类别。此时，NFT 对艺术界的影响逐步扩大。数字艺术已经被证明非常适合作为无法替代的货币。使一件艺术品具有价值的核心要素是能够可靠地证明其所有权和在某个地方展示它的能力，这在数字世界中是前所未有的。

---

〔1〕 BlockVC 主编：《共识之美：区块链经济的全景与未来》，经济日报出版社 2020 年版，第 130-133 页。

〔2〕 Esther：《机构 DeFi 冲击全球传统金融未来，万亿美元的市场高估还是低估》，载 https://www. sohu. com/a/491819037_121118710，最后访问日期：2022 年 3 月 4 日。

〔3〕 戈振伟、刘思婷：《NFT 行业单季交易总额超过 100 亿美元，它是通往元宇宙的船票还是下一个泡沫?》，载 https://m. jiemian. com/article/6574425. html，最后访问日期：2022 年 3 月 4 日。

兴奋的数字艺术家们开始了他们的尝试。数字艺术家 Beeple 从 2007 年开始每天作图 1 张，最终把 5000 张图片拼接成一个 316 MB 的 JPG 文件，并将其作为 NFT 出售。这个耗时 14 年创作的作品 *Everydays：The First 5000 Days*，最终以 6934 万美元的价格在英国著名拍卖平台佳士得上卖出。Beeple 创纪录拍卖后，Zion Lateef Williamson、村上隆、Snoop Dogg、Eminem、Twitter CEO、Edward Joseph Snowden、Paris Hilton、姚明等各界明星、艺术家纷纷通过各种 NFT 平台发布了 NFT，再一次将 NFT 推向大众视野。SuperRare、Known Origin、MakersPlace 和 Rare Art Labs 都建立了一个平台，用于发布和发现数字艺术，而 Mintbase 和 Mintable 建立了一些工具，旨在让普通人轻松地创建自己的 NFT。

“元宇宙”（Metaverse）一词最早见于 1992 年 Neal Stephenson 的科幻小说 *Snow Crash*（雪崩）之中，该书以天马行空的想象力构建了一套现实人类和虚拟空间并存的系统。此后，1995 年推出的 ActiveWorlds、Worlds Chat，2003 年推出的 Second Life，2006 年推出的 Roblox，2012 年推出的 Minecraft、2013 年推出的 GTV V Online 与 Avakin Life、2016 年推出的 Rec Room、2017 年推出的 VRChat、2018 年推出的 Fortnite Creative 等虚拟游戏或社交、创作平台，均在不同程度上增强了人们对元宇宙的认识深度与探索兴趣。2021 年 3 月，被称为“元宇宙第一股”的 Roblox 正式在纽交所上市。〔1〕Roblox 作为大型社区互动游戏，玩家可以通过平台与朋友聊天、互动及创作。多重属性让 Roblox 被外界认为是目前最具元宇宙气质的平台。Second Life 拥有更强的世界编辑功能与发达的虚拟经济系统，吸引了大量企业与教育机构。开发团队称它不是一个游戏，“没有可以制造的冲突，没有人为设定的目标”，人们可以在其中社交、购物、建造、经商。〔2〕在 Twitter 诞生前，一些媒体将 Second Life 作为发布平台，IBM 曾在游戏中购买过地产，建立自己的销售中心，瑞典等国家在游戏中建立了自己的大使馆，西班

〔1〕 陈霞昌：《元宇宙第一股的前世今生》，载 https://finance.sina.com.cn/tech/2021-09-12/doc-iktzscyx3778732.shtml，最后访问日期：2022 年 4 月 5 日。

〔2〕 Angela Adrian, “Civil Society in Second life,” *International Review of Law*, Computers & Technology 23, No. 3 (November 2009), pp. 231-236.

牙的政党在游戏中进行辩论。2021 年 10 月，社交媒体巨头 Facebook 宣布将公司改名为 Meta，计划在 5—10 年内转型成为元宇宙公司；[1]2021 年 11 月，微软在 Ignite 大会上也明确宣布了发展元宇宙的一些举措。

区块链技术除了在金融领域、货币领域、艺术品领域、游戏领域产生影响，随着技术的进一步发展和更多的政府支持、资金投入，还将影响许多行业，如零售、采矿、旅游、医疗保健、教育、农业和娱乐等。华为在 2021 年 9 月底推出了区块链自建平台，实现了整个代码重构，并具有高安全的特点，构筑了“1+3+N”架构发展方向，让数据流转更安全，释放数字技术生产力，激发数字经济创新活力。[2]京东智臻链区块链基于区块链搭建一个大的冷链配送生态，将冷链各环节企业纳入这个生态联盟当中，企业的承运能力及冷链温控设备数据实时上链，通过生态联盟进行冷链物流运输，可以极大地保障各类数据的可信性，也能降低各环节之间节点流通的信任门槛。[3]Blocktix 利用基于以太坊的区块链实现以既简单又安全的方式分发防篡改活动门票，促进可信的点对点所有权转让。在数据保护方面，区块链和隐私计算的结合，可根据数据三方不同的需求，提供从 L1 到 L4 不同强度的隐私计算和数据流转保护的方式，解决数据共享和隐私保护之间的矛盾。[4]

从区块链的发展演变来看，区块链的潜力从未在以太坊和比特币上停滞，事实上，随着大学、政府和各种类型的公司继续研究和投资区块链，区块链技术将会不断得到完善。但必须首先解决区块链带来的挑战——特别是关于安全、隐私、可扩展性和互操作性。[5]除此之外，也应认识到，

---

〔1〕《Facebook 更名为 Meta：从社交媒体转型为“元宇宙”公司》，载 https://www.chinanews.com.cn/gj/2021/10-29/9597601.shtml，最后访问日期：2022 年 4 月 20 日。

〔2〕张小军：《区块链打造数字经济新引擎》，载 https://www.01caijing.com/article/309653.htm，最后访问日期：2022 年 4 月 1 日。

〔3〕李鸿阔：《区块链如何赋能冷链防伪溯源》，载 https://finance.sina.com.cn/option/2021-05-14/doc-ikmyaawc5235499.shtml，最后访问日期：2022 年 3 月 15 日。

〔4〕张洋洋：《区块链技术如何保护数据安全？隐私计算成为今年热点》，载 https://www.datatong.net/thread-38987-1-1.html，最后访问日期：2021 年 11 月 20 日。

〔5〕Eiffer：《区块链“不可能三角”的下一个突破口》，载 https://www.163.com/dy/article/GOS323J50552LN7C.html，最后访问日期：2021 年 11 月 25 日。

区块链并不适合每一个场景用例，企业必须在投资该技术并将其投入生产之前进行深度评估。[1]

三、定义区块链技术

区块链技术有许多不同的定义，甚至并不存在真正公认的定义。工信部指导发布的《中国区块链技术和应用发展白皮书（2016）》的解释是，狭义来讲，区块链是一种按照时间顺序将数据区块以顺序相连的方式组合成的一种链式数据结构，并以密码学方式保证的不可篡改和不可伪造的分布式账本。广义来讲，区块链技术是利用块链式数据结构来验证和存储数据、利用分布式节点共识算法来生成和更新数据、利用密码学的方式保证数据传输和访问的安全性、利用由自动化脚本代码组成的智能合约来编程和操作数据的一种全新的分布式基础架构与计算范式。[2]IBM 给出的定义是：区块链是一个共享的、不可改变的账本，促进了商业网络中记录交易和追踪资产的过程。资产可以是有形的（房子、汽车、现金、土地）或无形的（知识产权、专利、版权、品牌）。几乎任何有价值的东西都可以在区块链网络上被追踪和交易，为所有参与者降低风险和削减成本。

以太坊的创始人 Vitalik Buterin 指出，公有链是世界上任何人都可以阅读的区块链，世界上任何人都可以向其发送交易，并希望看到它们被纳入，如果它们是有效的，世界上任何人都可以参与共识过程决定哪些区块被添加到链上以及当前状态是什么的过程。作为集中式或准集中式信任的替代，公有链由加密经济学提供保障——经济激励和使用工作证明或股权证明等机制的加密验证的结合，其所遵循的一般原则是，某人在共识过程中的影响程度与他们能够带来的经济资源数量成正比。这些区块链通常被认为是“完全去中心化的”。[3]

---

〔1〕 徐忠、邹传伟：《区块链能做什么、不能做什么？》，载《金融研究》2018 年第 11 期。

〔2〕《中国区块链技术和应用发展白皮书（2016）》，载 http://chainb.com/download/工信部-中国区块链技术和应用发展白皮书 1014.pdf，最后访问日期：2021 年 10 月 15 日。

〔3〕 Vitalik Buterin，On Public and Private Blockchains，载 https://blog.ethereum.org/2015/08/07/on-public-and-private-blockchains/，最后访问日期：2021 年 10 月 15 日。

区块链技术包含众多组成部分，并深度依赖于密码学和分布式系统，[1]这造就了人们对区块链理解上的困难。顾名思义，区块链是一种按照时间顺序将数据区块以链条的方式组合形成的特定数据结构，并以密码学方式保证其不可篡改和不可伪造的去中心化、去信任的分布式共享记账系统。[2]区块链的主要工作原理如图 1-3 所示。

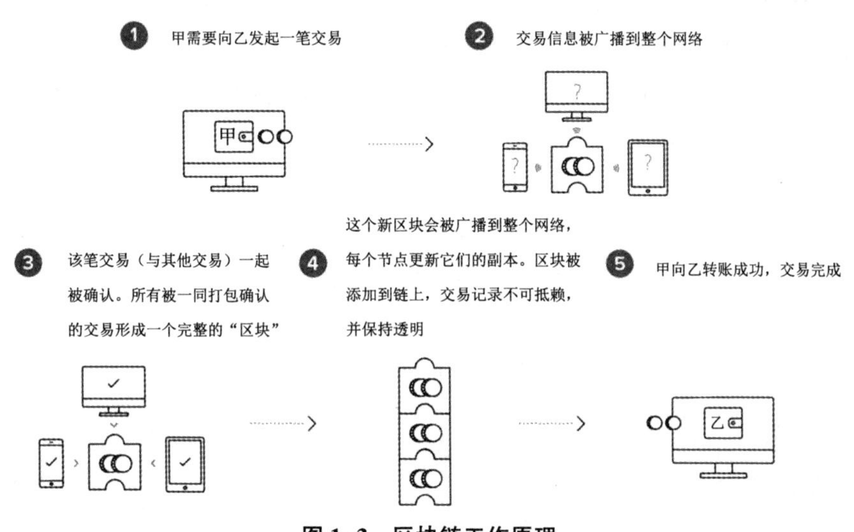

图 1-3　区块链工作原理

四、区块链的分类

（一）需许可与无需许可区块链

正如上文中提到的，并不是每家公司的任何场景都需要部署区块链，因此，在确定是否部署区块链以及部署何种区块链时，不可避免地需要决定哪种类型的区块链最适合该项目。[3]因此，必须清楚地了解区块链技术

〔1〕 李砚忠、刘月：《区块链技术赋能乡村治理数字化的机理与路径——基于 TOED 框架的理论分析》，载《中国海洋大学学报（社会科学版）》2024 年第 2 期。

〔2〕 参见郭上铜、王瑞锦、张凤荔：《区块链技术原理与应用综述》，载《计算机科学》2021 年第 2 期。

〔3〕 K. Wüst，A. Gervais，“Do You Need a Blockchain?”，*Crypto Valley Conference on Blockchain Technology*（*CVCBT*），*IEEE.*，2018，pp. 45-54.

的分类。

所有类型的区块链都可以被描述为需许可（Permissioned）和无需许可（Permissionless）两种。在无需许可区块链网络中，任何用户都可以以伪匿名方式加入区块链网络（成为网络的"节点"），其权利不受限制。相反，在需许可区块链网络中，网络的访问权限制在某些节点上，并且这些节点的权利也可能会受到限制。需许可区块链中用户的身份会被其他用户看到。需许可区块链和无需许可区块链按照其访问和管理权限等又可以细化为公有链（Public Blockchain）、联盟链（Consortium Blockchain）和私有链（Private Blockchain）。

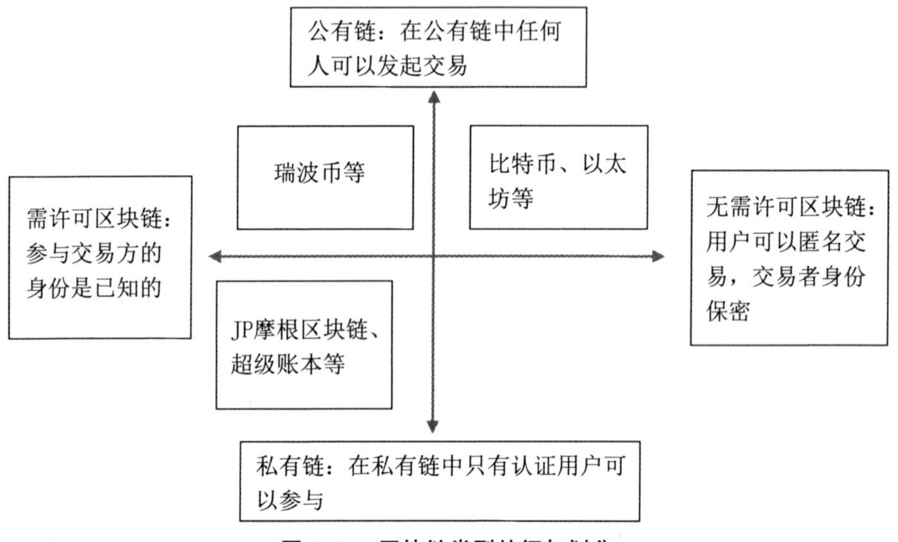

图 1-4　区块链类型特征与划分

无需许可区块链往往比需许可区块链更安全，因为前者需要许多节点来验证交易，而且作恶行为者很难在网络上串通。[1]然而，由于节点数量多，交易规模大，无需许可区块链往往需要更长的交易处理时间。相对而言，需许可区块链的运行效率通常会更高。由于对网络的访问受到限制，

〔1〕 Helliar, Christine V., et al., "Permissionless and permissioned blockchain diffusion", *International Journal of Information Management*, No. 54, 2020, pp. 102-136.

区块链上的节点较少，每笔交易的处理时间也会较短。尽管如此，需许可区块链中，一些中央机构（无论是政府、公司、贸易团体，还是其他一些实体或团体）的存在会削弱其安全性，更容易受到传统黑客的攻击。区块链上的节点越少，坏人就越容易串通，所以私有链的区块链管理员必须确保节点是高度可信的，因为他们有添加和验证区块的权限。[1]

表 1-1　需许可区块链与无需许可区块链主要特征比较

类别	无需许可区块链	需许可区块链
概述	一种任何人都可以参与共识验证的开源网络，且完全去中心化	封闭式网络，特定的组织机构或个人可以参与到共识验证的过程中，部分去中心化
核心属性	依赖于开源协议，交易完全透明；匿名性较强，但也有例外；无中心权威机构；通常涉及加密数字货币以激励参与者	依赖于组织目标，透明度有限；匿名性较差；没有单一的权威机构，但会有一组机构负责决策；加密数字货币可有可无
访问权限	完全开放，任何人有网络均可参与	仅授权节点有读写和访问权限
是否匿名	匿名	部分匿名
交易速度	慢	快
优势	更广泛的去中心化；公开透明；抵抗审查；安全性强	有限去中心化，多方共识有效缓解高度中心化带来的弊端；信息隐私性强；迎合企业发展目标；可扩展性强
劣势	高耗能；可扩展性差；用户隐私性差	不是完全去中心化；容易被篡改共识；缺乏透明度
影响	通过去中心化有望突破现有商业模式；基础设施搭建成本低，如创建和运营去中心化应用程序不需要中央服务器，极大地减少了成本	降低交易成本和数据丢失风险，简化文件管理

〔1〕 Liu, Manlu, Kean Wu, and Jennifer Jie Xu, "How will blockchain technology impact auditing and accounting: permissionless versus permissioned blockchain", *Current Issues in auditing 13*, No. 2, 2019, pp. A19-A29.

续表

类别	无需许可区块链	需许可区块链
市场趋势	点对点交易；b2c 交易；政府对个人	b2b；b2c；政府对组织

（二）公有链、联盟链与私有链

按照是否需要许可的标准进一步划分，区块链可划分为公有链、联盟链、私有链三类。[1]

公有链（Public Blockchain）在性质上是无须许可的，顾名思义，任何人都可以参与使用和维护，并且是完全去中心化的，如比特币区块链，信息是完全公开的。公共区块链允许区块链的所有节点拥有平等的权利来访问区块链，创建新的数据块，并验证数据块。[2]公有链是最早出现在人们视线范围的区块链，也是目前运用范围最广的区块链。它是完全去中心化的，任何人都能读取和发送交易，而且交易能够在区块链上得到有效的确认，任何人都可参与其中的共识过程。公有链的各个节点可以自由加入和退出网络，各节点之间的拓扑关系是扁平的。[3]公有链的主要优势：第一，公有链的最大优势是不需要信任。任何交易都会被记录下来并向整个网络公开，而且无法改变。每个人都被激励去做正确的事情，以改善网络的发展。同时也不需要中介机构。[4]第二，公有链另一个主要优势是安全。公有链越是分散和活跃，就越安全。随着网络上越来越多的人在贡献力量，任何类型的攻击都变得更难成功。恶意行为者几乎不可能联合起来对网络进行控制（51%风险）。第三，公有链开放性强。在公有链上，任何用户都可建立自己的应用，从而产生一定程度的网络效应。第四，数据

---

〔1〕 参见郭上铜、王瑞锦、张凤荔：《区块链技术原理与应用综述》，载《计算机科学》2021年第2期。

〔2〕 Poulomi Chatterjee, Public vs Private Blockchains: How do They Differ, 载 https://analyticsindiamag.com/public-vs-private-blockchains-how-do-they-differ/，最后访问日期：2021年11月18日。

〔3〕 邵奇峰等：《区块链技术：架构及进展》，载《计算机学报》2018年第5期。

〔4〕 Abu-Elezz, Israa, et al., "The Benefits and Threats of Blockchain Technology in Healthcare: A Scoping Review", *International Journal of Medical Informatics*, No. 142, 2020, pp. 104-246.

公开透明。在公有链上的所有数据都是默认公开的，所有与交易有关的数据都向公众开放，以供节点验证。公有链的透明度增加了潜在的用例，如去中心化的身份。[1]但公有链的缺点也应当重视。第一，公共区块链的最大问题是速度。像比特币这样的公有链处理交易的速度是非常缓慢的，每秒只能处理 7 笔交易。相较之下，Visa 每秒可以完成 24 000 笔交易。公有链之所以处理速度慢，是因为网络需要时间来达成共识。此外，与私有区块链相比，处理一个区块所需的时间更长。第二，公有链还面临着对可扩展性的担忧。以目前的状况来看，公共区块链根本无法与传统系统竞争。事实上，公共区块链用得越多，它的速度就越慢，因为更多的交易堵塞了网络。然而，人们正在采取措施来补救这个问题，如比特币的闪电网络。[2]第三，也是很重要的一个不利之处是能源消耗问题。例如，比特币的算法依赖于工作证明（Proof-of-Work），这需要使用大量的电力来运作。为了解决这一问题，许多项目将共识机制转向了更加节能的权益证明（Proof-of-Stake）。公有链的主要代表项目是比特币、以太坊和莱特币等。

相较于公有链的开放特性，私有链是由单一组织控制的需许可区块链，即系统由一个组织机构控制该系统的写入权限和读取权限，因此，也有人将其称为管理型区块链。具体而言，系统内的各个节点写入权限将由中央机构（Central Authority）来决定分配，中央机构也不一定赋予每个节点以平等的权利来执行功能。私有链只是部分去中心化，因为公众对这些区块链的访问受到限制，但私有链仍具备多节点运行的通用架构。[3]私有链的首要优势是速度。相对于其他类型的区块链，私有链的参与者要少得多，这意味着网络达成共识需要的时间更短。因此，可以进行更多的交易。私

〔1〕 V 说区块链：《区块链公有链、私有链、联盟链分别是什么》，载 https://www.51cto.com/article/694551.html，最后访问日期：2021 年 11 月 18 日。

〔2〕 比特币的交易网络最为人诟病的一点便是交易性能：全网每秒 7 笔左右的交易速度，远低于传统的金融交易系统；同时，等待 6 个块的可信确认将导致约 1 个小时的最终确认时间。为了提升性能，社区提出了闪电网络等创新的设计。闪电网络的主要思路十分简单——将大量交易放到比特币区块链之外进行，只把关键环节放到链上进行确认。

〔3〕 Yang, Rebecca, Ron Wakefield, et al., "Public and Private Blockchain in Construction Business Process and Information Integration", *Automation in construction*, No. 118, 2020, pp. 103-276.

有区块链每秒可以处理成千上万的交易。与比特币的每秒 7 笔交易相比，这是一个巨大的优势。私有链的可扩展性表现也要更强。由于只有少数节点被授权并负责管理数据，网络能够处理更多的交易。决策过程要快得多，因为它是集中的。然而，私有链的中心化特征较强是其最大的缺点。区块链的建立是为了避免中心化，而私有区块链由于其私有网络，本质上仍然是中心化。同时私有链的信任也是一个较大的问题。私有链网络的可信度依赖于授权节点的可信度，他们需要值得信赖，因为核实和验证交易的权限在他们手中，而且记录的有效性也不能被独立验证。安全是私有链的另一个问题。由于节点较少，恶意行为者更容易获得对网络的控制。也就是说，私有区块链被黑客攻击或数据被操纵的风险要大得多。[1]私有链的典型用例是 Ripple 和 Hyperledger。

与私有链由一个实体管理不同，联盟链（Consortium Blockchain）是介于公有链与私有链之间的一种系统形态，它往往由多个中心控制。[2]由若干组织一起合作维护一条区块链，该区块链的使用必须是带有权限的限制访问，相关信息会得到保护。联盟链比私有链享有更多的去中心化，从而获得更高的安全水平。然而，建立联盟链可能是一个充满矛盾的过程，因为它需要一些组织之间的合作，这带来了治理方面的挑战及潜在的反垄断风险。此外，联盟链的一些成员可能不具备实施区块链工具所需的技术或基础设施，而那些拥有这些技术或基础设施的成员可能认为前期成本太高。企业软件公司 R3 已经为金融服务行业和其他行业开发了一套流行的联盟区块链解决方案。

区块链的吸引力在于其信任和安全的特性，但速度、可扩展性和隐私问题也让人们担心区块链能否被广泛采用。相比较来说，公有链在为大型社区服务的项目中更受欢迎，因为它具有透明度，反过来又促进了更多的

---

〔1〕 Aran Davies, What is the Difference Between Public vs Private Blockchain，载 https://www.devteam.space/blog/public-vs-private-permissioned-blockchain-comparison/，最后访问日期：2021 年 11 月 20 日。

〔2〕 Kang J., Xiong Z., Niyato D., et al., "Incentivizing Consensus Propagation in Proof-of-stake Based Consortium Blockchain Networks", *IEEE Wireless Communications Letters*, No. 8, 2008, pp. 157-160.

信任。而对于需要在区块链上存储信息的金融机构和企业等，似乎更适合在联盟链和私有链上。各种类型的区块链都有其用武之地，当前也有一些项目将中心化的结构与去中心化的元素相结合，打造混合区块链，以解决区块链的“不可能三角”问题。随着区块链技术的成熟，区块链现有的一些问题或许将会得到解决，从而打造更加高效、安全的区块链网络。

五、区块链技术的基础架构

从技术的角度来看，区块链并不是一项单一的技术创新，而是 P2P 网络技术、非对称加密技术、共识机制等多种技术深度整合后实现的分布式账本技术。区块链技术利用加密的链式区块结构来验证和存储数据，利用 P2P 网络技术、共识机制实现分布式节点的验证、通信，以及信任关系的建立，利用链上脚本能够实现复杂的业务逻辑功能，以对数据进行自动化的操作，从而形成一种新的数据记录、存储和表达的方法。区块链的基础框架如图 1-5 所示，主要由数据层、网络层、共识层、智能合约层及应用层组成。

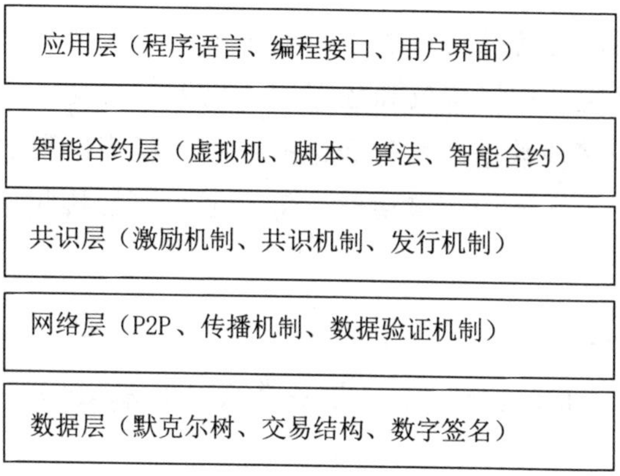

应用层（程序语言、编程接口、用户界面）
智能合约层（虚拟机、脚本、算法、智能合约）
共识层（激励机制、共识机制、发行机制）
网络层（P2P、传播机制、数据验证机制）
数据层（默克尔树、交易结构、数字签名）

图 1-5　区块链基础框架

（一）数据层

数据层包括底层数据区块及其链式结构，由哈希算法、时间戳、Merkle 树、非对称加密等相关技术进行支撑，从而保护区块数据的完整性和可溯源性。[1] Merkle 树是一棵由哈希值组成的二进制树。每个区块都包含 Merkle 树的根哈希值，以及前一个区块的哈希值、时间戳、随机数、区块版本号和当前难度目标等信息，将一段时间内接收到的交易数据和代码封装到一个带有时间戳的数据区块中，并链接到当前最长的主区块链上，形成最新的区块。[2] 为了保护区块链所含数据的安全性和完整性，交易是以数字方式签署的。私钥被用来签署交易，任何拥有公钥的人都可以验证签署者。数字签名可以检测信息的篡改，由于被加密的数据也被签名，数字签名确保了统一性。因此，任何篡改都会使签名失效。同时，发件人或所有者的身份也受到数字签名的保护。

（二）网络层

网络层的主要目的是实现区块链网络中节点之间的信息交流，包括数据传播机制及交易验证机制，由 P2P 网络技术进行支撑，完成分布式节点间数据的传递和验证，因此，区块链本质上是一个 P2P 网络。[3] P2P 网络是一个计算机网络，其中的节点是分布式的，分担网络的工作量，以实现一个共同的目的。区块链的交易是由节点进行的。网络层封装了区块链系统的组网方式、消息传播协议和数据验证机制等要素。结合实际应用需求，通过设计特定的传播协议和数据验证机制，可使区块链系统中每一个节点都能参与区块数据的校验和记账过程，仅当区块数据通过全网大部分节点验证后，才能记入区块链。每一个节点既接收信息，也产生信息。[4]

（三）共识层

共识层主要包括共识机制，通过各类共识算法来实现分布式节点间数

---

〔1〕 马昂等：《区块链技术基础及应用研究综述》，载《信息安全研究》2017 年第 11 期。

〔2〕 姚忠将、葛敬国：《关于区块链原理及应用的综述》，载《科研信息化技术与应用》2017 年第 2 期。

〔3〕 蔡维德等：《基于区块链的应用系统开发方法研究》，载《软件学报》2017 年第 6 期。

〔4〕 沈鑫、裴庆祺、刘雪峰：《区块链技术综述》，载《网络与信息安全学报》2016 年第 11 期。

据的一致性和真实性。[1]一些区块链系统，如比特币中的共识层还包括发行机制和激励机制，将经济因素集成到区块链技术，从而在节点间达成稳定的共识。区块链技术的核心优势之一就是能够在决策权高度分散的去中心化系统中使各节点高效地针对区块数据的有效性达成共识。共识层对于区块链平台的存在至关重要。共识层是任何区块链中最必要和最关键的一层，无论是以太坊、Hyperledger，还是任何其他区块链项目。

（四）智能合约层

合约层是区块链可编程的基础。合约层封装区块链系统的各类脚本代码、算法，以及由此生成的更为复杂的智能合约。[2]如果说数据、网络和共识三个层次作为区块链底层“虚拟机”分别承担数据表示、数据传播和数据验证功能的话，合约层则是建立在区块链虚拟机之上的商业逻辑和算法，是实现区块链系统灵活编程和操作数据的基础。包括比特币在内的数字加密货币大多采用非图灵完备的简单脚本代码来编程控制交易过程，这也是智能合约的雏形。随着技术的发展，目前已经出现以太坊等图灵完备的、可实现更复杂和灵活的智能合约的脚本语言，使得区块链能够支持宏观金融和社会系统的诸多应用。[3]

（五）应用层

应用层能够实现区块链的各种顶层的应用场景及相关系统的实现与落地，通过区块链支持的各类链上脚本算法及智能合约来进行支撑，提供了区块链可编程特性的基础。[4]在该框架中，基于时间戳的链式区块结构、基于 P2P 网络的数据传输机制、分布式节点的共识机制和灵活可编程的链上脚本是区块链技术最有代表性的创新点。

---

〔1〕谢辉、王健：《区块链技术及其应用研究》，载《信息网络安全》2016 年第 9 期。

〔2〕欧阳丽炜等：《智能合约：架构及进展》，载《自动化学报》2019 年第 3 期。

〔3〕贺海武、延安、陈泽华：《基于区块链的智能合约技术与应用综述》，载《计算机研究与发展》2018 年第 11 期。

〔4〕董宁、朱轩彤：《区块链技术演进及产业应用展望》，载《信息安全研究》2017 年第 3 期。

六、区块链的核心元素

（一）分布式账本

分布式账本是一种数据库，用户可以在多个地点、机构或地理区域之间协商一致对该账本进行共享和同步。它允许交易有公共“证人”。网络中每个节点的参与者都可以访问在该网络中共享的记录，并可以拥有一个相同的副本。对账本所做的任何改变或补充都会在几秒钟或几分钟内反映并复制给所有参与者。集中式账本是目前大多数公司所采用的账本类型，但集中式账本容易出现单点故障，因此更容易受到网络攻击和欺诈。[1]分布式账本本质上更难受到攻击，因为所有分布式副本需要同时受到攻击才能被攻破。此外，这些记录可以防止单方的恶意更改。由于难以操纵和攻击，分布式账本可以实现广泛的透明度。分布式账本还能减少操作上的低效，加快交易完成的时间，并且是自动化的，因此可以全天候运行，减少使用者的总体成本。分布式分类账还提供了一个方便的信息流，使得会计师在审查财务报表时，很容易跟踪审计线索。这有助于消除公司财务账簿上发生欺诈的可能性。减少纸张的使用也是对环境的一种保护。

（二）智能合约

“智能合约”一词是由计算机科学家和法律理论家尼克萨博在 1994 年首次提出的。尼克萨博对智能合约的定义是“一个智能合约是一套以数字形式定义的承诺，包括合约参与方可以在上面执行这些承诺的协议。”[2]智能合约通过遵循简单的“if/when…then…”语句来工作，这些语句被写入区块链上的代码。[3]当预先确定的条件得到满足和验证时，计算机网络就会执行这些事项。这些事项可能包括向适当的各方释放资金、注册车

---

〔1〕 Nolan Bauerle, What is Distributed Ledger，载 https://www.coindesk.com/learn/what-is-a-distributed-ledger/，最后访问日期：2021 年 11 月 10 日。

〔2〕 Nick Szabo，“Formalizing and Securing Relationships on Public Networks”，*First Monday* (1997).

〔3〕 Cieplak, Jenny and Simon Leefatt，“Smart Contracts: a Smart Way to Automate Performance”，*Geo. L. Tech. Rev.* No. 1，2016，p. 417.

辆、发送通知或签发票据。交易完成后，区块链就会被更新。这意味着交易不能被更改，而且只有被授予权限的各方才可以看到结果。在一个智能合约内，可以有尽可能多的规定，以满足参与者对任务完成情况的满意程度。为了制定条款，参与者必须确定交易及其数据在区块链上的表现方式，商定管理这些交易的“if/when…then…”规则，探索所有可能的例外情况，并定义一个解决争端的框架。然后，智能合约可以由开发人员进行编程——尽管越来越多的商用区块链组织会提供模板、网络接口和其他在线工具，以简化智能合约的结构。简单来说，智能合约是存储在区块链中的一段不可篡改的程序，可以自动化地执行一些预先定义好的规则和条款，响应接收到的信息。[1]合约发布之后，其运行和维护就交给全网的矿工去达成共识，这是区块链去信任的基础。甚至有人称，通过区块链技术，智能合约会让传统的法律合同失去存在的意义，因为智能合约往往模仿法律合同条款的逻辑。[2]

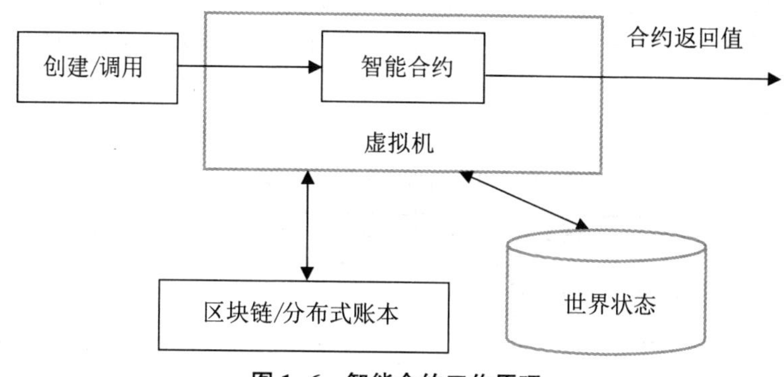

图 1-6 智能合约工作原理

以太坊是最常用的智能合约平台。在以太坊网络上，这些应用程序完全按照程序运行，没有任何停机、审查、欺诈或第三方干扰的可能性。[3]

---

〔1〕 参见崔展齐等：《智能合约安全漏洞检测研究进展》，载《软件学报》2024 年第 5 期。

〔2〕 Raskin M.，“The Law and Legality of Smart Contracts”，*Geo. L. Tech. Rev.*，No. 1，2016，p. 305.

〔3〕 Zou，Weiqin，David Lo，Pavneet Singh Kochhar，et al.，“Smart Contract Development：Challenges and Opportunities”，*IEEE Transactions on Software Engineering* 47，No. 10，2019，pp. 2084-2106.

这些应用程序在一个定制的区块链上运行，可以转移价值并用以表示财产的所有权。这使开发者能够创建市场、存储债务或承诺的登记册，按照很久以前的指示（如遗嘱或期货合约）转移资金，而所有这些都不需要中间人，也不存在交易风险，因此以太坊也被认为是非常强大的全球共享的基础设施。

目前，智能合约的发展仍处于早期阶段，传统编程模式和软件生命周期需要进行有效地改造来适应智能合约的安全需求。智能合约让区块链技术突破了记账功能，实现了更加复杂的交易。尽管人们对智能合约的发展保持乐观，但频频爆发的智能合约安全漏洞事件和隐私问题引发了人们的担忧。〔1〕2017 年 7 月，由智能合约引发的 Parity 多签名钱包安全漏洞，导致超过 1.82 亿美元的经济损失；2018 年 4 月，美链的代币 BEC 由于一行代码的安全漏洞，导致 9 亿美元市值几乎归零；2019 年 5 月，币安遭遇黑客攻击导致 7000 多比特币被盗。由此可以看出，智能合约传递了价值，但是一个安全漏洞可能会引发巨额的损失。与此同时，区块链面临身份信息泄露、交易信息泄露等各种风险，这些隐私问题严重阻碍了区块链技术生态的发展。〔2〕

表 1–2　智能合约安全事件

序号	攻击时间	攻击目标	损失金额（百万美元）	攻击原因
1	2016–06–17	The DAO	60	重入攻击
2	2017–07–19	Parity	31	DelegatedCall 调用
3	2017–11–06	Parity	1500	无保护自杀
4	2018–04–22	BEC	6000	整数溢出
5	2018–07–10	Bancor	12	私钥被盗

〔1〕 参见闫青乐、朱慧君：《基于区块链智能合约的大数据安全》，载《计算机应用与软件》2023 年第 12 期。

〔2〕 参见李乃权：《基于区块链的隐私数据安全综述》，载《网络安全技术与应用》2022 年第 1 期。

续表

序号	攻击时间	攻击目标	损失金额（百万美元）	攻击原因
6	2018-07-31	FOMO 3D	—	合约伪随机数生成
7	2018-08-01	FOMO 3D	3	贪婪挖矿激励机制
8	2018-10-09	SpankChain	0.04	重入攻击
9	2020-02-15	BZX	0.35	多个智能合约调用
10	2020-02-18	BZX	0.65	多个智能合约调用
11	2020-04-18	Uniswap	0.22	合约重入攻击
12	2020-04-19	Lendf.me	25	合约重入攻击
13	2020-04-25	Hegic	0.029	合约漏洞
14	2020-05-18	tBTC	—	合约漏洞
15	2020-06-18	Bancor	0.135	合约函数漏洞
16	2020-06-23	DDM	0.04	恶意劫持
17	2021-08-10	Poly Network	6000	特权函数被调用
18	2021-12-12	AscendEX	77	热钱包攻击

尽管智能合约存在一些漏洞和问题，但是我们并不能因此否认智能合约的价值，任何事物在发展初期必然因为不完善而存在风险，因噎废食并不可取。同时，也应认识到，智能合约不是法律合同，在很多情况下不能替代法律合同。然而，智能合约仍是我们有限的工具中一个宝贵的新工具。智能合约实现了在没有政府强制执行的情况下做出承诺——即使是与陌生人，这也是几百年来许多人认为不可能的事情。[1]智能合约对区块链有重要的意义，智能合约不仅赋予了区块链底层数据可编程性，为区块链2.0和区块链3.0奠定了基础；智能合约还封装了区块链网络中各节点的复杂行为，为建立基于区块链技术的上层应用提供方便的接口，拥有了智能合约的区块链技术前景极为广阔。[2]在未来的几十年里，智能合约将使

〔1〕 Kate Sills, The Promise of Smart Contracts，载 https://www.libertarianism.org/columns/promise-smart-contracts，最后访问日期：2021年11月25日。

〔2〕 邹均等：《区块链技术指南》，机械工业出版社2016年版，第30-32页。

世界各地的人们能够在不确定和不可信环境中相互达成协议，从而改变数百万人的生活。

（三）共识机制

正如上文指出，早期的区块链技术的工作不受任何中央控制器的影响。因此，为了保持分布式账本的可靠性，区块链需要对区块交易记录达成共识。共识是一个自我激励的模式，其在一个集合中实现和协调。通常情况下，在群体模型中，我们会去选择投票多数来达成共同协议。[1]在任何集中式系统中，如一个国家中持有驾驶执照关键信息的数据库，一个中央管理员有权维护和更新数据库。进行任何更新的任务，如添加/删除/更新有资格获得某些执照的人的名字，都是由中央当局执行的，他仍然是唯一有权维护记录的人。作为去中心化、自我调节系统运作的公共区块链在全球范围内工作，没有任何单一的权威。数十万参与者致力于验证和认证区块链上发生的交易，以及区块挖掘活动。

共识机制是一种容错机制，用于计算机和区块链系统，以实现分布式进程或多代理系统之间对单一数据值或单一网络状态的必要协议，如加密数字货币。它在记录保存等方面非常有用。[2]当共识机制能够确保每个节点向其本地版本的区块链添加相同的新区块时，就会建立共识。所有行为者在决定如何更新账本时都遵循协议的预定规则，这一事实可以被认为是系统中信任的来源。事实上，共识机制的本质是各方在有效达成某种结果之前就可以确信。

在传统分布式系统中，评价系统采用 CAP 标准，分别评价系统的数据一致性、数据可用性和分区容错性。对应到区块链系统中，有研究人员提出“不可能三角”的评价标准，包括去中心化、可扩展性、安全性。然而任意的区块链系统，不能同时满足以上 3 个方面。去中心化主要描述参与共识的节点个数，参与共识的节点越多去中心化程度越高。可扩展性主要

---

〔1〕 Kumar, Vishal, Vishal Jain, Bharti Sharma, et al. , “Smart City Infrastructure: the Blockchain Perspective”, *John Wiley & Sons*, 2022.

〔2〕 参见李莉、李昊泽、李涛：《基于 Raft 的多主节点拜占庭容错共识机制》，载《广西师范大学学报（自然科学版）》2024 年第 3 期。

看吞吐量的大小，考察其是否适用于多种应用场景。安全性考虑其规则被破坏的经济成本，破坏规则的成本越高安全性越高。

当前主要存在 PoW、PoS、DPoS、PBFT、PoH 等算法，每一种算法的原理和运用场景都各不相同。

工作量证明机制 PoW 是自 2009 年引入比特币以来，最广泛采用的共识协议之一。在 PoW 中，网络行为者或参与者使用算力来赢得向区块链添加新区块的权利。如果一个新的区块被发现并添加到网络中，发现该区块的节点有权获得预先规定的奖励或交易费用。比特币系统中的各节点基于各自的算力相互竞争来共同解决一个求解复杂但是验证容易的 SHA256 数学难题，最快解决该难题的节点将获得下一区块的记账权和系统自动生成的比特币奖励〔1〕。解题的过程本质上是需要大量计算并且是随机的，找到一个解决方案被比喻为矿工发现黄金，因此，这一解题过程被称为“挖矿”，执行该过程的节点被称为“矿工”。任何有意愿和有兴趣的实体都能够利用自己的算力参与挖矿，这导致 PoW 消耗了大量的能源。例如，运行比特币和以太坊网络所需的能源分别相当于为 350 万和 100 万个家庭供电。除了能源消耗，PoW 的其他缺点包括低吞吐量和分散性，长达 10 min 的交易确认时间使其不适合小额交易的商业应用。〔2〕PoW 在比特币中的应用具有重要意义，其奠定了比特币系统的加密数字货币发行、流通基础，并保障了系统的安全性和去中心化的特性，有效防止了“女巫攻击”。许多人认为，在区块链网络上发起这种攻击是不明智的，因为成本会大于收益，然而，矿池的出现和专用集成电路（ASIC）的使用可能会削弱这种安全性。〔3〕PoW 共识机制最典型的应用就是区块链。

作为 PoW 共识协议的替代协议，PoS 保留了 PoW 的优点，同时也解

---

〔1〕 Ouattara H. F., Ahmat D., Ouédraogo F. T., et al., “Blockchain Consensus Protocols”, In *Lecture Notes of the Institute for Computer Sciences, Social Informatics and Telecommunications Engineering*, Springer International Publishing: Cham, Switzerland, 2018, pp. 304-314.

〔2〕 在 PoW 中，最长的链被认为是可信的和准确的，但建立最长的链将花费大量的算力，因此，为了克服这个问题，一些共识采用了其他模式来保存能源资源。

〔3〕 Saad, Muhammad, et al., “Exploring the Attack Surface of Blockchain: a Systematic Overview”, *ArXiv Preprint ArXiv*, No. 4, 2019, pp. 3-487.

决了 PoW 的一些缺点。在 PoS 中，一个参与实体必须在系统中拥有一些股权（加密数字货币），以便挖掘或验证区块交易。如果一个参与者拥有10%的股权（币），那么这个参与者在下一个区块中挖矿的概率是 10%。PoS 共识协议中的区块提议机制如下：区块由锁仓节点创建，也被称为验证者，然后允许这些节点通过锁仓一定数量的货币参与区块创建过程。然后，该协议根据他们的锁仓数量来选择开采下一个区块的实体或节点。PoS 共识协议网络中的所有参与节点必须证明对锁定在网络中的一定数量的股权的所有权。随后，一个伪随机机制被用来选择领导者或区块提议者。根据网络中节点的锁仓数量选出委员会，由委员会决议领导者提议的区块链是否有效。被选中的验证者投票批准或拒绝提议的区块。只有当大多数委员会成员投出赞成票（通常是委员会规模的三分之二）时，提议的区块才会被接受并添加到区块链上。[1] 51%的攻击难以成功，即使成功也需要承担繁重的经济成本，因为攻击者必须持有该网络中所有加密数字货币数量的 51%。该共识的主要应用项目有以太坊、Peercoin 等。

DPoS 是另一个基于投票的共识协议，源自 PoS。[2] DPoS 共识的基本思路类似于“董事会决策”，即系统中每个节点可以将其持有的股份权益作为选票授予一个代表，希望参与记账并且获得票数最多的前 N 个代表节点将进入“董事会”，按照既定的时间表轮流对交易进行打包结算并且生产新区块。此外，选民会授权“董事会”来行使他们的权利。除了质押的加密数字货币的数量，拥有投票权的成员是通过选举和替换来挑选的。在投票过程中，协议中被质押的加密数字货币被锁定在智能合约中。交易验证、新区块创建、网络操作和维护由当选的代表小组执行。这些代表是区块生产者（Block Producers），他们对所做的工作给予相应的奖励。还有一

〔1〕 Leonardos S., Reijsbergen D., Piliouras G., “Weighted voting on the blockchain: improving consensus in proof of stake protocols”, In Proceedings of the 2019 IEEE International Conference on Blockchain and Cryptocurrency (ICBC), Seoul, Korea, 14-17 May 2019.

〔2〕 Saad, Sheikh Munir Skh, and Raja Zahilah Raja Mohd Radzi, “Comparative review of the blockchain consensus algorithm between proof of stake (pos) and delegated proof of stake (dpos)”, *International Journal of Innovative Computing* 10, No. 2 (2020).

组后备的区块生产者，他们也会得到较小的奖励。若出现任何负面的行动（如串通），该区块生产者可能会被通过投票的方式移出小组。作为惩罚，该成员的智能合约中的质押的加密数字货币会被冻结。[1]如果说 PoW 和 PoS 共识分别是“算力为王”和“权益为王”的记账方式的话，DPoS 则可以认为是“民主集中式”的记账方式，其不仅能够较好地解决 PoW 浪费能源和矿池对去中心化构成威胁的问题，也能够弥补 PoS 中拥有记账权益的参与者不希望参与记账的缺点，其设计者认为 DPoS 是当时最快速、高效、去中心化和灵活的共识算法。DPoS 的主要缺点之一是它倾向于集中化，在网络中拥有大量利益的参与成员可以投票让自己成为验证者。[2]Steemit、比特股、EOS 等是基于这一共识。

PBFT 是 Practical Byzantine Fault Tolerance 的缩写，译为实用拜占庭容错算法。该算法是 Miguel Castro 和 Barbara Liskov 在 1999 年提出来的，解决了原始拜占庭容错算法效率不高的问题，将算法复杂度由指数级降低到多项式级，使得拜占庭容错算法在实际系统应用中变得可行。[3]一般来说，一个当选的领导者（主节点）创建一个有序的交易列表，并广播给其他验证节点，然后由这些节点执行。在交易被执行后，验证节点计算新区块的哈希码，然后广播给他们的同伴。[4]如果收到的哈希码有三分之二是相同的，该区块就会被提交到节点的区块链本地副本中。该算法可以较快达到最终结果，但是 PBFT 不适用于大规模的公有链场景，因为节点越多，

---

〔1〕 Hu Qian, Biwei Yan, Yubing Han, and Jiguo Yu, “An improved delegated proof of stake consensus algorithm”, *Procedia Computer Science*, No. 187, 2021, pp. 341-346.

〔2〕 Yang Fan, Wei Zhou, Qingqing Wu, et al., “Delegated proof of stake with downgrade: a secure and efficient blockchain consensus algorithm with downgrade mechanism”, *IEEE Access*, No. 7, 2019, pp. 118541-118555.

〔3〕 拜占庭将军问题（Byzantine Generals Problem），是由 Leslie Lamport 在其同名论文中提出的分布式对等网络通信容错问题。在分布式计算中，不同的计算机通过通信交换信息达成共识而按照同一套协作策略行动。但有时候，系统中的成员计算机可能出错而发送错误的信息，用于传递信息的通信网络也可能导致信息损坏，使得网络中不同的成员关于全体协作的策略得出不同结论，从而破坏系统一致性。拜占庭将军问题被认为是容错性问题中最难的问题类型之一。

〔4〕 Sukhwani, Harish, José M. Martínez, et al., “Performance modeling of PBFT consensus process for permissioned blockchain network (hyperledger fabric)”, In 2017 IEEE 36th Symposium on Reliable Distributed Systems (SRDS), *IEEE*, 2017, pp. 253-255.

通信时间越长，共识成本越高，[1]所以 PBFT 适用于节点较少的联盟链或者私有链，如 Hyperledger、Fabric。

虽然到目前为止，区块链最常用的共识算法仍是 PoW 和 PoS，但其他共识算法也开始出现并使用。Decred 区块链上使用活动证明（Proof-of-Activity，PoA）共识机制，该机制利用了 PoW 和 PoS 的各个方面的优势，通过 PoW 打包记账+PoS 投票治理的共识模型来创建内部投票系统，解决去中心化项目的治理机制问题，利益相关者可以制定规则，将其构建为去中心化、可持续和自治的货币。[2]燃烧证明（PoB）是另一种共识机制，要求交易者将少量加密数字货币发送到无法访问的钱包地址，实际上是将它们“燃烧掉”。从本质上讲，燃烧证明看起来更像是能耗更低的 PoW 共识机制，因此基于 PoB 的区块链不需要大量的算力资源或依赖强大的挖矿硬件（如 ASIC）。另一个共识机制被称为历史证明（PoH），由 Solana 项目开发，类似于经过时间证明（PoET），对时间的流逝本身进行加密，以实现共识，而不需要消耗很多资源。[3]

目前的区块链系统中还没有各方面性能都最优的共识算法，只能通过权衡系统需求达到特定的目标。在保证区块链系统安全性的同时，要不断提升可用性以适用于大规模应用，同时在满足一定的去中心化程度的情况下用户能积极参与到共识中，并使所有参与投票、共识、验证的节点能够从中获利，所以共识算法的经济激励也是不可或缺的一部分。[4]只有充分使系统中的资源流通以及用户交互、参与，才能实现区块链系统的稳固运行。

（四）分布式应用程序（DApps）

在区块链的背景下，DApps 在一个公共的、开源的、去中心化的环境

---

〔1〕 刘炜等：《面向物联网的 PBFT 优化共识算法》，载《计算机科学》2021 年第 11 期。

〔2〕 Ometov, Aleksandr, Yulia Bardinova, et al.,“An overview on blockchain for smartphones: State-of-the-art, consensus, implementation, challenges and future trends”, *IEEE Access*, No. 8, 2020, pp. 103994-104015.

〔3〕 Zane Witherspoon,“A hitchhiker's guide to consensus algorithms”，载 https://medium.com/hackernoon/a-hitchhikers-guide-to-consensus-algorithms-d81aae3eb0e3，最后访问日期：2021 年 12 月 21 日。

〔4〕 谭朋柳等：《区块链共识算法综述》，载《计算机科学》2023 年第 A1 期。

下的区块链网络上运行，不受任何单一机构的控制和干扰。[1]例如，开发人员可以创建一个类似于 Twitter 的 DApps，并将其放在区块链上，任何用户都可以发布信息。一旦发布，包括应用程序创建者在内的任何人都不能删除这些信息。DApps——通常建立在以太坊平台上——可以为各种目的开发，包括游戏、金融和社交媒体。要将应用程序视为 DApps，必须满足 3 个要求：(1) 应用程序是开源的，这意味着代码是公开可见的，开发人员可以创建分支或编辑代码。(2) 应用程序的数据不是托管在本地（内部部署）或独立的云服务器上，而是在安全的计算机网络上分散运行，这些计算机可以由云服务器和运行该软件的单个 PC 组成。(3) 应用程序具有数量有限的区块链代币（如以太币是以太坊网络的代币）。这需要一对加密密钥来签署交易，以便将数据存储在区块链中。

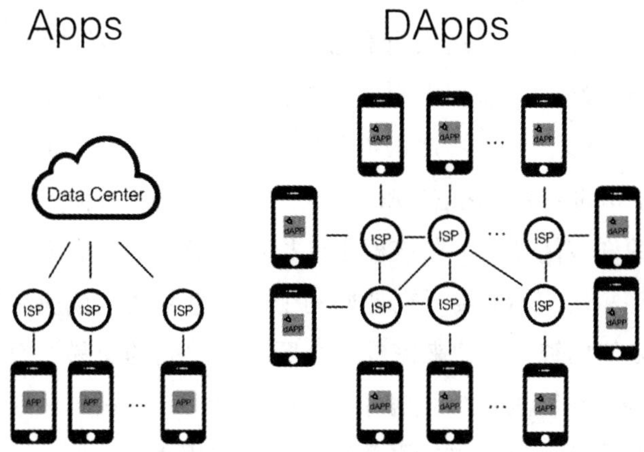

图 1-7　中心化应用程序与去中心化应用程序比较[2]

中心化应用程序（我们经常使用各类应用，如微信、淘宝等）是由一个公司拥有的。中心化应用程序的应用软件被控制在一个或多个由公司控

[1] Cai Wei, Zehua Wang, Jason B. Ernst, et al., "Decentralized applications: the blockchain-empowered software system", *IEEE Access*, No. 6, 2018, pp. 53019-53033.

[2] 图片参见网址，https://towardsdatascience.com/what-is-a-DApp-a455ac5f7def，最后访问日期：2022 年 4 月 20 日。

制的服务器上。用户通过下载应用程序的副本，从公司控制的服务器上来回发送和接收数据，从而实现与应用程序进行互动。一个标准的网络应用，如淘宝、微信、Uber 或 Twitter，在一个计算机系统上运行，该系统由一个组织拥有和运营，使其对该应用及其工作有充分的权力。这些中心化应用可能有多个用户，但后端由一个组织控制。而去中心化的应用程序（称为 DApps）在区块链或点对点计算机网络上运行，用户可以直接点对点进行交易，而不需要依赖中央机构。DApps 用户将向开发者支付一定数额的加密数字货币，以下载和使用该程序的源代码。该源代码被称为智能合约，它允许用户在不透露个人信息的情况下完成交易。当前，大多数 DApps 的部署是基于以太坊平台的，用户可以在以太坊智能合约上创建新的 DApps，以太坊为开发者提供所需的基础设施，让他们集中精力为数字应用寻找新的用途。通过以太坊平台，开发者或其他使用者可以快速部署应用于各行各业的 DApps，包括银行和金融、游戏、社交媒体和网上购物等。DApps 的典型用例，如 Peepeth 是一个替代 Twitter 的社交网络；Cryptokitties 是一个 DApps 游戏，允许用户购买和出售虚拟猫咪；[1] MakerDAO 是一个支持稳定币 Dai 的去中心化信贷服务，允许用户开设抵押债务头寸（CDP）。

DApps 的许多优势集中在该程序保护用户隐私的能力上。通过去中心化的应用程序，用户不需要提交他们的个人信息来使用该应用程序提供的功能。DApps 使用智能合约来完成两个匿名方之间的交易，而不需要依赖一个中央机构。在智能合约上编写业务逻辑意味着 DApps 后端将在区块链上完成分发和管理。与在中央服务器上部署应用程序不同，DApps 不会有停机时间，只要区块链仍在运行，它就会继续存在。[2]

DApps 的开发与使用仍处于早期阶段，因此它是实验性的，容易出现

---

〔1〕 Serada, Alesja, Tanja Sihvonen, et al.,“CryptoKitties and the new ludic economy: how blockchain introduces value, ownership, and scarcity in digital gaming”, *Games and Culture* 16, No. 4, 2021, pp. 457-480.

〔2〕 Valid Marketing Team,“Decentralized applications: the good, the bad, and why should enterprises care?”, 载 https://valid.network/post/decentralized-applications-the-good-the-bad-and-why-should-enterprises-care，最后访问日期：2022 年 1 月 4 日。

某些问题和未知数。比如，应用程序是否能够有效进行扩展，特别是在应用程序需要大量计算并使网络运行超过负荷，造成网络拥堵的情况下。用户友好界面也是当前 DApps 所面临的问题。用户对应用程序的易用性期望值较高，这种期望值在传统中心化应用程序中得到了满足。从中心化应用程序过渡到 DApps，需要开发者创造能够满足最终用户体验和性能需求，至少能够与已经流行和成熟的中心化应用程序相媲美。DApps 也面临着代码修改完善的问题。一旦部署，DApps 很可能需要持续的修改代码，以增强 DApps 的使用性能、修改 bug 或提升安全性能。但根据以太坊的说法，由于发布到区块链上的数据和代码很难修改，所以开发者对 DApps 进行必要的更新可能是一个挑战。〔1〕

（五）分布式自治组织（DAO）

维基百科对 DAO（分布式自治组织）的定义是，由编码为透明计算机程序的规则代表的组织，由组织成员控制，不受中央政府的影响。由于规则被嵌入到代码中，不需要管理人员，因此消除了任何官僚主义或等级制度的障碍。DAO 被设计为自动化和分布式的组织。在 DAO 中，决策是自下而上作出的，通过在区块链上执行的一套特定规则，进而设立社区来对其进行管理。DAO 的开发者相信他们可以通过将决策权交到一个自动化系统和众包程序手中来消除人为错误或对投资者资金的操纵。DAO 采用扁平式治理模式，没有等级管理，开发一个 DAO 可以出于各种不同的目的，职业者网络、慈善组织、风险投资公司等，都可以通过 DAO 来实现。

比特币通常被认为是第一个功能齐全的 DAO，因为它有编程规则、自主运作，并通过协商一致的协议进行协调。〔2〕当然，并非每个 DAO 都像比特币一样成功。2016 年 5 月，德国初创公司 slock. it 推出了创意名称为 “The DAO” 的项目，以支持他们的分布式版本的 Airbnb。当时，众筹活动

〔1〕 Alexey Semeney，“What are the Benefits，Uses，and Challenges of DApps?”，载 https://www.devteam.space/blog/the-future-of-DApps/，最后访问日期：2022 年 1 月 4 日。

〔2〕 Mark Sullivan，“What are decentralized autonomous organizations—and why should you care?”，载 https://www.fastcompany.com/90721723/what-are-decentralized-autonomous-organizations-daos-crypto，最后访问日期：2022 年 1 月 14 日。

取得了巨大成功，筹集了价值超过 1.5 亿美元的以太坊。不幸的是，The DAO 的代码出现了漏洞，2016 年 6 月，黑客从 The DAO 项目中盗走了价值 5000 万美元的以太坊。尽管故障在于 slock.it 代码，而不是底层技术，但黑客确实破坏了一些人对以太坊代币和 DAO 的信任。[1]

正如 The DAO 项目的失败一样，分布式自治组织并不完美。它们是一种极新的技术，由于对其合法性、安全性和结构的担忧挥之不去，招致了许多批评。例如，《麻省理工科技评论》透露，它认为将重要的财务决策交给大众不是明智的选择。The DAO 黑客事件也进一步引发了安全问题，因为智能合约的缺陷即使被发现也很难修复。[2]同时，由于 DAO 可以分布在多个司法管辖区，而且没有法律框架，任何可能出现的法律问题都可能要求相关人员在复杂的法律环境中处理众多的地区法律。[3]例如，2017 年 7 月，美国证券交易委员会发布了一份报告，其中确定 The DAO 未经授权在以太坊区块链上以代币形式出售证券，违反了该国的部分证券法。[4]据 *IEEE Spectrum* 报道，DAO 很容易受到编程错误和网络攻击的影响。

（六）数字资产

数字资产或许是区块链最具备争议的产物。加密数字货币是一种基于区块链和密码学的数字或加密数字货币，几乎不可能被伪造或重复消费。加密数字货币最显著的特征是，它们通常不由任何中央机构发行，理论上也不受政府干预或操纵。每个加密数字货币都具有不同的功能和规格。[5]比特币是

---

〔1〕 momomomomo：《彭博社深度还原：The DAO 大劫案始末》，载 https://www.leiphone.com/category/fintech/JnNEqj90inEWLTJD.html，最后访问日期：2022 年 1 月 15 日。

〔2〕 Tom Simonite, "The 'autonomous corporation' called the DAO is not a good way to spend $130 Million"，载 https://www.technologyreview.com/2016/05/17/160160/the-autonomous-corporation-called-the-dao-is-not-a-good-way-to-spend-130-million/，最后访问日期：2022 年 2 月 10 日。

〔3〕 Nielsen T., "Cryptocorporations: proposal for legitimizing decentralized autonomous organizations", *Utah Law Review*, No. 5, 2019, pp. 1105-1130.

〔4〕 Wright A., "The rise of decentralized autonomous organizations: opportunities and challenges", *Stanford Journal of Blockchain Law & Policy*, 4 (2), pp. 1-32.

〔5〕 "What is cryptocurrency and how does it work"，载 https://www.kaspersky.com/resource-center/DeFinitions/what-is-cryptocurrency，最后访问日期：2022 年 2 月 25 日。

最流行、最有价值的加密数字货币。以太坊的 ETH 将自己描述为底层智能合约平台的燃料（Gas）。瑞波的 XRP 被银行用来在不同地域之间进行转账。2021 年 11 月，所有存在的加密数字货币的总价值已超过 2.1 万亿美元，其中，比特币约占该总价值的 41%。〔1〕

法定货币作为交易媒介的权威来自政府或货币当局的信用背书。例如，每张美元钞票都是由美联储发行和背书的。但加密数字货币没有任何公共权威部门的背书。因此，在全世界不同的金融管辖区，很难为它们的法律地位进行定性。加密数字货币在很大程度上是在大多数现有金融基础设施之外运作的。加密数字货币的法律地位对其在日常交易和贸易中的使用有影响。2019 年 6 月，金融行动特别工作组（FATF）指出，加密数字货币的电汇应遵守其履行规则的要求，该规则要求遵守反洗钱规定。2021 年 12 月，萨尔瓦多成为世界上首个允许比特币作为可交易的法定货币的国家。〔2〕在世界其他地区，加密数字货币的监管因管辖范围而异。〔3〕

加密数字货币被引入区块链中，其目的是彻底改变金融基础设施。然而，就像每一次革命一样，都会涉及权衡利弊。在目前的加密数字货币发展阶段，加密数字货币的去中心化系统的理论理想与实际执行之间存在许多差异。

第二节　区块链产业影响

一、概述

2021 年，区块链初创公司的资金同比激增 713%，达到 252 亿美元。〔4〕

---

〔1〕 CoinMarketCap，“Global Cryptocurrency Charts”，载 https://coinmarketcap.com/charts/，最后访问日期：2021 年 11 月 25 日。

〔2〕《萨尔瓦多成为全球首个采用比特币作为法定货币的国家》，载 https://finance.sina.com.cn/tech/2021-06-10/doc-ikqcfnca0152515.shtml，最后访问日期：2021 年 12 月 22 日。

〔3〕 关于世界不同国家对虚拟货币的监管态度问题，将在第二章详细论述。

〔4〕 CBinsights，“State Of Blockchain 2021 Report”，载 https://www.cbinsights.com/research/report/blockchain-trends-2021/，最后访问日期：2022 年 3 月 4 日。

区块链的核心优势在于它可以在没有中心权威机构授信和背书的情况下保持数据和交易的可信。区块链技术的分布式账本能确保透明度，不可篡改的数据链能保证密码安全，使其成为企业交流和信息验证的理想载体。区块链不是一个单一的体系，而是一项基础技术，可以通过不同的形式进行部署，以适应不同的使用目的和商业模式。比特币的流行有助于验证区块链在金融领域的应用，企业家们已经开始相信这项技术可以改变更多行业——从保险到游戏，甚至到教育。

二、金融行业

金融行业被认为是区块链最先颠覆的行业。信任是金融业的基础，而区块链最基础的功能就是信任的引擎。为维护信任，金融业的发展催生了大量的高成本、低效率、单点故障的中介机构，包括托管机构、第三方支付平台、公证人、银行、交易所等。[1]信用是金融的核心基础，交易本质上交换的是价值的所属权。现在为了完成交易（如房屋、车辆的所属权），往往需要一些中间环节，特别是中介担保角色。这是因为，交易双方往往存在不充分信任的情况，要证实价值所属权并不容易，而且往往彼此的价值不能直接进行交换。合理的中介担保，确保了交易的正常运行，提高了经济活动的效率。

区块链技术为不受信任的各方提供了一种在不需要中介的情况下使数据库状态保持一致性的方式。通过提供无人管理的分布式账本，区块链可以提供特定的金融服务，如付款或证券化，而无须银行来作为中央信任机构。[2]此外，基于区块链的智能合约等工具，即基于区块链的自动执行合同，实现了从合规、索赔到分发遗嘱内容的自动化，而这之前需要大量的人工操作。同时，区块链分布式账本技术（DLT）可以帮助企业围绕数据共享和协作建立更好的治理和标准。

---

〔1〕［美］弗朗西斯·X. 迪博尔德、尼尔·A. 多尔蒂、理查德·J. 赫林编著：《金融风险管理中的已知、未知与不可知——基于 KuU 思想的度量方法及践行理论》，唐英凯译，东北财经大学出版社 2014 年版，第 20-40 页。

〔2〕 林晓轩：《区块链技术在金融业的应用》，载《中国金融》2016 年第 8 期。

随着区块链技术在金融服务业的影响的扩大，包括金融机构本身和公众在内的所有利益相关者都将分享到金融服务业实施区块链带来的便利。区块链技术可以降低与金融服务相关的成本，包括通过金融机构之间的合作和整个行业的标准化流程，可以为其他财务上被排除在外的个人提供更广泛和更统一的访问。通过在第三方实体之间建立信任，并通过以前不存在的手段促进信息传输，区块链可以促进金融机构之间的合作，并加强银行业作为值得信赖的中介的作用。[1]

三、供应链管理

据世界银行统计，全球大约有 74 万亿 GDP，而供应链相关行业占据其中的 2/3，同时供应链也是世界上拥有最多员工的行业。在沃尔玛和宝洁等公司的带动下，自 20 世纪 90 年代以来，企业资源规划（ERP）系统的使用推动了供应链信息共享的迅速发展。然而，在涉及复杂交易的大型供应链中，促进多主体协作和多流融合发展仍然效率低下。[2]总的来说，当前供应链的数字化升级依然面临五个方面挑战：信息交互成本高、全链可追溯能力弱、合规性难保证、动态适应性差、业务效率低。[3]一个完整的供应链通常包括信息流、库存流和资金流，即使最先进的 ERP 系统，人工审计和检查都无法同时连接这三个流程，这就很难消除执行错误、改善决策，并解决供应链的冲突。即使事后发现了问题，也很难通过追踪现有账本和文件中记录的活动顺序来确定其来源或修复它，因为这会导致很高的成本。在一些情况下，即使 ERP 系统能够捕捉到三流流动，但要在不同分类账（应收账款、付款、退货贷项等）中与所交易的库存相对应起来也比较困难。这对于每天需要在庞大的供应链伙伴和产品网络中从事数以千

---

〔1〕 王硕：《区块链技术在金融领域的研究现状及创新趋势分析》，载《上海金融》2016 年第 2 期。

〔2〕 Korpela Kari, Jukka Hallikas and Tomi Dahlberg, "Digital supply chain transformation toward blockchain integration", In proceedings of the 50th Hawaii international conference on system sciences, 2017.

〔3〕 德勤：《区块链 VS 供应链，天生一对》，载 https://www2.deloitte.com/cn/zh/pages/strategy-operations/articles/supply-chain-meets-block-chain.html，最后访问日期：2022 年 2 月 10 日。

计的交易的公司来说尤其如此。[1]

区块链可以提高供应链管理的效率。区块链技术依赖于一个共享的网络基础设施，使用区块链技术的供应链可以改善所有各方的沟通和协作。同时，区块链的可追溯性和透明性可以杜绝浪费、重复订单和应付账款的其他问题，如发票欺诈等。区块链智能合约确保所有各方及时、完整、准确地履行其商定的义务。财务信息和业绩的可视化和不可篡改可以改善小企业的融资困境，并通过减少不确定性和风险以降低融资时间。区块链技术可以提高供应链流转中的效率，减少库存损失和浪费情况，帮助供应链上下游企业节省大量开支。同时，由于采用数字方式分享资源和交易，区块链也消除了对基于纸张的工作流程和材料的需求。无纸化不只是降低材料成本，它还消除了与存储有关的辅助成本，以及处理和管理所有这些物理文件所需的劳动力。[2]

四、医疗健康与生命科学

2019 年末，新冠疫情暴发，医疗健康行业面临巨大挑战。一方面，以人为本的医疗理念正在成为各个国家和地区的价值追求，这种追求要求患者能够在任何时候都可以获得服务和适当的医疗资源。另一方面，随着疫情持续蔓延，医疗保健和生命科学行业面临新的挑战，包括调整供应链以提供防护设备，以及快速开发治疗方案、检测工具和疫苗等。与此同时，医疗保健专业人员希望知道如何管理同意书并确保个人健康数据的安全，以便使他们能够利用健康数据来安全地重启业务。[3]因此，当前医疗领域面临的最主要问题是人口健康管理中的数据保护、共享和互操作性。区块链技术的出现，使得健康信息交易所（HIE）和全员人口数据库

---

[1] Vishal Gaur, Abhinav Gaiha, “Building a transparent supply chain”, 载 https://hbr.org/2020/05/building-a-transparent-supply-chain, 最后访问日期：2022 年 1 月 15 日。

[2] Michael Higgins, “Blockchain in supply chain”, 载 https://www.forbes.com/sites/forbestechcouncil/2021/11/08/blockchain-in-supply-chain/, 最后访问日期：2022 年 2 月 20 日。

[3] IBM：《医疗保健和生命科学区块链解决方案》，载 https://www.ibm.com/cn-zh/blockchain/industries/healthcare，最后访问日期：2022 年 1 月 4 日。

（APCD）已经跟不上时代。通过组织机构来验证成员的信誉度已经变得没有意义，因为使用区块链技术的话并不需要用到这些组织。消除这些陈旧的中间组织机构可以增加数据安全性，并且还节省成本、时间与资源。新的医疗记录共享模式正在诞生。[1]区块链技术可以增强安全性、数据交换、互操作性、完整性，以及实时更新和访问。患者和医务人员可以通过安全和直接的手段来记录、发送和咨询网络上的数据，而不必担心安全问题。[2]

五、其他

区块链技术除了对金融、供应链等行业产生颠覆性影响，对其他行业也会产生不可小觑的影响。在制造业中，区块链可以建立一个有组织的数字线程，以跟踪零件从数字设计到生产乃至生命周期终止的整个历史。区块链可以与多方共享，它们可以访问相同的信息。使用针对制造业的区块链网络，参与者无须通过集中的第三方即可确认交易，还可以降低成本、提高速度、扩大覆盖面，并提高整个供应链和生产经营管理流程的透明度和可追溯性。该技术可用于汇总从供应链监控、资产跟踪和材料来源，到伪造检测、质量保证和法规遵从的信息，最终解决制造商的很多常见痛点。[3]此外，区块链技术同样将作用于发票管理。据 *Payments Journal* 报道，借助于区块链技术，加拿大的沃尔玛已将其有争议的发票从 70%减少到 1%。在广告业中，随着耐克、Wendy's 和 Coco Cola 等越来越多的公司涉足虚拟世界，广告行业将被区块链颠覆和改善。随着越来越多的活动在线上移动并进入元宇宙空间，如音乐会和游戏，广告潜力呈指数级增长。[4]

---

〔1〕《区块链技术在医疗领域应用分析》，载 http://www.invest-data.com/eWebEditor/uploadfile/20180113145424181744461.pdf，最后访问日期：2022 年 1 月 4 日。

〔2〕滕亮等：《基于区块链的医疗数据安全共享模型研究与应用》，载《信息安全研究》2023 年第 9 期。

〔3〕David Butcher：《区块链如何影响制造业》，载 https://www.mastercontrol.com/cn/gxp-lifeline/how-blockchain-may-affect-manufacturing/，最后访问日期：2022 年 2 月 4 日。

〔4〕梦共里醉：《2022 年区块链影响最大的四个行业》，载 http://blog.itpub.net/31524109/viewspace-2868976/，最后访问日期：2022 年 3 月 20 日。

区块链的产业影响远不止于此。区块链技术作为支撑数字经济的基础设施技术，其分布式共享账本、公开透明、防篡改、可追溯等技术特性，很好地契合了产业链多信任主体、多方协作、高频交易、商业逻辑完备等特点。换言之，区块链技术在打造具有较强竞争力和影响力的优势产业链方面将大有可为。

第三节　数字货币的价值及其未来

一、数字货币源起

创新是金融行业的永久话题。著名的货币大师米尔顿·弗里德曼在1991年完成的专著《货币的祸害：货币史上不为人知的大事件》的自序中写道："在远古时代，当人们发现为获得某种东西而出售产品或服务显得更为安全的时候，觉得很有必要把买与卖两种行为从单一的易货交易中分离出来——而这种东西并不会在生产中被消耗掉或用于生产，相反只是作为媒介，用来购买在生产中被消耗的或用于生产的产品或服务。连接买与卖两种行为的'某种东西'被称作货币，其千百年来以各种不同的物理形式出现——从石头、羽毛、烟叶、贝壳，到铜、白银、黄金，甚至到现在的纸币和分类账簿中记录的条目。"[1]从物物交换、到货币的出现再到数字货币的出现，货币的发展史就是人类文明史的缩影，承载了奴隶时代、封建时代、资本主义时代到社会主义时代再到文化发展和生产力的进步。

一方面，数字货币的出现有着其深刻的社会根源和历史根源。"二战"结束后，美国成了世界秩序的主宰。在金融秩序方面，美国建立了布雷顿森林体系，即美元与黄金挂钩，指定美元为世界各国的支付手段，形成了以美元为中心的世界货币体系。1971年，美国总统尼克松时代美联储废除了金本位，美元不再锚定黄金，取而代之的是以美国信用背书的主权货

〔1〕［美］米尔顿·弗里德曼：《货币的祸害：货币史上不为人知的大事件》，张建敏译，中信出版集团2016年版，第3页。

币。这一变化引发了全球经济学家的不安，这意味着美国可以自由增发货币来掠夺财富，事实证明确实如此。[1]1976 年，奥地利经济学家哈耶克提出自由市场经济学理论，提出私人银行发行可竞争货币的概念，这便是数字货币（包括当今比特币）的雏形。[2]

另一方面，现代信息技术、人工智能、大数据、云计算、物联网等现代科技迅速发展，几乎所有经济、金融乃至社交活动转移到互联网上，尤其是移动互联网上，出现了物理世界和数字世界共存的二重世界。互联网让世界变成了地球村，基于 TCP/IP 协议的信息技术推动了整个互联网上的信息开始以几何式的速度增长，信息的复制和分享成为这个时代的主流，但现有的互联网技术并不能实现价值转移。社会呼唤一种新的价值承载方式推动价值在世界不同地区流转，中本聪用比特币打开了数字货币和区块链的大门。1976 年，Sun 公司前首席安全官 Diffie 和斯坦福大学 Hellman 教授在其共同完成的论文《密码学的新方向》中创造性地提出了非对称加密体系，为当今数字货币的发展奠定了重要基石。[3]1982 年，大卫·乔姆首次提出了数字货币理论，其基于传统的“银行—个人—企业”模式提出的电子货币系统，具备不可追溯、匿名性等特点。[4]1989 年，DigiCash 由大卫·乔姆创建，此时由于电子商务尚未出现，该项目最终于 1998 年申请破产，因为人们线上购物更喜欢使用“用起来顺手的”信用卡，而对是否匿名并无兴趣。[5]话虽如此，大卫·乔姆概述的一些概念、公式和加密方法构成了未来开发的数字货币的基础。1992 年，埃里克·休斯将网

---

〔1〕 李洁、谢鹏、曹筱凡：《来自历史深处的脚步——从人民币正式加入 SDR 看国际货币体系演进》，载 http://www.gov.cn/xinwen/2016-09/29/content_5113598.htm，最后访问日期：2021 年 12 月 12 日。

〔2〕 王程：《梳理与辨明：关于哈耶克货币理论性质的学界争论》，载《国外社会科学前沿》2021 年第 2 期。

〔3〕 Diffie, Whitfield, and Martin E. Hellman, “New directions in cryptography”, *Secure communications and asymmetric cryptosystems*. Routledge, 2019, pp. 143-180.

〔4〕 郑彧：《论数字货币的信用传承与形态变革》，载《财经法学》2020 年第 5 期。

〔5〕 O'mahony, Donal, Michael Peirce, and Hitesh Tewari, *Electronic payment systems*. Norwood: Artech House, 1997.

络朋克（Cyberpunk）的目标和意图写进了《密码朋克宣言》〔1〕。密码朋克希望在数字世界中看到加密和安全的通信，包括匿名交易。与可以识别付款人和收款人的信用卡交易不同，密码朋克正在设想一种数字货币，人们可以使用这种货币汇款和收款，而无须跟踪——这与在当地商店以现金支付不同。〔2〕1996年，由著名肿瘤学家 Douglas Jackson 发起的 E-Gold 数字货币，是第一个以黄金为支持的数字货币，其活跃用户一度达到500万，后来，平台持续遭遇黑客攻击并吸引了大量非法洗钱交易，使该数字货币遭遇各国政府封杀。〔3〕在比特币出现之前，Hashcash 可以说是最成功的数字货币，1997年，为了防止电子邮件垃圾邮件和 DDoS 攻击，哈希现金（Hashcash）得以问世。Hashcash 使用工作量证明算法，可以帮助完成新数字货币的生成和分发，工作量证明也是今天所知的许多加密数字货币中使用的技术。Hashcash 面临着日益增长的性能需求，平台难以满足这些需求，因此效率越来越低，最终导致平台关闭。〔4〕B-money 的运作方式类似于今天的比特币，该货币的所有用户都持有交易账本的副本，这样，所有的付款都会被公布出来，让所有人看到，并可以对付款进行审核或提出争议。〔5〕B-moeny 和比特币的突出区别是，没有去中心化的方式来维护账本。

2008年的金融危机让一些密码学家和经济学家开始质疑他们所深信的全球银行系统的稳定性和透明度，于是他们转向了数字货币来寻找解决经济危机的答案。《比特币：一种 P2P 的电子现金系统》首次提出比特币的

〔1〕 20世纪80年代，朋克意味着反抗，催生了稀奇古怪的发型、文身、皮草服装、致幻剂和硬核音乐。当计算机和互联网以及朋克结合起来，就产生了“密码朋克”。

〔2〕 Eric Hughes，“A cypherpunk's manifesto”，载 https://www.activism.net/cypherpunk/manifesto.html，最后访问日期：2021年11月15日。

〔3〕 郑嘉伟：《央行数字货币的前世与今生：从理论到实践》，载 http://pdf.dfcfw.com/pdf/H3_AP202004301379091578_1.pdf，最后访问日期：2021年11月20日。

〔4〕 Ferdiansyah，Ferdiansyah，Siti Hajar Othman，et al.，“A lstm-method for bitcoin price prediction：a case study yahoo finance stock market”，In 2019 *International Conference on Electrical Engineering and Computer Science* (*ICECOS*)，IEEE，2019，pp. 206-210.

〔5〕 Wei Dai，“b-money”，载 https://nakamotoinstitute.org/b-money/，最后访问日期：2021年11月4日。

概念，随着比特币创世区块的出现，比特币迅速成为极客和对金融敏感的人眼中的“香饽饽”，随着越来越多人的布道以及区块链技术的挖掘，比特币成为世界的潮流。比特币白皮书指出，比特币网络是一种去中心化的电子现金系统，交易双方可以不通过央行等第三方机构的背书，通过比特币网络直接完成点对点交易。〔1〕比特币采用区块链技术，将交易信息存储在分布式账本中，具备去中心化、总量有限、交易安全、公开透明等具有吸引力的特点。比特币的出现标志着新的货币形式——数字货币的诞生，比特币的普及推动着数千种区块链项目及基于区块链技术的加密数字货币的出现。

二、数字货币发展史

2008 年，中本聪发表比特币白皮书标志着点对点的电子现金系统的诞生和走向市场。自 2009 年年初比特币正式诞生后，凭借去中心化和点对点交易等特性，比特币及区块链获得了政府、资本、企业、研究机构等多方关注，并催生了大量新型加密数字货币，数字货币种类也从比特币发展为平台币、稳定币、燃料币、治理币等多种形式，同时，数字货币也带来了新的融资方式，如首次代币发行（Initial Coin Offeringsm，ICO）、证券化代币发行（STO）、空投、Play-to-earn 等。数字货币代表了一种新的、去中心化的货币范式。从中本聪发表比特币白皮书起，数字货币大致经历了开始阶段（2008—2010 年）、市场形成阶段（2010—2014 年）、艰难探索阶段（2014—2016 年）、数字货币爆发阶段（2016—2018 年）、萧条与恢复阶段（2018—2021 年）。

（一）开始阶段（2008—2010 年）

比特币的概念最初由中本聪在 2008 年 11 月 1 日提出，并于 2009 年 1 月 3 日正式诞生。2009 年 1 月 3 日，中本聪挖出了比特币的第一个区块——创世区块（Genesis Block），并获得了 50 个比特币的奖励。为了永久地记录

---

〔1〕 中本聪：《比特币：一种点对点的电子支付系统》，载 https://bitcoin.org/files/bitcoin-paper/bitcoin_zh_cn.pdf，最后访问日期：2021 年 11 月 14 日。

催生比特币出现的经济因素，中本聪在第一个区块上嵌入了比特币区块链的消息，上面写着："《泰晤士报》，2009 年 1 月 3 日，财政大臣正处于第二次银行业救助的边缘（Chancellor Alistair Darling on brink of second bailout for banks）。"[1]比特币创造后的前几个月几乎没有价值。此时，比特币被认为属于密码极客的小众运动，只不过是一种乌托邦式的思想实验而已，比特币也不具备实用价值和储藏价值。同时，比特币价值与当时全球货币体系总量相比，显得微不足道，甚至可以忽略不计。一年后，比特币发生了第一次商业交易。2010 年 5 月 22 日，佛罗里达州的一名男子通过谈判用 1 万枚比特币购买了两个价值 25 美元的"Papa John's"比萨。此时比特币的成本约为 4 枚比特币 1 美分。[2]到 2010 年 11 月初，比特币价格猛增到 36 美分，然后定格在 29 美分左右。

（二）市场形成阶段（2010—2014 年）

虽然它的价值还不高，但比特币在现实世界中的价值开始显现。2011 年 2 月，比特币的价格上升到 1.06 美元，然后回落到 87 美分左右。此时价格起飞的原因，部分是福布斯对加密数字货币的报道。2011 年 4 月初到 5 月底，一枚比特币的成本从 86 美分上升到 8.89 美元。

2011 年 6 月 1 日，*Gawker* 上发表了一篇关于比特币在网上毒品交易社区的吸引力的报道后，比特币价格在一周内增加了两倍多，达到约 27 美元，流通中的比特币市场价值接近 1.3 亿美元。但到了 2011 年 9 月，比特币的价格又降到了 4.77 美元左右。2011 年 10 月，莱特币（Litecoin）出现了，就像比特币的其他衍生概念一样，通常被称为 altcoins。莱特币的市值位居第二，Namecoin 和其他 7 个币种在后面紧追不舍。

2012 年，比特币价格稳步增长。2012 年 9 月，比特币基金会成立，以促进比特币的发展和普及。瑞波币——另一种新的加密数字货币——得到了风投基金的资助。2013 年，在刑事犯罪、监管等相关问题中，比特币价

---

〔1〕 Elliot, Francis, and Gary Duncan, "Chancellor alistair darling on brink of second bailout for banks." *The Times*, No. 3, 2009.

〔2〕 Chohan, Usman W., "A history of bitcoin." *Available at SSRN*, 3047875 (2017).

格不断上涨和崩溃。2013 年 11 月 19 日，其价格达到 755 美元，只是在同一天崩溃到 378 美元，到 11 月 30 日，它又一路上涨到 1163 美元。这是另一次长期价格崩盘的开始，最后比特币价格在 2015 年 1 月跌回 152 美元。

（三）艰难探索阶段（2014—2016 年）

比特币一直饱受争议。当它推出时，引起了错误人群的注意——毒贩和黑市。对他们来说，这种加密数字货币是天赐之物，因为他们可以绕过当局的严格审查。在不引起当局注意的情况下，可以在网上匿名处理毒品。[1]

匿名性和去中心化使数字货币让犯罪分子看到了机会。直到 2013 年，加密数字货币主要用于黑市而不是用于合法目的。2014 年 2 月，Mt. Gox 被黑客入侵，85 万枚比特币被盗。后来，在一系列黑客攻击和比特币丢失的指控下，该公司申请破产保护。[2]比特币黑客开始更频繁地出现。虽然目前为止不知道真实情况，但很可能这些比特币实际上是从 2011 年开始慢慢被盗的，并在各个交易所转售换取现金，Mt. Gox 也包括在内。虽然黑客攻击不是导致出现问题的唯一原因，但它的确具有很强的警示作用，后来的交易所也加大了对安全性的投入。2019 年，7 家主要的加密数字货币交易所被黑客攻击，此时交易所对用户的资产提供了更多保障，比如币安（Binance）上的用户安全资产基金，就是一个紧急保险基金。

此时的比特币也受到了政府部门的强力监管和反对，考虑对本国金融稳定、犯罪打击的影响，一些国家禁止比特币和比特币挖矿。[3]同时，一些国家也开始针对比特币征税，在以色列和美国等国家，比特币被归为商品，因此对其征税。而英国、俄罗斯和欧盟等欧洲国家将其视为一种加密数字货币。

---

〔1〕 Hyman M.，"Bitcoin ATM：a criminal's laundromat for cleaning money"，*Thomas L. Rev.*，No. 27，2015，p. 296.

〔2〕 Cheung，Adrian，Eduardo Roca，et al.，"Crypto-currency bubbles：an application of the phillips-shi-yu（2013）methodology on Mt. Gox bitcoin prices"，*Applied Economics*47，No. 23，2015，pp. 2348-2358.

〔3〕 但也有一些政府部门接受比特币，如新加坡设立了沙盒监管措施，欧盟出台政策力争在区块链及数字货币的竞争中占据优势地位。

数字货币在该阶段也取得了一些成就。2014 年 2 月 20 日，Robocoin 的创始人 Jordan Kelley 在美国推出了第一台比特币 ATM 机，[1]安装在得克萨斯州奥斯汀的信息亭。与银行自动取款机类似，但有扫描仪可以读取政府颁发的身份证明，如驾驶执照或护照，以确认用户的身份。到 2017 年 9 月，世界各地安装了 1574 台比特币 ATM 机，平均收费率为 9.05%。2017 年 9 月，平均每天有 3 台比特币 ATM 机被安装。

2014 年底，Tether 推出 USDT。USDT 通过与美元 1∶1 的锚定和区块链技术，实现自身价格的相对稳定。2015 年，以太坊网络启动，这是区块链发展过程中的一件大事。以太坊增加了 Layer 2，使开发者能够编写可以部署到实时网络的智能合约和去中心化应用程序。2015 年，纳斯达克启动了区块链试验。Linux 基金会启动了 Hyperledger 项目。9 家主流投资银行联手组建了 R3 财团，探索区块链如何使他们的运营受益。

（四）数字货币爆发阶段（2016—2018 年）

这一阶段，在比特币价格上升的刺激下，数字货币进入爆发式增长状态。其间，以太坊智能合约等的出现，展现了区块链技术的潜力，数字货币版图呈现加速扩张态势。2016 年至 2017 年，ICO 虽然在世界范围的严厉监管下最终势衰，但扩大了数字货币的影响力。接着稳定币大量出现，不再是脱离实体世界的纯粹加密数字货币类型，价值相对稳定，有别于原生态数字货币价格的波动剧烈。最为重要的是，机构性数字货币开始出现，且与传统货币体系产生连接和融合。与此同时，传统资本也开始加速进入数字货币和区块链领域，进一步推动了数字货币向整个货币金融体系中心的推进。各国央行主导的法定数字货币开始研究试验，这标志着数字货币已经实现了中心化的突破。

比特币价格逐年稳步上升，从 2016 年 1 月的 434 美元，到 2017 年 1 月的 998 美元。2017 年 7 月，比特币的软件升级被社区批准，开始支持闪

〔1〕 Đokić, Kristian, Mirjana Radman-Funarić, and Katarina Potnik Galić, "The relationship between the cryptocurrency value (bitcoin) and interest for it in the region", *ENTRENOVA-ENTerprise REsearch InNOVAtion* 1, No. 1, 2015, pp. 419-426.

电网络并提高了可扩展性。2017 年 8 月，激活升级后的一周，比特币的交易价格在 2700 美元左右，到 2017 年 12 月 17 日，比特币达到了历史上的天文数字，接近 20 000 美元。

此时，稳定币也开始崭露头角。2015 年，Tether 在 Bitfinex 和 Poloniex 上线 USDT。作为稳定币，Tether 承诺每一枚 USDT 背后都有价值 1 美元的现金或者等价物来支撑 USDT 的价值。〔1〕2017 年下半年，随着三大交易平台纷纷上线 USDT，并开通交易，USDT 逐渐火热。2017 年上半年，USDT 只有 1000 多万枚，但到 2017 年底，已经增发到 10 亿枚，BTC 在 2017 年底的一路冲牛，跟 USDT 的疯狂有着莫大的关系。

同一时期，日本承认比特币为法定货币。芝加哥期权交易所（CBOE）和芝加哥商业交易所（CME）分别在 2017 年 12 月 10 日和 18 日推出了各自的期货产品。〔2〕以太坊的新区块链项目在加密数字货币领域大放异彩，一跃成为市场上排名第二的加密数字货币。它将智能合约带到了区块链和数字货币世界，开辟了一系列潜在的使用案例，并产生了超过 20 万个不同的项目，而且还在不断增加。所有这些项目都使用以太坊区块链，所有这些项目都有自己的加密数字货币，有自己的目的和目标，且往往与比特币的不同。以太坊的到来，标志着首次代币发行（ICO）的出现。ICO 是一种新型的融资方式，以投资和交易加密数字货币的方式为投资者提供机会，交易本质上通常是初创企业的股票或股份。〔3〕在美国，美国证券交易委员会（SEC）警告投资者，由于缺乏监督，ICO 很容易成为伪装成合法投资的骗局或庞氏骗局。〔4〕中国政府则更进一步，直接禁止了它们。现在

---

〔1〕 Calcaterra, Craig, Wulf A. Kaal, et al., "Stable cryptocurrencies: first order principles", *Stan. J. Blockchain L. & Pol'y*, No. 3, 2020, p. 62.

〔2〕 Corbet, Shaen, Brian Lucey, et al., "Bitcoin futures—what use are they?", *Economics Letters*, No. 172, 2018, pp. 23-27.

〔3〕 Fenu, Gianni, Lodovica Marchesi, et al., "The ICO phenomenon and its relationships with ethereum smart contract environment", In 2018 *International Workshop on Blockchain Oriented Software Engineering* (*IWBOSE*), IEEE, 2018, pp. 26-32.

〔4〕 Achilles, Jennifer, Kari Larsen, et al., "The US SEC asserts its regulatory enforcement power in the ICO space", *Payments & Fintech Lawyer* 12, No. 2, 2018.

也有其他区块链试图与以太坊竞争，如 Cardano 或 Tezos，加密数字货币世界继续扩大，市值增长。

（五）萧条与恢复阶段（2018—2021 年）

2017 年，由于持续的交易所黑客攻击、金融监管和安全问题，比特币出现暴跌，比特币的价格一度跌至 3800 美元。到 2018 年底，比特币已经跌到了 3700 美元左右。在线支付公司 Stripe 停止接受比特币支付。除此之外，谷歌、推特和脸书禁止了加密数字货币广告。[1]韩国禁止匿名数字货币交易，但宣布将向区块链计划投资数百万美元。

尽管中间有所反弹，这种价格下跌一直持续到 2018 年底。在此之后，比特币的用途快速增加，更多的资金流入了比特币和整个数字货币生态系统。数字货币的市值从 110 亿美元上升到目前超过 3000 亿美元的高度。包括巴克莱银行、花旗银行、德意志银行和法国巴黎银行在内的银行已经表示，他们正在调查他们可能与比特币合作的方式。同时，比特币背后的技术——区块链——已经在金融科技行业及其他行业引发了一场革命，而这场革命才刚刚开始。

2019 年是机构数字货币发展的关键之年。机构性数字货币开始出现，且与传统货币体系产生连接和融合。与此同时，传统资本也开始加速进入数字货币和区块链领域，进一步推动了数字货币向整个货币金融体系中心的推进。2019 年 2 月 14 日，美国最大的商业银行摩根大通宣布即将推出摩根币（JPM coin），希望通过摩根币降低客户交易对手风险和结算风险，适应资本要求，实现即时价值转移。[2]除摩根币外，2019 年 6 月 18 日，Facebook 发布 Libra 白皮书。Libra 是一种不追求对美元汇率稳定，而追求实际购买力相对稳定的加密数字货币。最初以美元、英镑、欧元和日元这

---

〔1〕 Fruehwirt, Wolfgang, Leonhard Hochfilzer, et al., "Cumulation, crash, coherency: a cryptocurrency bubble wavelet analysis", *Finance Research Letters*, No. 40, 2021, p. 101668.

〔2〕 Dell'Erba, Marco, "Stablecoins in cryptoeconomics from initial coin offerings to central bank digital currencies", *NYUJ Legis. & Pub. Pol'y*, No. 22, 2019, p. 1.

4 种法币计价的一篮子低波动性资产作为抵押物。[1]同时，从 2019 年下半年开始，法定数字货币逐步从概念层面发展到实践层面，越来越多的中央银行正在（或将很快）从事法定数字货币研发工作。目前，大约 80%的中央银行正在进行法定数字货币的研究，大约 40%已经从概念研究发展为实践或概念验证阶段，另有 10%已经开发了试点项目。中国人民银行自 2014 年启动数字货币研究和试验，至 2020 年基本完成 DC/EP 的技术和政策设计。

2021 年不仅是加密数字货币在收益方面的突破年，各项基础设施也日益成熟，数字货币与其所属行业的关系越来越密切，也更能表征其项目的共识程度，数字货币的价格更多的是由其协议和应用的价值和功能决定的，而不是与比特币的关联性。

在投资回报上，支付类数字货币如比特币、莱特币和比特现金等，由于不具备智能合约功能，投资回报率相对较低。其他的传统项目，如 Stellar Lumens（109%）和 XRP（278%）投资回报率较高，而 Cardano（621%）是传统项目中表现最好的。以太坊在 2021 年大大超过了比特币，投资回报率为 399. 2%，究其原因是 NFT 的流行热潮和 Olympus（OHM）DeFi 2. 0 协议的创建，扩大了以太坊智能合约的使用范围。[2]以太坊网络活动用户和交易量的暴增，导致以太坊燃料费（Gas）用激增，单笔交易需要最低 20 美元的燃料费，NFT 火热后燃料费最低 40 美元，网络拥堵时可能需要数百美元，数字货币参与者也可以寻找其他费用较低的智能合约平台。其他崭露头角的智能合约平台，如 Solana（11 178%）、Avalanche（3335%）和 Fantom（13 207%）都有 4—5 位数的百分比回报，因为这些协议建立了自己的去中心化金融生态系统和 NFT 市场。但以太坊将通过信标链（beacon chain）开启 ETH 2. 0 版本，它使用股权证明（PoS）代替了工作量证明（PoW）共识机制，如果成功，以太坊将会用更少的燃料费去实现每笔交易。

---

〔1〕 Brühl, Volker. "Libra—a differentiated view on facebook's virtual currency project", *Intereconomics* 55, No. 1, 2020, pp. 54-61.

〔2〕 参见黄庆安、黄文波：《加密货币价格波动的影响因素及关联性——来自以太坊和比特币的证据》，载《福建论坛（人文社会科学版）》2023 年第 3 期。

狗狗币（Dogecoin）在 Elon Musk“领养”之后大涨，许多其他的狗狗币也跟着上涨，其中 SHIB 受益最多，涨幅巨大。但是自从狗狗币从 0.07 美元迅猛上涨到 2021 年第二季度的 0.74 美元的高点后，就开始暴跌，一度跌到 0.08 美元。经过 2021 年的过山车之旅，2022 年开始，马斯克宣布 DOGE 可以用来购买特斯拉的商品，这对狗狗币持有者来说是一个积极的信号。

2021 年，数字货币、游戏和元宇宙之间开始出现交集。[1] Axie Infinity 是第一个成功建立游戏收入结构的数字货币原生游戏，它将其原生代币（AXS）和游戏中的 NFT 相结合，带来了巨大的造富效应。其他加密数字货币游戏项目，如 Defi Kingdoms，正在将可识别的游戏界面放在去中心化的金融应用上，去中心化的交易所成为城镇的“市场”，而收益农场是收获收益的“花园”。随着游戏化，2021 年，数字货币和非数字货币开发商都非常重视用户将居住的元宇宙数字世界。Facebook 更名为 Meta，导致两个著名的元宇宙项目 The Sandbox（SAND）和 Decentraland（MANA）的价格迅速飙升，分别以 16 261%和 4104%的投资回报率结束了 2021 年的数字货币发展。

三、加密数字货币定义

加密数字货币是一种采用密码学来提供安全并验证其网络上的交易的加密数字货币，它几乎不可能被伪造或重复消费。[2] 加密数字货币能够在不使用第三方中介背书的情况下实现安全的在线支付。根据 Jan Lansky 所述，加密数字货币是满足六个条件的系统[3]：（1）该系统无须中心机构，其状态通过分布式的共识机制得以维持。（2）该系统能对加密数字货币及

---

〔1〕 参见柯达：《元宇宙金融的跨界融合治理——以多元货币融合为重点》，载《财经法学》2024 年第 2 期。

〔2〕 参见陈瑞华、李宝伟、张云：《数字货币的本质与职能——基于马克思主义政治经济学范式的分析》，载《新疆师范大学学报（哲学社会科学版）》2023 年第 3 期。

〔3〕 Jan Lansky, “Possible state approaches to cryptocurrencies”, *Journal of Systems Integration. January* No. 9, 2018, pp. 19-31.

其所有权进行记录。(3) 该系统定义能否产生新的加密数字货币。如果可以，则系统需定义新币的来源，并定义如何确定这些新币的所有者。(4) 只能通过密码学的方式来证明加密数字货币的所有权。(5) 该系统允许通过交易来改变加密数字货币的所有权。交易仅可从能证明加密数字货币当前所有权的实体发布。(6) 如果同一时间产生了两个改变相同加密数字货币所有权的指令，该系统最多只能执行其中一个。"加密"指的是各种加密算法和加密技术，如椭圆曲线加密、公钥—私钥密钥对，以及哈希函数等，用以保障加密数字货币的安全。

加密数字货币可以通过挖矿获得，也可以在加密数字货币交易所购买。加密数字货币，甚至像比特币这样的主流数字货币，几乎不用于零售交易。然而，加密数字货币价格的飙升使其成为流行的交易工具。但是，关于加密数字货币是不是"货币"，是有争议的。货币经典的定义是曼恩的定义，他指出一种货币必须具有以下功能：(1) 一种交换媒介；(2) 作为财富的衡量标准或作为合同义务的标准；(3) 作为财富的储存或价值；(4) 作为记账单位。同时，他又继续指出，货币在不同的背景下可以有非常不同的含义。因此，货币的经典定义似乎涵盖了加密数字货币和传统的法定货币。但只有主权国家才享有发行和监管货币的权力，主权国家可以限制、委托或转让给其他权利主体。当前，以比特币为代表的私人数字货币因其去中心化、交易安全、不易篡改等优点正在被广泛接纳，而正是其去中心化的特性成为私人数字货币替代信用货币的最大障碍，[1]因其对当前各国货币的发行理念及机制提出了挑战。截至目前，私人数字货币的清偿、支付等功能仍未得到认可，其货币属性未被全球任一国家所承认。为了避免私人数字货币的泛滥，规范国家与国际的经济活动，一些国家提出了法定数字货币的概念，如姚前认为，法定数字货币在价值上是信用货币，在技术上是加密数字货币，在实现上是算法货币，在应用场景上则是智能货币。与现有的私人数字货币和电子货币相比，法定数字货币将呈现

〔1〕 参见袁辉：《私人数字货币的后凯恩斯主义分析与启示》，载《学习与探索》2022年第12期。

全新、更好的品质。[1]

与依赖中心化监管体系的银行金融系统不同，加密数字货币不是由中央机构发行的，而是基于去中心化的共识机制、加密技术和区块链 P2P 网络私人创造的。也正因如此，有人认为加密数字货币不受政府的监管或操纵。同样的论点在互联网的早期也曾被提及，但事实证明这种观点是错误的，互联网的中心网络服务器决定了运营商必须位于某一个物理空间内，也必须处于某个司法管辖区内，也因此处于国家的控制之内。区块链去中心化技术的出现让这一问题再次摆在了大众面前，无政府主义的思想再次泛滥，基于代码创建规则的区块链的基础是去中心化，这导致国家法律制定过程可能被边缘化，这也是区块链网络带来的潜在威胁。尽管数字货币支持者声称数字货币具有匿名的特征，但它们的交易、转让或者攻击等都会留下数字痕迹，联邦调查局（FBI）等机构可以破译，美国司法部副部长莉萨·莫纳科在一份声明中说："今天的逮捕行动，也是司法部有史以来最大规模的金融查封行动，表明加密数字货币不是犯罪分子的避风港。"这为政府追踪和监管普通公民的金融交易提供了可能。[2]加密数字货币已成为犯罪分子进行洗钱和非法购买等邪恶活动的流行工具。海盗罗伯茨（Dread Pirate Roberts）的案例已经众所周知，他在暗网上经营着一个销售毒品的市场。加密数字货币也已成为黑客的最爱，他们利用加密数字货币进行勒索活动。[3]虽然理论上加密数字货币是去中心化的，它们的代币在区块链上的不同参与者之间分配，但在现实中，所有权是高度集中的。例如，麻省理工学院的一项研究发现，只有 11 000 名投资者持有大约 45%的比特币激增的价值。加密数字货币的另一个悖论之处在于，任何人都可以用一台有互联网连接的电脑来挖矿，但挖比特币等主流数字货币需要相当

---

〔1〕 姚前：《理解央行数字货币：一个系统性框架》，载《中国科学：信息科学》2017 年第 11 期。

〔2〕 李准：《36 亿美元比特币被盗，美抓捕"雌雄大盗"》，载 https://world.huanqiu.com/article/46kmHGP6TQz，最后访问日期：2021 年 11 月 5 日。

〔3〕 Ron, Dorit, and Adi Shamir, "How did dread pirate roberts acquire and protect his bitcoin wealth?", In *International Conference on Financial Cryptography and Data Security*, Springer, Berlin, Heidelberg, 2014, pp. 3-15.

多的能源，在一些人口稀少的国家，甚至与整个国家消耗的能源一样多。由于昂贵的能源成本加上挖矿“出块”的不可预测性，挖矿越来越集中在大公司中。最后，虽然加密数字货币区块链是高度安全的，但其他可以存储加密数字货币的平台，如交易所和钱包，也可能被黑客攻击。许多加密数字货币交易所和钱包被黑客攻击，有时导致价值数百万美元的代币被盗。因此，一位诺贝尔经济学奖得主将数字货币称为“泡沫、骗局或庞氏骗局”。

加密数字货币代表了一种新的、去中心化的货币范式，数字货币或加密数字货币代表的不仅是货币的数字化，还是一种重建信任的方式，它的设计者在2008年全球金融危机发生时对银行系统信任的削弱作出了创新的回应。以比特币为例，在比特币中，密码学产生并确保钱包的安全，签署所有交易，并验证区块链中的每一笔交易。即使在区块链被破坏或部分网络节点发生故障的情况下，也有可能从其他人保存在其他地方的记录中重建它。因此，它具有异乎寻常的复原力。它们与美元或日元等法定货币的不同之处在于，它们是分布式的、虚拟的价值存储，由不同实体以匿名方式在互联网上进行交易。〔1〕加密数字货币的独特功能在于去中介化、交易成本低，以及能够在互联网上公开验证交易。作为一项相对较新的技术，区块链不仅要在乐观主义者的支持下生存，而且要对其商业应用抱有强烈的信心。

四、数字货币特征

尽管讨论数字货币特征的文章和论述很多，但考虑本书主要的读者群体及读者阅读本书的目的，本节希望通过比较的手法，进一步突出数字货币的特征。本节从四个方面介绍了数字货币的特征，包括：（1）基于算法可信而非国家信用背书；（2）基于分布式网络而非中央服务器；（3）可编程而非简单的法定货币电子化；（4）匿名但可追踪。

（一）基于算法可信而非国家信用背书

数字货币是货币体系不断演进的必然结果，同时，数字货币的出现也

〔1〕参见潘文博：《数字货币的运行机制与法律治理》，载《清华法学》2023年第3期。

是对货币体系的改进和完善。按照物理属性划分，货币可以分为实物货币、电子货币，实物货币又可以划分为金属与贵金属货币、纸币；按照信用属性划分，货币可以分为法定货币和私人货币。[1]由于分布式网络技术的成熟及密码学理论的发展，以比特币为首的数字货币（或加密数字货币）是实物货币和电子货币之外的第三种货币形式。如果说纸币的价值起源是因为它极大地提升了金融的可转让性，那么数字货币的价值起源则是因为它能够准确、方便地表征和度量数字化经济活动。[2]

数字货币与电子货币具有显著的区别是，数字货币从物理属性上来看，与电子货币一样也是一串串数字，但数字货币的数字又与电子货币的数字不同，它是由一行行计算机代码组成；根据发行者不同，数字货币可以分为央行发行的法定数字货币和私人发行的数字货币，从信用属性来看，法定货币是主权政府信用背书，私人货币是私人机构信用背书（如腾讯的Q币，就是由腾讯公司来做信用背书），而比特币等数字货币却是由一种数学算法来做信用背书。[3]具体来说，哈希算法确保数据的不可篡改性和高度一致性；隐私保护算法确保交易流程的私密性；共识算法确保数字货币所有账本的可靠性，通过各种共识算法、机制（如工作量证明或权益证明）消除对可信中介的需求，依靠预定的算法规则、完整可靠的数据库完成了信用背书，确保不存在“双花”等问题；作为可以自动执行约定的计算机程序，智能合约保障了金融交易的高效低成本运行。

表 1–3　电子货币、数字货币、加密数字货币及法定数字货币要素对比

要素	电子货币	数字货币	加密数字货币	法定数字货币
发行机构	金融机构	网络运营商	私人发行	央行
适用范围	一般不限	内部网络	不限	不限

〔1〕冯静：《货币演化中的数字货币》，载《金融评论》2019 年第 4 期。

〔2〕肖风：《数字货币的价值起源》，载《清华金融评论》2017 年第 4 期。

〔3〕王拓、刘晓星：《数字货币的源起、技术演进及未来趋势》，载《深圳社会科学 》2021 年第 5 期。

续表

要素	电子货币	数字货币	加密数字货币	法定数字货币
发行数量	法币决定	发行主体决定	固定、通缩、膨胀三种模式	由央行决定
储存形式	磁卡或账号	账号	数字	数字
流通方式	双向流通	单向流通	双向流通	双向流通
信用来源	政府信用及金融机构信用	企业信用	社区共识	国家背书
破产风险	央行法定赔偿	存在无法偿还风险	智能合约约定	央行法定赔偿
监管现状	监管完善	监管不足	起步阶段	起步阶段
交易安全性	较高	较低	较高	较高
交易成本	较高	较低	较低	较低
匿名性	部分匿名	不匿名	匿名	部分匿名
典型代表	银行卡、公交卡、微信支付、支付宝等	QQ 币、论坛积分等	比特币、Libra 等	中国法定数字货币、欧盟法定数字货币等

（二）基于分布式网络而非中央服务器

P2P 网络是区块链实现去中心化的基础，解决了节点与节点之间数据传输的问题。P2P 网络（Peer-to-peer networking）又称对等网络，是一种在对等者（Peer）之间分配任务和工作负载的分布式应用架构。[1]在目前网络中传统的服务端/客户端（Server/Client）结构中，数据传输需要经过一个中央服务器。数字货币运行在分布式网络上，这决定了数字货币的特性与效用。私人加密数字货币采用去中心化的点对点交易模式，[2]不依赖于金融中介机构，可以减少交易费用、提升效率。传统货币电子交易依赖

〔1〕 靳毅团队：《区块链+数字货币》，载 https://finance.sina.cn/zl/2019-10-28/zl-iicezzrr5427206.d.html?vt=4&cid=79615，最后访问日期：2022 年 2 月 20 日。

〔2〕 参见王佳鑫、颜嘉麒、毛谦昂：《加密数字货币监管技术研究综述》，载《计算机应用》2023 年第 10 期。

银行等中介机构，通过央行提供的支付系统实现汇兑收支，国内的大额支付系统尚无法保证资金实时到账。国际金融交易中，全球金融电信协会提供 swift 系统，通过硬件、软件和人员组成的高度冗余烦琐的机制确保国际资金流转的安全性，支付效率低。除此之外，分布式网络在应用上可以有分布式数据存储、分布式公共计算、分布式自治决策、分布式价值共享等方面。分布式网络的技术核心就是开源架构、加密算法、共识机制、时间戳、分布式存储、点对点对等网络等，[1]它是区块链或分布式账本的技术基础，也决定了数字货币的运行效用。

表 1-4　分布式网络优势

功能	优势
可扩展性	在 P2P 网络中，用户可以随时加入、离开网络。而且随着用户节点的加入，系统整体的服务能力也在相应地提高
健壮性	由于 P2P 不存在中心化服务器，天生就具备耐攻击和高容错的特点。即使网络中某个节点被攻击或下线，也不影响整个系统的正常运行。因为 P2P 网络中每个节点都可以充当服务端的角色
高性能	采用 P2P 结构的网络，可以有效地利用互联网中大量分散的普通用户节点。充分利用这些普通节点中闲散的 CPU、带宽（或许是宽带）、存储资源，从而达到高性能计算和海量存储的目的
隐私保护	在 P2P 网络中，由于信息的传输分散在各个节点之间，无须经过中心服务器。这样就减少用户隐私信息被窃听和泄露的风险[2]
负载均衡	由于在 P2P 网络中，资源分散存储在多个节点上，每个节点又都可以充当服务器的角色，当某个节点需要获取资源时，只需要向相邻节点发送请求即可，很好地实现了整个网络的负载均衡

（三）可编程而非简单的法定货币电子化

数字货币运行于区块链或分布式账本系统上，它和运行于金融机构账

〔1〕 参见张万里：《分布式网络数据同步技术的应用研究》，载《科技创新与应用》2022 年第 21 期。

〔2〕 参见倪雪莉、马卓、王群：《区块链 P2P 网络及安全研究》，载《计算机工程与应用》2024 年第 5 期。

户系统上的电子货币的显著区别是区块链或分布式账本赋予它的可编程性，反映了数字价值存储和价值转移结合起来的新兴理念。[1]数字货币在分布式账本上表现为一行行计算机代码，交易是账户或地址之间计算机程序与程序的交换。区块链的可编程性使得人们可以编制智能合约，一旦双方或多方事先约定的条件达成，计算机将监督合约自动执行，任何人都不能毁约。[2]德国银行协会（AGB）在一篇博客中指出："不同于传统数字货币——加密数字货币的新形势将会展现出重要的技术创新：他们可以被连接到所谓的'智能合约'。"德国的私人银行将可编程数字货币视为"在数字化创新的下一阶段能够起到关键作用，具有巨大潜力的创新"。[3]如果说加密数字货币的出现代表着货币的"去国有化"，那么 CBDC 和稳定代币的出现则代表着新的可编程货币的"重新国有化"。[4]可编程性不但让央行拥有了追踪货币流向的能力，而且可以建立在没有区块链和数字货币之前不可能拥有的精准执行货币政策、精准预测市场流动性的超级能力。同时，可编程性也能让金融交易变得自动化，省去金融机构庞大的后期结算业务的中后台部门，甚至让很多金融交易可以实时清算。[5]这无疑极大地提升了金融交易的效率，提高了资金周转速度，削减了运营成本。如果说可编程货币是为了实现货币交易的去中心化，那么可编程金融就能实现整个金融市场的去中心化，是区块链技术发展的下一个重要纽带。进一步而言，随着区块链技术的进一步发展，由于其具有去中心化及去信任的功能，区块链的应用将超越金融领域。

---

〔1〕 Hileman, Garrick, and Michel Rauchs, "Global cryptocurrency benchmarking study", *Cambridge Centre for Alternative Finance*, No. 33, 2017, pp. 33-113.

〔2〕 Kemmoe, Victor Youdom, William Stone, et al., "Recent advances in smart contracts: a technical overview and state of the art", *IEEE Access*, No. 8, 2020, pp. 117782-117801.

〔3〕 Andrew Singer：《可编程货币：加密代币如何彻底改变我们的价值转移经验》，载 http://chainb.com/? P=Cont&id=26346，最后访问日期：2021 年 11 月 19 日。

〔4〕 Jesse Lund：《可编程货币演进之路》，载 https://www.ibm.com/downloads/cas/MBV1P8GX，最后访问日期：2022 年 1 月 15 日。

〔5〕 Dark, Cameron, David Emery, et al., "Cryptocurrency: ten years onl bulletin-june quarter 2019", *Bulletin* June, 2019.

（四）匿名但可追踪

区块链所采用的非对称加密机制，是使用一个“密钥对”，公钥和私钥成对出现，发送方使用公钥进行加密，接收方通过配对的私钥解密和签名，双方无须公开身份来获取对方的信任。[1]公钥无法推算出私钥，后者既代表交易方的身份，也代表其账户里的资产所有权，由此形成了密码保护与确权机制。正如比特币区块链的发明人中本聪的论文《比特币：一个点对点电子现金系统》表明，数字货币的第一个特性就是电子现金。电子现金与传统的物理结构现金相比，后者完全不能被追踪，而区块链上的数字货币（电子现金）却可以被追踪，这对央行及对合规性负有很高责任的金融机构来说，无疑具有极大的吸引力。[2]可以说，匿名性是数字货币的第一要义。在现实中加密数字货币去中心化发行，比特币系统通过私钥识别个人身份，私钥只有账户所有者知道，所有者需要输入该代码才能将所有权转移给另一方。数字货币的匿名、可追踪特性决定了数字货币的三个数据方面优势：一是数据确权。目前互联网是完全公开透明的，我们享受互联网带来便利的同时，也把各种行为数据无偿地提供给了中心化的互联网机构，而这些互联网机构利用这些数据来从事营利性商业活动。二是隐私保护。不仅我们在互联网上遗留的行为数据需要隐私保护，随着互联网医疗越来越多地走进我们的生活，我们的健康数据也需要加密保护。三是保证数据的真实性。基于区块链的数字货币，由于具备了区块链的数字签名、数字身份认证、哈希函数等技术特征，保证了区块链内的数据具有天然的高度真实性。

五、数字货币类型

近几十年来，世界经济进一步呈现全球化趋势，各经济体之间的经济联系更加紧密，全球金融市场跨越了地域的限制，产品种类、交易频率、

---

〔1〕 参见李维峰：《基于区块链技术的智能家居物联网模型设计》，载《现代电子技术》2023年第23期。

〔2〕 Miraz, Mahdi H., and Maaruf Ali, “Applications of blockchain technology beyond cryptocurrency”, *arXiv preprint arXiv*, No. 1, 2018, p. 03528.

交易规模是以前所无法比拟的。纸币已经无法满足这样的需求，随着信息技术的发展，数字货币应运而生。[1]数字货币以数学理论为基础，运用密码学原理来实现货币的特性。数字货币主要采用对称性密码算法、非对称性密码算法、哈希函数等加密算法，常用的技术有数字签名、零知识证明和盲签名技术等。[2]数字货币具有基于算法可信而非国家信用背书、基于分布式网络而非中央服务器、可编程而非简单的法定货币电子化、匿名但可追踪等特征。数字货币的出现实现了记账方式的数字化转型，从中心节点记账向去中心化记账过渡，从而解决了唯一性、身份认证和数据完整真实等问题。

根据不同的分类标准，数字货币可以分为不同类型。以发行主体为分类依据，数字货币可以分为法定数字货币和私人数字货币两类。目前，最具代表性的私人数字货币是比特币、以太坊等。比特币的核心特点即为去中心化，其以区块链作为底层技术，借助分布式共识、加密数据、P2P 算法、时间戳等方式，通过分布式网络帮助用户完成点对点交易，为目前银行等中心化机构常见的效率低、交易成本高等问题提供了新的解决思路。以太坊的核心特点是通过智能合约，使任何人仅需几行代码就都能够轻松部署自己的加密数字货币。

以数字货币的价格是否受市场因素影响而剧烈变化为标准，可以将数字货币分为波动币和稳定币。波动币是指在短期内受市场因素影响价格浮动较大的数字货币，而稳定币是指在短期内价格不易受到市场因素影响而相对稳定的数字货币。[3]稳定币的价格相对稳定，其创始初衷是试图为混乱的数字货币体系创造“中间锚”，通常有基于法定货币、基于加密数字货币或无抵押的稳定币。其虽属私人数字货币的范畴，但却具有了一定的准公共性。稳定币与加密数字货币最本质的区别是前者具有货币属性，而

---

〔1〕 参见王礼嘉、史占中：《数字货币对传统经济的影响研究》，载《中国工程机械学报》2023 年第 5 期。

〔2〕 姚前：《密码学、比特币和区块链》，载《清华金融评论》2018 年第 12 期。

〔3〕 Kyriazis, Nikolaos A., “A survey on volatility fluctuations in the decentralized cryptocurrency financial assets”, *Journal of Risk and Financial Management* 14, No. 7, 2021, p. 293.

后者更多是具有投资物属性。[1]

以数字货币的使用方式为标准，可以将数字货币分为证券代币、支付代币和实用代币。证券代币是指发行人发行的数字货币符合证券法关于证券或者证券衍生品的实质要件的代币。[2]支付代币，又称数字支付代币，是指不以任何货币计价，发行者发布的代币也不与任何货币挂钩，能够以电子记录方式转移、储存或交易，并以成为公众或部分公众接受的支付工具或者媒介为目的发行的数字货币。[3]实用代币是指一种旨在向基于分布式账本技术之上的商品或服务提供数字化访问的数字货币。[4]

根据是否采用分布式记账技术，数字货币包括加密数字货币与非加密数字货币两类。加密数字货币最典型的特点是采用了分布式记账技术，比特币是史上第一个加密数字货币。以太币对比特币的可编程脚本技术进行延伸，目前已发展为世界第二大数字货币；达世币（Dash）设置了双层奖励制网络，其主要特点是支付的即时性和匿名性，支付即时性达到秒级，匿名性则接近于在生活中使用现金。加密数字货币中较为知名的还有莱特币、狗狗币等。[5]非加密数字货币即未采用分布式记账技术的数字货币，瑞波币是典型的非加密数字货币。瑞波币是一个开放支付网络，允许不同的网关发行各自的借据（IOU，I Owe You，相当于在线债券的借据），并实现不同借据之间的自动转换；瑞波币不仅包括数字货币，还包括国家法币。

---

〔1〕 Mita, Makiko, Kensuke Ito, et al., "What is stablecoin: a survey on price stabilization mechanisms for decentralized payment systems", In 2019 8*th International Congress on Advanced Applied Informatics* (*IIAI-AAI*), IEEE, 2019, pp. 60–66.

〔2〕 Lambert, Thomas, Daniel Liebau, et al., "Security Token offerings", *Small Business Economics*, 2021, pp. 1–27.

〔3〕 Zouina, Mouad, and Benaceur Outtai, "Towards a distributed token based payment system using blockchain technology", In 2019 *International Conference on Advanced Communication Technologies and Networking* (*CommNet*), IEEE, 2019, pp. 1–10.

〔4〕 Oliveira, Luis, Liudmila Zavolokina, et al., "To token or not to token: tools for understanding blockchain tokens", 2018.

〔5〕 Hameed, Sufian, and Sameet Farooq, "The art of crypto currencies: a comprehensive analysis of popular crypto currencies", *arXiv preprint arXiv*, No. 11, 2017, p. 11073.

尽管数字货币可以按照不同的分类方式有多个分类，本节主要讨论基于区块链分布式账本技术的私人加密数字货币，主要包括功能型通证（Utility Token）、证券型通证（Security Token）、支付型通证（Payment Token）、交易所通证（Exchange Token）、非同质化通证（Non-fungible Token，NFT）、去中心化金融通证（Decentralized Finance Token）、稳定币（Stable Coin）、资产支持通证（Asset-backed Token）、隐私通证（Privacy Token）、网络通证（Network Token）、网络价值通证（Network Value Token）、非原生协议通证（Non-native Protocol Token）、去中心化应用程序通证（DApp Token）、内部通证（Internal Token）、工作通证（Work Token）等。以下是对七种主要类型的介绍。

（一）功能型通证（Utility Token）

功能型通证是一种在特定的生态系统中服务于某些用例的加密数字货币。[1]功能型通证被认为是优惠券或凭证，但本质上是区块链上表示价值的数字单位。换句话说，功能型通证提供了对代币发行者经营或运作的产品或服务的某些访问权限。用户可以通过购买功能型通证获得访问权限，并可以将其兑换为预定价值产品或服务的访问权限。虽然加密数字货币是数字货币的一种形式，但功能型通证可能被定义为软件的一部分更加准确。它们可以用来转移价值，但这通常不是它们的主要目的。功能型通证不具有货币的功能，其真实价值也很难评估，但持有人能够作为未来服务或产品的投资人，如 Steem。在一些司法管辖区，将加密数字货币定义为功能型通证，以摆脱当地的金融监管。功能型通证的应用包括在去中心化存储网络中访问去中心化存储、激励通证，以及作为某条区块链的本地货币等。例如，为了在去中心化交易所（DEX）交换代币，或进行任何数量的去中心化金融（DeFi）活动，用户可能需要持有特定数量的 DEX 通证。另外，这种通证可以用来奖励平台的用户，或者向那些存入资金的人支付利息，然后由平台借给借款人。除此之外，非同质化代币（NFT）也可以

〔1〕 Brian Nibley，“What is a utility token?”，载 https://www.sofi.com/learn/content/what-is-a-utility-Token/，最后访问日期：2022 年 1 月 10 日。

作为一种独特的功能型通证。一个 NFT 代币是一个独一无二的数字艺术品，NFT 也可以应用于音乐等事物。典型的功能型通证有以太币、Basic Attention Token（BAT）、Chainlink（LINK）、0x（ZRX）、Binance Coin（BNB）、Zilliqa（ZIL）、Aurora（AOA）等。

（二）证券型通证（Security Token）

证券型通证是一种发布在区块链上的代币，代表部分外部企业或资产的股份。[1]证券型通证不需要有实用性，证券型通证代表某种所有权，可由企业或政府等实体发布，与股票、债券等同类产品作用相同。这个概念类似于传统证券交易所中的股票。由于这个原因，证券型通证有时被称为股权代币。在一些司法管辖区，证券型通证被金融监管当局视为证券。这使得证券型通证受到普通股票和债券监管政策和适用法律的监管。公司发行证券型通证的方式大同小异。首先公司先发行一个证券型通证，代表企业的所有权，然后建立一个白名单，对适格购买者的加密数字货币钱包开放。潜在购买者为了能被列入白名单，需要证明他们符合适用证券法的任何限制和规定，至少要符合了解你的客户（Know Your Customer，KYC）和反洗钱法（Anti-money Laundering，AML）。

证券型通证发行（Security Token Offering，STO），其目标是在一个合法合规的监管框架下，进行通证的公开发行。2018 年，ICO（首次代币发行）泡沫破灭，STO 应运而生。在加密数字货币市值下跌超过 7500 亿美元后，监管机构开始强调对加密数字货币进行更安全的立法。STO 给予代币持有人类似于股东的权利，如在公司的发言权或分红，而 ICO 则没有赋予通证持有者这些权利。[2]首次 DeFi 发行（Initial DeFi Offering，IDO）是一种在去中心化交易所（DEX）运行的加密数字货币代币发行。流动性挖矿直接承担了代币分配、激励用户的功能，随后，这些项目通过 DEX 进行上架。STO 与 IPO、ICO、IEO、IDO 等概念相似，它们之间的区别见表 1-5。

---

〔1〕 参见文根第、孔维煜：《区块链技术在我国债券市场的应用分析》，载《债券》2023 年第 4 期。

〔2〕 Chew, Seen Meng, and Florian Spiegl, “Security Token Offering-new way of financing in the digital era”, *Journal of Financial Transformation*, No. 52, 2021, pp. 142-151.

表 1-5　主要融资方式的差异

	IPO	ICO	IEO	STO	IDO
定义	IPO（Initial Public Offering），首次公开发行，指股份公司首次向社会公众公开招股的发行方式	ICO（lnitial Coin Offering），首次代币发行，源自股票市场的首次公开发行（IPO）概念，是区块链项目首次发行代币，如募集比特币、以太坊等通用数字货币的行为	IEO（Initial Exchange Offerings），首次交易所公开发行，可以理解为以交易所为核心的代币发行，即交易所公开售卖代币	STO（Security Token Offering），证券型通证发行，是首次代币发行（ICO）的一种全新的、更监管友好的替代方案，使企业能够以代币化资产的形式出售其公司的股份	IDO（Initial Digital Assects Offering），首次区块链数字资产的发行，源自股票市场的首次公开发行（IPO）概念，是企业区块链项目首次以资产数字化产生出来的区块链数字资产，以产品锚定、资产债券、众筹方式筹集的通用数字资产的行为
投资者门槛	较高，一般有最低门槛要求，且主要面向机构投资者	较低，几乎任何人都可参与	交易所注册用户	经认可的用户	有一定准入门槛，通常是白名单用户〔1〕
投资者权利	IPO 的投资人通过支付法定货币来认购发行人发行的拟上市主体的股份，最终获得的权益是	项目创始人通常不会赋予投资人任何权利，但随着社区的发展，社会会赋予投资者一些权利	仅证券型投资者享有一些合法有效的投资者权利，如所有权、投票权、分红权等	所有权、投票权、分红权等合法有效的权利	监管机构认可和赋予的合法有效权利，如所有权、投票权、分红权等

〔1〕　白名单是指允许和确定的个人、机构、计算机程序，甚至是加密货币地址的列表。一般来说，白名单与特定的服务、事件或信息有关。因此，白名单可以呈现不同的含义，这取决于它们的使用环境。例如，当用户签署一个公司的邮件列表时，他们经常被要求将该公司的电子邮件添加到他们的白名单中，这样邮件就不会直接进入用户的垃圾邮件文件夹。

续表

	IPO	ICO	IEO	STO	IDO
	其持有的上市公司股权				
融资方式	授权承销商负责	公司网站、融资平台、交易所、机构融资等	交易所、机构融资	STO平台审核通过的证券型通证发售者进行融资	白名单融资、机构融资等
监管	严格且成体系的监管	监管政策不明晰，通常由项目发起者面向交易所KYC认证后的用户	通常依赖于不同司法管辖区的监管政策，用户需要进行KYC和反洗钱认证	由STO平台对用户进行KYC认证	需要对用户的资质进行审核，通常需要KYC和反洗钱认证

（三）支付型通证（Payment Token）

顾名思义，支付型通证是指能够在数字平台（区块链网络）上购买或销售产品或服务，而不需要中间第三方来做信任背书的加密数字货币。通常这类通证不代表也不能作为证券进行投资，也往往不受金融监管部门的证券监管。[1]支付型通证强调通证用于支付的功能，这类通证具有较强的货币属性。与法定货币相比，支付型通证由参与者的共识作为支撑，其价值会随着参与者的多少和参与者对通证的共识认可度发生变化，波动极大，这也阻碍了支付型通证的发展之路。

（四）交易所通证（Exchange Token）

交易所通证是指提供加密数字货币交易的交易平台发行的平台币，这些平台币主要用于促进其他通证之间的交换，以增强交易所的流动性和深度；同时，交易所通证可以作为用户在本交易所交易的燃料费用（Gas），

---

〔1〕 Zouina, Mouad, and Benaceur Outtai, "Towards a distributed token based payment system using blockchain technology", In 2019 *International Conference on Advanced Communication Technologies and Networking* (*CommNet*), IEEE, 2019, pp. 1-10.

可以赋予用户一些权益，如打折、投票或访问本交易所特定服务[1]等。常见的平台币有 Binance Coin 或 BNB 代币、Gemini USD、FTX 交易所的 FTX Coin、Okex 交易所的 OKB、KuCoin Token、Uni token、Huobi 交易所的 HT、Shushi，以及 Crypto. com 的 CRO 等。

（五）非同质化通证（Non-fungible Token，NFT）

非同质化通证（NFT）是基于区块链技术的加密资产，通过独特的识别码和元数据予以区分，[2]可以用以表示艺术、音乐、游戏内物品和视频等现实世界中的物品。在编程上 NFT 与比特币、以太坊和 Dogecoin 等传统数字货币没有太大区别。这确保了 NFT 可以以快速、安全和低成本的方式从一钱包转移到另一钱包，建立在区块链网络之上也确保了 NFT 可以以透明的方式进行验证。[3]NFT 与上述数字货币的不同之处在于，一方面，每个代币都可以通过独特的交易哈希来识别，这意味着没有两个 NFT 是相同的。因此，NFT 是存储真实世界价值的理想选择。另一方面，像比特币这样的加密数字货币是可替换的——这意味着如果你用 1 个 BTC 换另 1 个 BTC，没有什么变化，你的钱包里仍然有价值 1 个 BTC 的数字货币，BTC 也可以无限分割。但是，每个 NFT 都有数字签名，因此，具有唯一性和不可分割的特性。[4]第一个 NFT 是 2015 年在以太坊区块链上创建的，目前比较大的 NFT 交易平台包括 Open Sea、Rarible、Foundation 和 Decentraland 等。

（六）去中心化金融通证（Decentralized Finance Token）

去中心化金融通证指的是建立在区块链或分布式账本上的金融应用或

[1] Cryptopedia, "What Are Crypto Exchange Tokens"，载 https://www. gemini. com/cryptopedia/cryptocurrency-exchange-Tokens-bnb-Token，最后访问日期：2022 年 1 月 4 日。

[2] Robyn Conti, John Schmidt, "What Is An NFT? Non-Fungible Tokens Explained"，载 https://www. forbes. com/advisor/investing/cryptocurrency/nft-non-fungible-Token/，最后访问日期：2022 年 2 月 4 日。

[3] Wang, Qin, Rujia Li, Qi Wang, et al., "Non-fungible token (NFT): overview, evaluation, opportunities and challenges." *arXiv preprint arXiv*, No. 5, 2021, p. 07447.

[4] Kugler, Logan, "Non-fungible tokens and the future of art", *Communications of the ACM* 64, No. 9, 2021, pp. 19-20.

分布式应用程序（Decentralized App，DApp），它们是分布式的，直接向用户提供金融和货币控制，同时允许用户在全球范围内以点对点的方法进行交易，并进入全球市场。这些 DeFi 应用程序可供任何有互联网连接的人使用。DeFi 通证最强大的功能是智能合约，允许任何人根据某些条件定义、编写、编程和执行交易规则，并在满足这些条件时让交易执行。[1]每个 DeFi 应用程序都存在一个通证经济模型，其背后有一个原生代币。去中心化金融通证是一种可编程的货币形式，开发者可以在支付和交易流中编写逻辑。通过这些通证，人们可以赚取、借出、借入、做多/做空、赚取利息、储蓄、增长和管理投资组合、购买保险、投资证券、投资股票、投资基金、发送和接收加密数字货币、在去中心化交易所交易、投资和购买资产及其他。[2]目前，大多数 DeFi 通证是基于以太坊区块链的，其他支持 DeFi 的区块链包括 Stellar、Polygon、IOTA、Tron 和 Cardano。

（七）稳定币（Stable Coin）

稳定币从本质上来说是一种具有“锚定”属性的加密数字货币，其目标是锚定某一链下资产，并与其保持相同的价值。[3]稳定币被有些人认为是中心化资产抵押发行的代币，稳定币价值是与被抵押资产价值直接联动。这就像 19 世纪中期开始盛行的金本位制度，即由政府主导每单位的该国货币价值等同于若干重量的黄金。

根据锚定物的不同，稳定币分为三种：法币抵押的稳定币、基于加密数字货币抵押的稳定币和算法稳定币。法币抵押的稳定币试图与法定货币挂钩（如美元）。法定货币担保的主要目的是在加密数字货币交易所，为加密数字货币交易发挥主要通货的作用。在加密数字货币世界的交易所兑换加密数字货币时，与主权性较强的法定货币不同，稳定币不仅方便，还

---

〔1〕 Chen，Yan，and Cristiano Bellavitis，“Blockchain disruption and decentralized finance：the rise of decentralized business models”，*Journal of Business Venturing Insights*，No. 13，2020，p. e00151.

〔2〕 Qin，Kaihua，Liyi Zhou，et al.，“CeFi vs. DeFi——comparing centralized to decentralized finance”，*arXiv preprint arXiv*，No. 6，2021，p. 08157.

〔3〕 费联浦：《一文读懂什么是稳定币》，载 https://www.yicai.com/news/100932012.html，最后访问日期：2022 年 1 月 14 日。

可以减少汇率波动、价格变动等带来的损失。[1]法币抵押的稳定币的缺点是中心化和不透明，因为其必然与现有的金融机构和银行挂钩。因此，法币抵押的稳定币难“稳定”。此前 USDT 暴跌就反映了其存在的信任度缺乏问题。

基于加密数字货币抵押的稳定币试图通过用另一种加密数字货币（如比特币、以太币）对稳定币进行过渡担保，并利用交易机器人来维持期望的关联，从而保持它们的稳定性。例如，将 1 以太坊作为担保，兑换 1 稳定币。加密数字货币担保的主要目的是借出加密数字货币。由于加密数字货币的波动性，需要使用一组协议来确保所发行稳定币的价格保持在 1 美元。同时，该类稳定币的用户可能出现爆仓的情况。[2]

第三种类型的稳定币是算法稳定币，也被称为无抵押稳定币。这类稳定币并不依赖其他事物对其进行担保，相反，它们遵循特定指令或规则（通常由计算机执行）执行主动的、自动的货币政策。比如，通过代币供应的扩张和收缩，优化激励市场参与者的行为，平衡和控制流通供应，以保持稳定的价格，理论上可以将其价值稳定在挂钩资产价值附近。[3]

由于稳定币对应的抵押资产的风险，任何稳定币都不可能保持 100% 稳定。2022 年 5 月 11 日，TerraUSD（UST）出现不明原因暴跌，失去了与美元对标的 1∶1 的汇率，两天内贬值了 99.99%，几近归零。[4]

六、数字货币中的角色

加密数字货币市场是一个新的竞争领域，不同的参与者各自扮演着特

---

〔1〕 Sidorenko, Elina L., “Stablecoin as a new financial instrument”, In *International Scientific Conference “Digital Transformation of the Economy: Challenges, Trends, New Opportunities”*, Springer Cham, 2019, pp. 630-638.

〔2〕 Kołodziejczyk, Hanna, and Klaudia Jarno, “Stablecoin-the stable cryptocurrency”, 2020.

〔3〕 Ante, Lennart, Ingo Fiedler, et al., “The influence of stablecoin issuances on cryptocurrency markets”, *Finance Research Letters*, No. 41, 2021, p. 101867.

〔4〕 Luke Hurst, “Terra luna crash: what are ‘stablecoins’ and how stable are they really”, 载 https://www.euronews.com/next/2022/05/25/terra-luna-crash-what-are-stablecoins-and-how-stable-are-they-really，最后访问日期：2022 年 5 月 27 日。

定的角色。为了进一步阐明市场的运作方式，下文中将进一步确定关键参与者。

（一）加密数字货币用户

加密数字货币用户是指获得货币的自然人或法律实体，他们使用加密数字货币可以用于（1）购买真实或虚拟的商品或服务，（2）进行点对点支付，（3）参与平台的治理以获得某种回报，或（4）出于投资目的。用户可以通过多种方式获得加密数字货币。[1]

加密数字货币用户可以通过多种方式获得加密数字货币。第一，最简单的方式就是在交易所购买，通过法定货币直接购买稳定币或以太坊、比特币等主流加密数字货币，进而兑换其他加密数字货币；第二，用户可以直接向加密数字货币的持有人购买加密数字货币，这种通常是通过交易平台进行的消费者对消费者（Customer-to-customer，C2C）的直接交易（在区块链背景下，通过 UTXO 交易模型进行交易，无须信任第三方做信用背书）；第三，通过挖矿获得加密数字货币，如比特币挖矿中，通过部署矿机来验证哈希，并从中获得奖励；第四，一些新的项目会有额度出售，用户可以通过购买额度获得代币，如以太币最初在众筹中卖出了大量 ETH；第五，通过出售产品或提供服务获得加密数字货币；第六，如果一个代币发生硬分叉，持有分叉前加密数字货币的用户会自动获得一些加密数字货币；第七，通过空投模式获得加密数字货币。

（二）矿工

最初的矿工是在 PoW 共识机制中，通过解决一个密码学难题来参与验证区块链上的交易。此时，矿工通常是指挖比特币。矿工通过利用算力验证交易来维持区块链网络的发展，并从新挖出的加密数字货币中获得奖励。为了提高算力，挖到更多的比特币，一些矿工组成所谓的矿工池。[2]

---

〔1〕 Aspembitova, Ayana T., Ling Feng, et al., "Behavioral structure of users in cryptocurrency market", *Plos one 16*, No. 1, 2021, p. e0242600.

〔2〕 Vranken, Harald, "Sustainability of bitcoin and blockchains", *Current opinion in environmental sustainability* No. 28, 2017, pp. 1-9.

在比特币挖矿之后，出现了更多模式的矿工，如质押即挖矿、参与即挖矿等，随后又发展为 Play-to-earn 等。

（三）中心化数字货币交易所与去中心化交易所

人们在交易加密数字货币时，通常需要使用交易所来实现交易。交易所分为中心化交易所和去中心化交易所（Decentralized Exchange，DEX）。中心化交易所允许客户将加密数字货币与其他资产进行交易，如传统的法定货币或其他加密数字货币。加密数字货币交易所可以是市场庄家，将买卖价差作为服务的交易佣金，也可以作为纯粹收取佣金的配对平台。[1]中心化交易所的核心环节包括充值、下单、订单撮合、资金结算、提现，均由交易平台本身完成。而去中心化交易所则是把以上所有环节都置于链上，由智能合约执行全部操作，这样，我们的交易过程就无须任何信任的第三方。[2]中心化交易所与去中心化交易所各有利弊，见表 1-6。主流的中心化交易所有币安、火币、Coinbase、Okex 等；主要的去中心化交易所包括 Uniswap、Sushiswap、Pancake 等。

表 1-6 中心化交易所与去中心化交易所核心要素对比

标准	中心化交易所	去中心化交易所
如何去中心化	由中心化组织负责	由用户及流动性供应商提供
资产托管	中心化交易所控制资产访问权限	用户可以独立控制自身加密资产
无常损失	由于流动性较高，无须担心无常损失	由于市场波动性较强，无常损失情况较为频繁
监管	受到严格监管	大部分无须 KYC 和 AML
流动性供应	中心化交易所	交易所/供应商

〔1〕 Boonpeam, Naratorn, Warodom Werapun, et al., "The arbitrage system on decentralized exchanges", In 2021 18*th International Conference on Electrical Engineering/Electronics, Computer, Telecommunications and Information Technology* (*ECTI-CON*), IEEE, 2021, pp. 768-771.

〔2〕 Stefánsson, Hilmar Páll, Jón Kristinn Þórðarson, and Huginn Sær Grímsson. "Building an anti-money laundering detectionand investigation tool for Virtual assets." *PhD diss.*, 2021.

续表

标准	中心化交易所	去中心化交易所
撮合交易	中心化交易所	智能合约
结算清算	中心化交易所	链上结算
访问限制	由运营交易所的中心化组织决定	对所有用户开放
是否匿名	不匿名	用户的个人数据其实就是区块中记载的交易记录。因此，去中心化交易所具有匿名性，不存在用户资料泄露的风险
安全性	私钥掌握在交易所手中，资产不安全；用户需要完备的 KYC，资料易泄露	资金在用户钱包地址或者交易智能合约中，由用户完全控制，交易所不能监守自盗
透明度	透明度低，数据掌握在交易所手中	去中心化交易所是由智能合约自动撮合，而不是由交易所撮合。资产划转在链上完成，交易记录链上可查，公开透明
交易成本	交易深度好，交易成本低	由于涉及链上交易，因此每一笔结算都要付较高的手续费，尤其是在网络拥堵时

（四）钱包供应商

从 2019 年 DeFi 的爆发，到 NFT、DAO 等 Web 3.0 应用的爆发，将资产放在钱包里是一个非常大的刚需。在交易所里，大多能做的只是单纯的交易，而放在钱包里，能做的事情更多。钱包提供商是那些为加密数字货币用户提供数字钱包或电子钱包的实体，钱包提供商通常将加密数字货币用户的交易历史翻译成易于阅读的格式，就像一个普通的银行账户。[1]钱

[1] Chen, You-Ping, and Ju-Chun Ko., "CryptoAR wallet: a blockchain cryptocurrency wallet application that uses augmented reality for on-chain user data display", In *Proceedings of the 21st International Conference on Human-Computer Interaction with Mobile Devices and Services*, 2019, pp. 1-5.

包主要分为硬件钱包、冷钱包、热钱包、托管型钱包四大类。硬件钱包将助记词和私钥存储在专属硬件中加密，交易签名在硬件中确认，可以保证助记词和私钥不被直接盗取，但存在交易过程被攻击的风险。[1]在冷钱包中，助记词或私钥不触网，在一个离线的设备中存储，交易通过扫码签名等方式进行，因此，冷存储也被视为相对最安全的一种加密资产保管方式。冷钱包可以是硬件钱包、App 应用或纸张等存储方式。在热钱包中，助记词或私钥会触网，如果存储的设备被黑客攻击，有资产被盗风险。手机应用钱包、浏览器插件钱包大多是热钱包。[2]

（五）加密数字货币发售者

发售者是指在加密数字货币首次发行时向用户提供加密数字货币的个人或组织，这种提供可以是付费的（通过众筹），也可以是免费的（如在某个时间段内注册的用户会收到空投的加密数字货币），通常是为了推进项目的进一步发展或提高项目的热度。一些项目方会公布创始团队的身份（如瑞波币、莱特币、卡达诺），但也有一些项目方不会公布团队信息（如比特币、Monero，以及许多 DeFi 类项目）。

七、数字代币的技术伦理

比特币是作为一个用于在线交易的点对点支付系统而出现的。比特币的出现推动了一系列新生事物的产生，如加密数字货币交易所、挖矿、币民、点对点转账等，尤其是随着以太坊智能合约的出现，颠覆了加密数字货币的发行方式，大大降低了加密数字货币的发行成本，这引发了 ICO 热、IEO 热，庞氏骗局与产业革命两种极端的声音响彻世界各地。进一步，随着去中心化金融、NFT 艺术品、元宇宙的相继爆发，又引发了加密数字货币行业的大变革和大爆发，参与人数接近千万。加密数字货币一方面成为一些国家弯道赶超的利器，另一方面也被一些国家当成影响金融市场稳

---

〔1〕参见赵拥军：《论盗窃数字人民币犯罪的认定问题》，载《理论探索》2023 年第 1 期。

〔2〕张中霞、王明文：《区块链钱包方案研究综述》，载《计算机工程与应用》2020 年第 6 期。

定的重要因素。[1]区块链已经成为范式变革的推动器，区块链和人工智能（AI）的联合使用为下一次技术革命播下了种子。然而，加密数字货币也带来了诸多问题，如加密数字货币的波动性、加密数字货币的能耗问题及对环境的影响、是否对需要金融服务的人（如中小企业、慈善）有益、如何监管以及究竟该持何种监管态度等。科技向善是人类命运共同体的内在要求，那么，探讨加密数字货币的技术伦理，打击网络不法行为，保护创新，就显得尤为重要。

以比特币为代表的数字货币，基于区块链的去中心化、公开透明、可编程、不可篡改等特征，呈现迅猛爆发并持续发展的趋势。数字货币具有其自身特有的优势，如（1）有利于低成本的跨境转账。首先，数字货币通过在交易双方之间点对点进行交易，由于不依赖第三方信任背书，极大地降低了成本。其次，使用一个简单的智能手机应用程序、硬件钱包或交易所钱包，任何人都可以发送和接收各种加密数字货币，交易便捷。最后，跨境转账速度较快。无论是国际还是国内的加密数字货币交易，验证需要很少的时间。[2]（2）全天候不间断交易。股票交易市场只在工作日的正常营业时间内开放，晚上、周末和节假日，大多数传统金融市场不能进行交易。而加密数字货币市场每天 24 小时，每周 7 天都在交易，没有例外，除非出现停电、互联网中断或集中式交易所中断（拔网线）等。（3）交易透明、不可篡改。每一笔加密数字货币交易都被记录在区块链的公共列表中，并且任何人都无法对其进行篡改。（4）有利于创建更加包容的金融系统。可编程货币可以实现实时和准确的应收账款和应付账款，同时提高透明度促进后台对账。[3]

但加密数字货币的发展也受到了一些诟病，这导致了加密数字货币在

---

〔1〕 参见郭文旌、侯伟：《加密数字货币市场的阶跃行为识别及特征分析》，载《中国管理科学》，网络首发日期：2023 年 1 月 18 日。

〔2〕 Aliu, Florin, Ujkan Bajra, et al.,“Analysis of diversification benefits for cryptocurrency portfolios before and during the COVID-19 pandemic”, *Studies in Economics and Finance*, 2021.

〔3〕 Deshwal, Maheem, Rahul Pratap Singh Kaurav, et al.,“Cryptocurrency technology: prospects in the success of different organizations”, In *Proceedings of 10th International Conference on Digital Strategies for Organizational Success*, 2019.

一些国家被禁止。主要表现在：（1）加密数字货币的高波动性。与传统股票的波动限制不同，加密数字货币具有高波动性，一些加密数字货币一天内可以暴涨100倍，也可以一天内暴跌99.99%（如Luna），直至归零。同时，虽然加密数字货币基于区块链的去中心化特性，但大量的加密数字货币仍掌握在项目方手中，小投资者的权益无法得到保障。（2）数字货币，尤其是比特币造成了大量的资源浪费，对资源并不友好。尽管比特币等数字货币具有转账快、成本低等特征，也带来了一定的造富效应，但它不能同时作为一个有效的交换媒介和可靠的价值储存工具。[1]除此之外，基于PoW共识机制的比特币等，挖矿涉及庞大的电脑运算和认证交易，需要消耗巨量的能源。[2]英国剑桥大学的分析显示，加密数字货币比特币一年耗费的电力超过阿根廷整个国家的用电量。（3）虽然比特币等数字货币被支持者认为有利于普惠金融，但中小企业及贫困人口能否从中受益仍然为谜。例如，有人认为，数字货币具有交易成本低，有利于帮助中小企业融资，提高中小企业在供应链系统中的话语权，降低交易风险等功能，同时也有利于让金融服务系统之外的人享受金融服务。[3]但事实上，加密数字货币的发行者并未能实现这些价值承诺，反而更像是一种宣传手段，成了自身牟利的工具。（4）比特币等加密数字货币由于匿名等特性，难以监管，因此加密数字货币成为犯罪的金钥匙，事实上，数字货币也确实被用于洗钱、贩毒、走私、非法集资等各种犯罪活动。[4]

数字货币带给人们很多新鲜的事物，如点对点跨境转账、新型融资方式等，尽管在当前阶段“劣币驱逐良币”现象大量存在，泡沫与炒作现象

---

〔1〕 Hersh Shefrin, “The great bitcoin electricity debate” 载 https://www.forbes.com/sites/hershshefrin/2021/07/08/the-great-bitcoin-electricity-debate/? sh=7db9e2e71998，最后访问日期：2021年11月14日。

〔2〕 Jain, Neha, “New world of virtual currency: cryptocurrency”, In *Proceedings of 10th International Conference on Digital Strategies for Organizational Success*, 2019.

〔3〕 Adam Lyons, “Five reasons small businesses should consider accepting cryptocurrency”，载 https://www.forbes.com/sites/forbesbusinessdevelopmentcouncil/2022/04/29/five-reasons-small-businesses-should-consider-accepting-cryptocurrency/，最后访问日期：2022年1月3日。

〔4〕 Jafari, Saman, Tien Vo-Huu, et al., “Cryptocurrency: a challenge to legal system”, *Reza, Cryptocurrency: A Challenge to Legal System* (*May* 2, 2018), 2018.

突出，但正如20世纪90年代的互联网泡沫一样，一切的发展交给时间来决定。或许，数字货币只是这个特殊阶段的产物，随着各国央行法定数字货币的开发和投入使用，以及国家级和国际的数字货币投资与交易系统的开发，会让这种私人发行数字货币的现象销声匿迹。

八、区块链技术与加密数字货币的衍生关系

每当提到区块链的时候，很多人会将其等同于比特币。虽然区块链技术源于比特币，甚至区块链的命名也是来自比特币，两者经常相互交织在一起，但区块链和比特币等加密数字货币并不能混为一谈。很多人认为比特币加密数字货币是区块链的第一个应用，其实这并不是准确的，因为比特币催生了区块链技术，而不是相反。区块链的第一个应用，应该是其他加密数字货币或者应用，因此，正确的逻辑应该是比特币催生了区块链技术，而比特币的爆发和区块链技术的发现共同促进了其他数字货币的产生。〔1〕比特币更多地是基于分布式账本技术，而后来的数字货币更多地是基于区块链技术，尤其是以太坊智能合约的出现，更是推动了数字货币走向下一个高潮。〔2〕随着区块链更多功能的发掘，区块链的应用场景已扩展至金融、防伪溯源、隐私安全保护、无人驾驶、智能家居、供应链、政务服务、物联网、社交、共享经济等领域，由此可见，加密数字货币只是区块链的应用场景之一。

尽管对数字货币和区块链技术都有很多怀疑和反对，但区块链技术已经成为经济系统及社会生活的重要组成部分，数字货币也在极端的反对和支持的声音中起起落落，旋螺式发展。根据相关数据的统计，截至2022年4月30日，全世界已经有将近2万种数字货币，市值达到1200亿美元，其中比特币市值约占总市值的45.5%，以太坊紧随其后，市值占总市值的18.1%。近年来，市场和国家、地区与国际的监管都发生了

---

〔1〕 Scott, Brett, *How can cryptocurrency and blockchain technology play a role in building social and solidarity finance?* No. 2016-1. UNRISD Working Paper, 2016.

〔2〕 汪永菊、杜秀娟、陈浩章：《区块链智能合约技术研究综述》，载《计算机仿真》2023年第8期。

变化和进步，但由于这些区块链和数字货币的联系过于紧密，仍然存在大量的混淆。因此，探寻区块链与数字货币的关系，对于规范区块链市场的发展，增强我国区块链竞争力，完善知识产权保护，具有重要意义。

（一）比特币区块链网络——打开区块链大门的钥匙

自1983年由美国密码学家大卫·乔姆创立以来，随着数字化进程的加深，加密数字货币一直是技术和金融解决方案中的一个重要考虑因素。然而，直到2009年日本开发者中本聪发明了第一个去中心化的加密数字货币——比特币之后，社会才真正开始理解区块链中存在的货币转移的真正力量，以及它对现有金融系统和社会运作方式的颠覆式变革的影响。[1]在比特币诞生之初，区块链和数字货币这些术语之间可以互换，这是因为当引入区块链数据库时，所有的比特币都被储存在区块链数据库中。区块链在2009年并不以其最初的名字而闻名，那时更多地被称为分布式账本技术，因此，也有人认为区块链本身属于分布式账本技术的一种。区块链名称的由来是因为在区块链网络中，区块链存储数据的结构是由网络上一个个“存储区块”组成一根链条，每个区块中包含了一定时间内网络中全部的信息交流数据，每笔交易和每个区块都会有一个独特的哈希值，随着时间推移，链条不断增长，由此形成“区块链”。

（二）区块链可以与数字货币协同工作

区块链不是加密数字货币的可选技术，而是加密数字货币的一个基础特征。归根结底，区块链的增长和发展是由加密数字货币推动的，因为加密数字货币依赖区块链网络而存在。但区块链的应用远不止于数字货币，已经并将在未来几年继续颠覆各种市场。[2]

区块链解决了比特币之前的加密数字货币的一些固有不足。例如，QQ

---

〔1〕 参见吕睿智：《数字货币的交易功能及法律属性》，载《法律科学（西北政法大学学报）》2022年第5期。

〔2〕 Miraz, Mahdi H., and Maaruf Ali, “Applications of blockchain technology beyond cryptocurrency”, *arXiv preprint arXiv*, No. 1, 2018, p. 03528.

币等加密数字货币缺乏流动性和共识，1997 年的 B-moeny 没有用去中心化的方式来维护账本，David Chaum 的 DigiCash 缺乏足够的匿名性等，都导致了这些加密数字货币最终没能走向市场。而比特币的诞生为加密数字货币引入了区块链技术，这种点对点的分布式账本技术，集合了哈希运算、共识机制、P2P 网络、加密算法，共同推动了加密数字货币的壮大。如果没有区块链技术，比特币将毫无价值，因为没有办法在其中进行安全的交易。区块链技术能够记录和验证交易，然后将新的区块输入到链上，这保证了安全和隐私。[1]任何人的电脑都不能改变区块链上的历史。基于共识的模式将取代给予银行和中央机构的信任，以保持准确的记录。区块链是一个可验证的数据库，确保所有交易都是真实的。因此，可以防止欺诈和重复消费。过去 10 年，随着加密数字货币利用率的提高，加密数字货币的价值大增，人们一直在争论其总体功能包括哪些。尽管如此，数字货币性质上更多地是具有交换价值，就像任何现代纸质货币（如英镑、美元）一样，但它不依赖于物理表现，而是通过安全的在线加密技术保护，[2]以数字方式存在，这决定了对它的实际创建的控制，也是对账户之间资金转移的验证。在银行现有的数据库系统中，如果服务器瘫痪，数字记录可能会受黑客攻击、损坏甚至内存丢失的影响。而在区块链数据库中几乎不受单点甚至多点数据遗失、损坏、被黑客攻击等宕机现象等的影响，除非整个区块链网络被摧毁。

加密数字货币在区块链分布式账本上运行，所有交易的记录都会存储在这个账本之中，由节点对数据的确认、增加、修改进行维护。交易记录会被广播到整个区块链网络，包括各交易方的电子地址、交易的数字货币数量和时间戳等信息。假设爱丽丝想向鲍勃转移一个单位的加密数字货币。爱丽丝通过向网络发送带有她的交易请求的电子信息开始交易，所有用户都可以看到该请求。区块链系统不是即时的，因此爱丽丝的交易请

〔1〕 参见闫伟泽：《加密货币跨境交易纠纷法律问题研究》，载《数字法治》2024 年第 1 期。

〔2〕 参见桑朝阳：《数字货币的内涵界定和本质分析——基于马克思的货币理论》，载《征信》2022 年第 5 期。

求需要与其他邻近的交易组在一起，等待被编译成一个区块。区块中的信息被转化为一个加密代码，矿工们通过算力解开代码，将新的交易区块添加到区块链中。发送人和接收人只是交易的参与者。矿工是网络内验证交易的人。如果他们最快地解决了一个数学问题，他们就能获得创建下一个区块的权利，并验证构成该区块的交易。作为补偿，他们会得到该区块链网络上使用的任何类型的加密数字货币（如比特币）。〔1〕新的交易区块被添加到区块链的末端，爱丽丝的交易被确认（这种确认不是即时的，因为需要时间来确认交易区块，以便用户可以确定他们的交易已经成功）。

（三）无币区块链概念的诞生与发展

由于数字货币在区块链应用中规模巨大，以至于许多人把区块链与数字货币的概念相混淆，本质上来讲，区块链是一种底层技术，数字货币是一种应用。因此，有人提出，既然数字货币是区块链的一种应用场景，那么区块链的其他应用场景是否必须要依附于加密数字货币？也就是说，当我们谈币圈与链圈的时候，不仅是在谈区块链与数字货币的关系，更多地是在谈加密数字货币与其他应用场景的关系。当前，加密数字货币存在一系列问题，如是否能够作为货币用于日常或企业间的交易？数字货币的投资属性让全球狂热，是将其纳入监管，还是将其灭绝？数字货币的波动性是否能让其真正成为区块链的“左膀右臂”来支撑区块链的其他应用潜力？数字货币该如何监管？如何对加密数字货币进行征税，也就是说，如何计算数字货币所带来的价值？数字货币一系列悬而未决的问题，对世界各国纷纷支持区块链产业并力争在区块链领域占领优势地位的追求形成了反作用力，因此，无币区块链的概念被提了出来。本质上来说，无币区块链就是让区块链脱离 Token 炒作层面，来挖掘它在其他方面的应用。〔2〕区

〔1〕 Corbet, Shaen, Andrew Urquhart, ed al., *Cryptocurrency and Blockchain Technology*. Vol. 1. Walter de Gruyter GmbH & Co KG, 2020.

〔2〕 Valdeolmillos, Diego, Yeray Mezquita, et al., “Blockchain technology: a review of the current challenges of cryptocurrency”, In *International Congress on Blockchain and Applications*, Springer, Cham, 2019, pp. 153-160.

块链按照访问和管理权限可以分为公有链、联盟链和私有链。不同的区块链网络对数字货币具有不同的需求，依赖程度也有所不同。数字货币的激励机制、波动性和复杂性构成了无币区块链与有币区块链的主要不同，[1]除此之外，区块链去币后是否对安全与共识达成产生影响也应当予以研究。

在有币区块链网络中，激励机制各有千秋。本质上来说，通常的逻辑是通过设计新币发行机制，各种加密共识应用能够结合业务特点形成独特的内生激励机制，如比特币新币发行鼓励参与者诚实记账、验证交易，以维持系统安全，随着网络共识的增强其货币数量也会上涨。[2]在无币区块链中，如何通过激励机制来达成共识，推动网络的完善和发展则是另一种思路。此时，参与者不是通过货币的投资属性而是通过区块链网络提供的其他功能，如公开透明、不可篡改等，促进不同部门共享一个账本，从而减少交易成本，提高效率。同时，无币区块链弱化了有币区块链的融资功能。[3]

在有币区块链中，通过预售部分内生加密数字货币，借助于加密数字货币交易市场的流动性，加密共识应用能够凭借其项目应用的潜在价值获得早期发展资金，而按照传统方式初创企业的融资门槛很高。投资者投资有币区块链项目除了看中其应用方向及产品性能，也关注数字货币的升值空间。在无币区块链中，投资者及用户更好关注区块链技术本身，包括大量企业创新人员、技术人员、非技术出身而对其感兴趣的人等人群，或研究算法以提高区块链的性能，或研究区块链的应用场景以加快其落地。对他们而言，加密数字货币只是区块链最原始的应用，他们希望从链上获得可信数据或共同完成某种业务，所以他们更有义务和责任去维护区块链系

---

〔1〕 参见邓建鹏：《区块链的规范监管：困境和出路》，载《财经法学》2019 年第 3 期。

〔2〕 Amsyar, Izwan, Ethan Christopher, et al., "The challenge of cryptocurrency in the era of the digital revolution: a review of systematic literature", *Aptisi Transactions on Technopreneurship* (*ATT*) 2, No. 2, 2020, pp. 153-159.

〔3〕 刘昌用、胡怀亓、胡森森：《"密码货币、通证与无币区块链"学术研讨会综述》，载《西部论坛》2019 年第 1 期。

统的稳定运行。[1]

除此之外，在有币区块链网络中，数字货币的波动性、证券法和税收等金融监管都是需要考虑的额外复杂因素。[2]

〔1〕 Martino, Pierluigi, Kevin Jue Wang, et al. "An introduction to blockchain, cryptocurrency and initial coin offerings", In *New frontiers in entrepreneurial finance research*, 2020, pp. 181-206.

〔2〕 Singh, Akanksha, and Sharan Chawla, "Cryptocurrency regulation: legal issues and challenges", *International Journal of Reviews and Research in Social Sciences* 7, No. 2, 2019, pp. 365-375.

第二章
区块链技术与数字代币监管的域外实践

第一节 概 述

20 世纪六七十年代，互联网技术开始出现星星之火，互联网技术呈现三个特点：一是建立逻辑网络，二是融合现有的异质网络，三是允许这些网络独立运作。也就是说，我们现在众所周知的互联网核心特性，任何计算机或其他信息处理器都可以成为新网络的一部分，只要它被适当地连接起来。[1]个人电脑、移动手机的发展既是互联网技术爆炸性增长的必然结果，也反过来促进了互联网技术的爆炸性增长。这源于其四个核心特点：(1) 价格低廉；(2) 功能多样，一个设备可以实现多种功能，如社交、商务、游戏等；(3) 易购得，在零售商店很容易买到；(4) 易使用，电脑和手机方便使用，几乎两三岁儿童就可以操作。但是互联网技术的迅猛发展也带来了安全威胁和法律风险，如暗网、网络赌博、色情、洗钱等，只要操作系统允许用户运行第三方代码（PC 操作系统的必要条件），用户就可以执行恶意代码，从而危及他们自己和网络上其他人的工作。[2]同时，互联网技术的发展也带来了 IT 法是否能够作为一门法律学科的问题：它仅仅是一个保留区，或者说是一个谈话室，用于处理那些还不能很好地融入既定法律体系的主题，还是它可以发挥更有目的性的作用？[3]

网络技术的发展并没有停滞，同时，网络的风险也并未消除。正如第一章所陈述，区块链技术作为 Web 3.0 的基础技术，被认为能够颠覆现有的金融、游戏、供应链、教育乃至法律行业。不同国家和地区纷纷拥抱区块链技术，提出了各种类别的促进区块链技术发展措施。例如，我国香港地区的金融管理局 2021 年发布的《金融科技 2025》策略，鼓励金融业界于 2025 年前全面应用金融科技，并提供合理、高效的金融服务，惠及我国

〔1〕 Carpenter, Brian, *Architectural Principles of the Internet*, No. rfc1958, 1996.

〔2〕 Zittrain, Jonathan, "Law and technology: the end of the generative internet", *Communications of theACM52*, No. 1 2009, pp. 18-20.

〔3〕 Kohl U. and Charles worth A., *Information technology law*, Routledge, 2013.

香港市民及整体经济。[1]欧盟设立了欧盟区块链观察站和论坛，旨在加速欧盟内部的区块链创新和区块链生态系统的发展，从而帮助巩固欧洲作为这项变革性新技术的全球领导者的地位。2018 年 10 月，美国国家科学技术委员会（National Science and Technology Council，NSTC）发布的《先进制造中的美国领导战略》中提到，为了在制造系统中实施新的网络安全技术，包括用于识别和处理威胁事件的人工智能、用于敏捷制造领域信息安全的区块链等，需要进行新的研究工作，制定新的标准和指南。截至 2021 年末，美国第 117 届国会已提出了 35 项关于加密数字货币及区块链政策的法案。其中，2021 年 11 月关于《基础设施投资和就业法案》（HR3684）的通过，引起了极大的关注，而对于法案中加密条款的讨论，也一直持续至今。其他国家也结合自身国情，积极推出了支持区块链的发展政策，以实现弯道超车，在区块链新产业革命中取得优势地位。各国对区块链技术在产业应用上，尤其是在数据共享和价值流通方面已经达成基本的共识，大部分国家对区块链技术采用监管和扶持并行的方式，通过多种方式扶持区块链技术发展，包括专项资金补贴、企业税收优惠，以及成立沙盒等方式进行区块链扶持，并力图在有效防范新业态对社会的各类冲击与推动新技术发展之间取得动态平衡。

尽管不同国家都对区块链的发展提出了扶持政策，但区块链及其数字货币并未与非法完全隔绝。*Coin Market Cap* 数据显示，现有数字货币种类已经突破两万种，这些加密数字货币大部分未在监管机构注册，因此，尽管加密数字货币可能会给投资者带来巨额回报，但由于没有注册的招股说明书来证明证券、管理信息或财务报表，出售给公众的资产缺乏可信度，投资加密数字货币面临着巨大的风险。[2]随着加密数字货币发行的大幅增加，以及对行业或问题缺乏明确的共同理解，监管机构正在急于确保投资

---

〔1〕 https://www.hkma.gov.hk/gb_ chi/news-and-media/press-releases/2021/06/20210608-4/，最后访问日期：2021 年 12 月 10 日。

〔2〕 Cumming，Douglas J.，Sofia Johan，and An shumPant，“Regulation of the crypto-economy: managingrisks，challenges，and regulatory uncertainty”，*Journal of Riskand Financial Management*12，No. 3，2019，p. 126.

者的利益和金融秩序，不同国家和地区的监管机构甚至出现完全不同的监管政策，如我国多次出台文件明令禁止数字货币的发行和交易，而萨尔瓦多国会通过《比特币法》，认定比特币为该国法定货币。[1]私人加密资产交易所是区块链数字货币特有的机构。市场操纵是故意为产品、证券、商品或货币制造虚假价格。有研究者指出，只需通过机器人，就可以将比特币的价格从100美元推高到1000美元。由于缺乏监管监督，这些在全球范围内运营的交易所充当洗钱的中介，将资金转移到不同国家。另一个引起监管机构关注的领域是加密数字货币的金融方面。加密数字货币的法律定性是决定其税收后果的关键。主要的区别是加密数字货币是商品（资本资产，如股票，在这种情况下适用资本收益规则），还是货币。加密数字货币交易要像任何其他资产或货币一样纳税。加密数字货币交易可能会产生资本收益税、所得税、交易税和财富税。即使加密数字货币交易是无效和非法的，税法也有权对这种交易征税。2014年3月，美国国内税务局裁定，尽管知道比特币作为交换媒介、记账单位和价值储存的功能，并在某些环境下像真正的货币一样运作，但就税收而言，比特币将被视为财产而不是货币。除此之外，加密数字货币被用于进行洗钱、逃税、恐怖主义融资等犯罪活动也是监管机构重点关注的问题。加密数字货币的匿名性、高度可转让性、实时交易和提取资金等特点为洗钱、恐怖主义融资、暗网交易等提供了便利。[2]2014年3月，新加坡宣布将对总部设在新加坡的加密数字货币中介机构进行监管，以应对潜在的洗钱和恐怖主义资金风险。这一新制度规定，设在新加坡的加密数字货币交易所必须核实其客户的身份［通过进行客户尽职调查（CDD）和了解客户（KYC）］，并向该国的金融情报单位——可疑交易报告办公室报告任何可疑交易。[3]2021年11月，

---

〔1〕《萨尔瓦多通过〈比特币法〉：成为首个将比特币作为法定货币的国家》，载 https://finance.sina.com.cn/tech/2021-06-09/doc-ikqcfnca0045326.shtml，最后访问日期：2022年4月5日。

〔2〕 Gruber，Sarah，“Exchanges the next virtual havens for money laundering and tax evasion”，*Quinnipiac Law Review*，Vol. 32，No. 1，2013，pp. 135-208.

〔3〕 Hughes，Sarah Jane and Stephen T. Middlebrook，“Advancing a framework for regulating cryptocurrency payments intermediaries”，*Yale Journal on Regulation*，Vol. 32，No. 2，2015，pp. 495-559.

随着比特币价格在60 000美元左右的水平达到顶峰，所有加密数字货币的总价值超过了30 000亿美元，远超2020年12月的约5000亿美元市值。截至2021年底，有超过16 000种单独的加密数字货币在流通。现在，在400多个平台上的每日总交易量估计超过了2750亿美元。

2014年2月24日，曾占比特币交易量70%的世界第一大交易所Mt. Gox被曝遭遇黑客攻击，平台10万枚比特币及用户75万枚比特币被盗(后来找回20万枚比特币)，3天后，Mt. Gox申请破产。[1]2016年6月17日，黑客利用The DAO代码里的漏洞盗走了360万个以太币，直接导致以太坊硬分叉。[2]最近几年，特别是自疫情暴发以来，加密犯罪一直在上升。相关数据显示，2021年，与诈骗、暗网市场和勒索软件等非法活动相关的数字钱包地址收到的加密数字货币比2020年同期增长80%，总额达到140亿美元，创下了历史新高。[3]这些利用区块链实施的犯罪活动无法被追责，凸显了传统犯罪治理手段在这些犯罪面前的乏力，区块链技术环境下犯罪治理事业面临的深刻危机正暗含于此。[4]因此，对于区块链的监管政策，可以划分为区块链支持政策和加密数字货币监管政策。区块链支持政策包括出台相关文件、设立产业标准、创新探索等；对加密数字货币的监管，逐步从对加密数字货币的法律定性向证券法、税法、反洗钱法、数据隐私保护、恐怖融资等细分方向发展。对此，我们应在深入分析区块链技术运行机理的基础之上，研究不同国家和地区的治理模式，以促进我国法律现代治理模式的实现，促进区块链时代治理机制的革新。

---

〔1〕 BUGX：《前Mt. Gox CEO被诉10年监禁，区块链世界安全还需要多少门头沟事件》，载https://www.freebuf.com/news/193628.html，最后访问日期：2022年3月5日。

〔2〕 David Siegel，“Understanding The DAO Attack”，载https://www.coindesk.com/learn/2016/06/25/understanding-the-dao-attack/，最后访问日期：2022年3月5日。

〔3〕 Tom Wilson，“Crypto crime hi trecord $14 billion in 2021，research shows”，载https://www.reuters.com/markets/us/crypto-crime-hit-record-14-billion-2021-research-shows-2022-01-06/，最后访问日期：2022年4月9日。

〔4〕 赵小勇：《法律与技术如何相处：区块链时代犯罪治理模式的双重重构》，载《探索与争鸣》2020年第9期。

第二节　美国的监管实践

一、概述

美国在金融和经济领域仍处于领先地位，针对创新技术和新生事物，美国制定了相较于其他国家更为包容的监管制度。早在2018年，美国国家科学技术委员会（National Science and Technology Council，NSTC）发布的《先进制造中的美国领导战略》中提到，需要开展新的研究工作，以制定或更新标准、指南，以便在制造系统中实施新的网络安全技术，包括用于识别和处理威胁事件的人工智能、用于敏捷制造领域信息安全的区块链等。[1]2019年7月，经美国国会批准的《区块链促进法案》要求联邦政策层面成立的区块链工作组，制定一个统一的区块链技术定义和标准，且规定区块链在非金融应用领域等其他领域的应用，推动美国在新一代信息技术创新发展方面的领先地位。[2]美国清楚地表明，它将接受和监管比特币、区块链技术和其他加密数字货币，从地缘政治的角度来看，这些规定再聪明不过了——定位自己可以接受大量外国投资并吸引地球上最优秀的人才。美国现在已是区块链和加密数字货币使用者和比特币交易量最高的国家。[3]随着监管机构继续与加密数字货币社区合作，建立一个可持续和安全的行业，美国或许在未来几年成为区块链行业的领导者。[4]在硅谷的活力和创新精神以及纽约金融中心的影响下，美国从一开始就成为众筹技

〔1〕 NSTC，Strategy for American Leadership in Advanced Manufacturing，载 https://trumpwhitehouse. archives. gov/wp-content/uploads/2018/10/Advanced-Manufacturing-Strategic-Plan-2018. pdf，最后访问日期：2022年4月5日。

〔2〕 刘宗媛、黄忠义、孟雪：《中外区块链监管政策对比分析》，载《网络空间安全》2020年第6期。

〔3〕 Hileman G. & Rauchs M. , *Global cryptocurrency bench marking study*, Cambridge Centre for Alternative Finance，2017.

〔4〕 Raymond Hsu，"The United States will become the global crypto and blockchain leader"，载 https://cointelegraph. com/news/the-united-states-will-become-the-global-crypto-and-blockchain-leader，最后访问日期：2022年6月4日。

术的所在地，处于数字货币的前沿，也是众多加密数字货币、区块链相关创业公司的所在地，同时是世界上比特币 ATM 机数量最多的国家。据相关统计，排名前 20 的加密数字货币领域的人员中，11 位来自美国，如 Coinbase 的布莱恩·阿姆斯特朗，以太坊的维塔利克·布特林，CoinList 的纳瓦尔·拉维坎特等。

美国宪法决定了美国政府的联邦结构，并只授予联邦政府宪法本身所列举的权力，其他权力则授权至各州。无论是 1787 年的宪法，还是后来的任何修正案，都没有提到联邦政府有权监管互联网、分布式账本技术或数字货币的监管。〔1〕但联邦政府有权根据州际商业条款监管加密数字货币。州政府和联邦政府对加密数字货币进行共同监管。最初，加密数字货币在美国并不是一种合法的交易，但现在几乎已经纳入传统的法律管辖范围之内。目前，区块链承诺的好处仍然受到质疑，一些政策制定者已经承认货币的监管风险，另一些政策制定者则通过立法来增加对技术的投资。加密数字货币交易所在美国是合法的，属于《银行保密法》的监管范围。在实践中，这意味着加密数字货币交易所服务提供商必须在 FinCEN 注册，实施反洗钱/打击恐怖主义计划，保持适当的记录，并向监管当局提交报告。同时，美国证券交易委员会（SEC）已经表示，它认为加密数字货币是证券，并将证券法全面适用于数字钱包和交易所。相比之下，商品期货交易委员会（CFTC）采取了更友好的态度，将比特币描述为一种商品，并允许加密数字货币衍生品公开交易。

美国的区块链和加密数字货币监管并不统一。虽然美国政府最近对技术领域，特别是区块链领域的监管和治理的发展表示支持，但各州之间存在差异，对那些试图以清除各州设置的许可障碍的形式在监管过程中通行的人构成了障碍。〔2〕总的说来，美国的主要监管方式是设立沙盒监管规

---

〔1〕 See e. g. United States v. Lopez, 514U. S. 549, and commentary by Steven Calabresi, “A government of Limited and enumerated powers, In Defense of United States v. Lopez, Michigan Law Rev, Vol. 94, No. 3, 1995, pp. 752-831.

〔2〕 Armstrong, Dean, Dan Hyde, et al. *Blockchain and Cryptocurrency : International Legal and Regulatory Challenges*, Bloomsbury Professional, 2019.

则，消费者金融保护局（CFPB）和商品期货交易委员会（CFTC）联手为金融科技公司创建了一个监管沙盒，类似于英国创建的金融沙盒，旨在研发基于区块链的加密数字货币和其他金融技术。除了监管沙盒，美国机构还考虑了区块链或加密数字货币领域实体的广泛安全港。例如，2021 年 4 月，美国证券交易委员会（SEC）为寻求托管数字资产的经纪商设立了一个为期 5 年的临时安全港。虽然这不是一项正式规则，但美国证券交易委员会（SEC）的声明指出，它不会在此基础上对此类经纪商采取执法行动。2021 年 4 月，美国证券交易委员会（SEC）专员 Hester Peirce 发布了《通证安全港提案 2.0》，该提案将为基于通证的初创公司在遵守联邦证券法之前启动区块链网络提供一个有时限的安全港。广泛的安全港能够鼓励企业启动区块链更有效的机制参与并开发基于区块链的技术。

二、联邦政府的监管

在美国，区块链和加密数字货币一直是联邦政府关注的焦点。在联邦一级，涉及的监管机构主要包括金融犯罪执法网络（FinCEN）、美国证券交易委员会（SEC）、美国商品期货交易委员会（CFTC）、美国国税局（IRS）等。每个机构都认为加密数字货币应根据现有法律进行不同的解释。美国的联邦行政机构对特定事项的监管管辖权存在重叠，而且很多时候会合作执行其法规。一个机构在一种情况下监管加密数字货币的权力，并不妨碍其他机构在不同情况下监管加密数字货币〔1〕。例如，美国证券交易委员会（SEC）认为，加密数字货币和首次代币发行应该受到审查，其根据适用的法律，对发行和销售进行监管；美国国税局（IRS）在其 2014-21 号通知中表示，加密数字货币不是法定货币，而应被视为应纳税的财产；商品期货交易委员会将加密数字货币视为受其机构监管的商品；负责反洗钱工作的 FinCEN 认为，《银行保密法》（BSA）适用于加密数字货币。为了消除监管上的差异、定义上的混乱，以及明确管辖权，美国总统工作组和

〔1〕 刘春彦：《商品期货交易委员会打击扰乱性行为的权力》，载胡政总编，曹越主编：《期货及衍生品法律评论（第二卷）》，法律出版社 2020 年版。

金融稳定监督委员会将在未来监管框架的发展中发挥重要作用。

（一）商品期货交易委员会（CFTC）

2015年，商品期货交易委员会（CFTC）将比特币和其他数字货币定义为美国商品交易法（CEA）下的商品。CFTC成立于1974年，对以前由美国农业部管辖的市场进行监督。CFTC表示，为了促进公共利益和金融健全的市场发展，它将采取行动“防止价格操纵或任何其他破坏市场完整性的行为”，并“保护所有市场参与者免受欺诈性或其他滥用性销售行为”。[1]就管辖权而言，CFTC有权根据CEA监管“商品”，并对“涉及未来交货的商品掉期或销售合同的账户、协议和交易”拥有专属管辖权。CFTC在2015年9月表示，比特币和加密数字货币是一种商品，而不是外汇。

CFTC还没有通过法规正式定义加密数字货币。然而，CFTC在其2020年3月关于涉及某些数字资产的零售商品交易的最终解释指南中，采用了“加密数字货币”一词的广泛定义：

（1）数字资产，包括任何价值的数字代表或账户单位，是/或可以作为一种货币形式（从一方转移到另一方作为交换媒介）；

（2）可以通过单位、代币或硬币等形式体现；以及

（3）可以通过数字“智能合约”等结构的方式进行分配。

2021年8月23日，CFTC指出，监管监督机构以及我们执法机构所采取的措施必须得到公众的充分理解。只有这样，才能要求遵守适当的监管。最近，加密产品和其他数字资产的受欢迎程度增长引起了人们对美国如何监管这一新金融资产类别问题的极大关注。作为回应，CFTC提出了10个简洁的要点，以澄清CFTC如何监管以及监管什么，以及国会如何将CFTC的执法权力与我们的监管监督权力区分开来。CFTC不监管商品（无论它们是不是证券）；但是，它监管衍生品——数字资产和任何其他资产类别也是如此。2022年3月，CFTC针对CFTC v. Dwayne Golden案再次发布声明，指出：起诉Dwayne Golden是基于涉嫌违反《商品交易法》和CFTC

[1] 参见唐波、黄鹜：《域外金融监管的困局与“替代合规”制度的尝试——评美国商品期货交易委员会对域外监管规则的可比性认定》，载《上海金融》2016年第10期。

规则中的反欺诈条款，被起诉方涉嫌通过比特币交易欺诈客户。CFTC 监管与基础商品相关的衍生品（如期货合同、期权、互换），而不是基础商品本身。也就是说，CFTC 监管比特币的期货，但 CFTC 不监管比特币本身，因为比特币是商品。尽管如此，虽然 CFTC 不监管现金商品，但它确实有权起诉涉及现金商品（包括比特币）的欺诈或操纵案件的执法行动。也就是说，就现金商品而言，CFTC 有权进行反欺诈和反操纵执法（而不是日常监管监督），作为协助其监管期货等衍生产品的主要职能的工具。然而，CFTC 不负责监管比特币交易或购买、出售、交易、转让或存储比特币的个人或实体。

（二）美国证券交易委员会（SEC）

美国证券交易委员会（SEC）是一个独立的联邦政府监管机构，负责保护投资者，保持证券市场的公平有序运作，并促进资本形成。SEC 正在带头推动加密数字货币市场遵守该机构监督的所有金融法规。2022 年 4 月，SEC 主席 Gary Gensler 表示，占加密数字货币交易 99%的前五大交易所“可能正在交易证券”，应该向 SEC 注册并遵守适用法律。Gensler 还敦促加强对稳定币和其他加密代币的财务监管。2022 年 5 月，SEC 宣布将其网络部门的工作人员从 30 人增加到 50 人，并将其更名为加密资产和网络部门，以支持加密数字货币法规的执行。SEC 目前管理传统和数字证券的监管框架包括《1933 年证券法》《1934 年证券交易法》《1940 年投资公司法》《1940 年投资顾问法》《2002 年萨班斯-奥克斯利法案》《2010 年多德-弗兰克华尔街改革与消费者保护法》《2012 年美国 JOBS 法案》，以及一些联邦规则和条例来解决某些独特的数字资产特征所产生的具体监管问题。

联邦证券法的注册条款的目的是确保向投资者出售的投资包括所有适当的披露，并受到监管部门的审查，以保护投资者。在 ICO 方面，证券法是主要关注的问题。问题在于 ICO 背后的加密数字货币是否有资格成为豪威测试（HoweyTest）下的证券，豪威测试根据 2019 年 4 月的 SEC 指南审视了四个因素，包括是否有：（1）资金投资；（2）共同企业；（3）对利润的合理预期；以及（4）他人的管理或创业努力。[1]如果被发现是证券，

〔1〕 SEC v. W. J. Howey Co.，328U. S. 293，298-99（1946）.

必须根据 SEC 存档的有效注册声明或豁免注册进行公开募股或出售。ICO 事实上没有被归类为证券发行。然而，SEC 表示，许多 ICO 代币实际上是证券，确定代币出售不涉及证券出售可能具有挑战性。鉴于过去和现任 SEC 主席的态度是“他们看到的任何 ICO 都是证券”，避免违反证券法的最安全方法是，公司要么（i）注册 ICO 并签发招股说明书，要么（ii）向 SEC 公司财务司寻求不采取行动信（NAL），以确认如果公司在没有根据《1933 年证券法》和《1934 年证券交易法》首次注册加密数字货币资产的情况下出售加密数字货币资产，不会采取执法行动。SEC 在 2017 年首次代币发行（ICO）繁荣期间明确了对代币的立场，当时它得出结论，DAO 代币是投资证券。该报告确认，基于分布式账本或区块链技术的证券的发行人必须登记此类证券的发售和销售，除非适用有效的豁免。那些参与未登记发行的人也可能要对违反证券法的行为负责。此外，为这些证券提供交易的证券交易所必须注册，除非它们获得豁免。然而，正如 Telegram ICO 所强调的那样，这种方法存在重大风险。2018 年，Telegram 出售了约 29 亿代币，筹集了超过 17 亿美元的资本。虽然 SEC 声称根据条例 D 豁免注册，但 SEC 提起诉讼，该诉讼于 2020 年 6 月达成了法院批准的和解。根据该解决方案，Telegram 同意向投资者退还 12 亿美元，并支付 1850 万美元的罚款，这表明在 ICO 背景下依赖此类豁免的不确定性。

许多数字资产交易平台正在提供数字资产交易，并称自己为“交易所”。提供数字资产证券交易并作为“交易所”（根据联邦证券法的定义）运作的平台必须向 SEC 注册为国家证券交易所或获得豁免。一些平台被注册为货币传输服务（MTS），而不是受 SEC 监管的国家证券交易所。MTS 是货币传输或支付业务，主要受州而非联邦的监管，尽管它们必须在 FinCEN 注册并面临某些向该办公室报告的要求。由于 MTS 法规在设计时没有考虑数字资产交易活动，一些人认为它们在监管数字资产转移方面是不够的。此外，这些服务可能会引起投资者保护方面的担忧，因为它们没有像国家证券交易所那样受到更严格的监督。这些数字资产交易平台面临着欺诈和操纵的问题。

SEC 对数字资产的普遍共识是，监管监督应与促进金融创新的需要相平衡。数字资产交易所与SEC监管的国家证券交易所之间的差异可能包括透明度、公平和效率。[1]这些是指导国家证券交易所监管的原则，但它们被认为是数字资产交易所所缺乏的。许多数字资产交易所通常允许交易不属于证券的数字资产，因此不受美国证券交易委员会的监管，一些交易所经常夸大交易量或者通过机器人增加交易量以吸引更多的人参与。一项关于比特币交易的研究显示，在数字资产价格和交易量汇总网站上显示的比特币交易量中，有95%是虚假的或非经济性质的。[2]与国家证券交易所的股票不同，数字资产交易所经常面临网络拥堵或交易停止的问题，使人怀疑其是否准备好为不断增长的市场服务。例如，在2021年5月数字资产的快速抛售和恢复期间，多个主要的数字资产交易所报告了技术问题，在交易增加的动荡时期进一步加剧了市场压力。[3]这些市场中断可能产生对投资者保护的担忧，因为投资者无法及时进入和退出他们的投资头寸，或者投资者无法为他们的交易寻求最佳执行，这通常是公平和高效交易系统的共同特征。SEC在2018年对一家未注册的数字资产交易所采取了第一次执法行动，SEC表示，该平台“具有在线国家证券交易所的用户界面和基本功能，需要在美国证券交易委员会注册或获得豁免资格”，但被认为没有这样做。一些较大的数字资产交易所已经开发了一个系统，根据数字资产被定义为证券的概率对其进行评级。[4]这些交易所希望通过这样做可以将基于证券的数字资产从其未注册的交易平台中排除，从而避免受到SEC的

---

〔1〕 参见庞明、张祺浩、王慧：《数字经济背景下我国数字资产估值研究》，载《中国集体经济》2023年第35期。

〔2〕 Bitwise Asset Management, *Presentation to The U.S. Securities and Exchange Commission*, March 19, 2019, available at https://www.sec.gov/comments/sr-nysearca-2019-01/srnysearca201901-5164833-183434.pdf.

〔3〕 Daniel Palmer, Top crypto exchanges see technical issues amid market crash, *Coindesk*, May 19, 2021, available at https://www.coindesk.com/top-crypto-exchanges-see-technical-issues-amid-market-crash; and Robert Hart, Leading crypto exchanges down as bitcoin and ether plummet, *Forbes*, May 19, 2021, available at https://www.forbes.com/sites/roberthart/2021/05/19/leading-crypto-exchanges-down-as-bitcoin-and-ether-plummet.

〔4〕 Dave Michaels, Cryptocurrency exchanges iIncluding coinbase to rate digital assets, *Wall Street Journal*, September 30, 2019, available at https://www.wsj.com/articles/cryptocurrency-exchanges-including-coinbase-to-rate-digital-assets-11569835801.

监管。这一行动是数字资产行业自我监管讨论的一部分，这一讨论的势头越来越猛。一些较大的数字资产交易所（如 Coinbase、Gemini、Bitstamp 和 ItBit）已经获得了纽约州金融服务部颁发的州级监管许可证，如 Bit License。许可证要求包括某些投资者保护、市场欺诈和操纵预防，以及非法活动预防措施。

美国最大的数字资产交易所 Coinbase 于 2021 年 4 月 14 日正式上市。公开上市为 Coinbase 的投资者提供了间接接触加密数字货币行业的机会。例如，该公司的绝大部分收入来自交易费——在 Coinbase 平台上可能发生的加密数字货币交易越多，其收益和股票估值就越高。通过上市，Coinbase 需要遵守 SEC 对公共证券发行的更严格的披露要求。然而，SEC 对公共证券发行人的这种合规要求不同于对国家证券交易所的监管要求。Coinbase 作为一家上市公司，现在提供了更多的信息披露，但这并不意味着 SEC 对 Coinbase 的数字资产交易业务的监督方式与对国家证券交易所的监督方式相似。在采取证券执法行动的同时，SEC 前主席杰伊·克莱顿强调，网络犯罪是 SEC 的重点，监管机构应该共同努力，为这些风险找到解决方案。[1]

尽管 SEC 针对 ICO 采取了多次执法行动，但近年来新型区块链代币不断演变，从分布式金融（DeFi）到非同质化代币（NFT）。对 NFT 市场的监管还没有明确的定义。就像绘画和音乐一般不属于证券一样，类似于传统艺术品特征的 NFT 不太可能成为证券并受到证券监管。但对于更复杂的 NFT 交易来说，这条界限就不那么清晰了。如果 NFT 可以提取收入流，如特许权使用费或股息，它们也有可能被视为证券。然而，在这一点上，SEC 还没有公开承认任何 NFT 是证券并受 SEC 监管。2021 年 4 月，一位行业参与者向 SEC 提交了一份请愿书，建议该委员会启动与 NFT 相关的规则制定。该请愿书建议 SEC 发布一份关于 NFT 监管的概念公告（提前制定

〔1〕 See Chairman Jay Clayton, Remarks on the Establishment of the Task Force on Market Integrity and Consumer Fraud, July 11, 2018, available at https://www.sec.gov/news/speech/task-force-market-integrity-and-consumer-fraud.

规则的通知)，并提出规则以澄清 NFT 何时属于证券。

（三）其他联邦监管机构

FinCEN 是财政部的一个分支，负责保护美国金融系统免受非法使用，并通过战略性地使用金融当局及收集、分析和传播金融情报来促进美国的国家安全。作为 BSA 的管理者，FinCEN 出于反洗钱的目的监管加密数字货币和其他数字资产。FinCEN 使用“可兑换加密数字货币”(Convertible Virtual Currency，CVC）一词来指一种加密数字货币，这种加密数字货币要么（1）与“真实”货币具有同等价值，要么（2）替代“真实”货币。[1]从本质上讲，可兑换加密数字货币是可以兑换为“真实”货币的加密数字货币。可兑换加密数字货币包括大多数加密数字货币（由分散式系统维护并由加密保护的数字资产)，如比特币、以太币和门罗币，以及大多数稳定币（旨在通过将其价值与法定货币等外部参考点挂钩来保持稳定市场价格的数字资产)，如 Tether 和 Dai。然而，他们也指出，具有法定货币地位的数字资产（LTDA)，如中国的数字人民币，不是加密数字货币。随着不良行为者试图将最新的金融科技创新用于非法目的，FinCEN 通过发布指南、建议和其他出版物来回应，澄清 BSA 对新兴商业模式和新事实环境的应用。2013 年 3 月 18 日，FinCEN 通过澄清 BSA 对加密数字货币的“用户”“管理员”“交换商”的适用性，成为第一个发布加密数字货币解释性指南的美国监管机构。该指南指出:“根据 FinCEN 的规定，（i）接受或传送可兑换加密数字货币。或（ii）以任何理由购买或出售可兑换加密数字货币的管理人或兑换商是货币传送者，除非对该定义的限制或豁免适用于该人。加密数字货币衍生品，如 SWAPS、期货、期权和其他提及被视为商品的加密数字货币或加密资产价值的此类合同，将落入《商品交易法》和商品与期货交易委员会的监管。”[2]2019 年 5 月 9 日，FinCEN 发布了关于可兑换加密数字货币的全面指南，该指南合并了 2011 年至 2019 年的相关指

[1] 参见李晓欧:《美国 FinCEN 反洗钱机制及其启示》，载《亚太经济》2014 年第 1 期。

[2] 参见李敏:《数字货币的属性界定：法律和会计交叉研究的视角》，载《法学评论》2021 年第 2 期。

南和行政裁决，并将其对 BSA 的解释适用于涉及可兑换加密数字货币的各种活动。FinCEN 明确表示，它希望加密数字货币交易所遵守“资金移动规则”（Travel Rule），并收集和分享有关加密数字货币交易发起人和受益人的信息。它将加密数字货币交易所置于与传统货币传输机构相同的监管类别中，并适用所有相同的法规，包括《银行保密法》中规定的法规——该法制定了自己版本的《资金移动规则》。2020 年 10 月，FinCEN 发布了一份关于调整《资金移动规则》的拟议规则制定通知（Notice of Proposed Rule making，NPRM），标志着对加密数字货币交易所引入了新的合规责任。该通知要求对其拟议规则发表评论，该规则将对超过某些阈值的交易，对银行和货币服务企业施加更严格的报告和身份验证要求，这些交易涉及非金融机构托管或某些司法管辖区金融机构托管的加密数字货币钱包。虽然该规则将给新兴企业和隐私问题带来行政负担，但 FinCEN 继续表示，关于此事的额外监管可以解决加密数字货币被用于非法目的的潜在用途。[1]根据拟议规则制定通知和 2020 年反洗钱法的规定，银行和货币服务企业（MSBs）将被要求提交报告、保留记录并核实客户的身份，这些交易涉及非金融机构托管的 CVC/LTDA 钱包（也称“非托管钱包”）或 FinCEN 确定的某些司法管辖区的金融机构托管的 CVC/LTDA 钱包超过一定的阈值。这些新要求背后的理由是简单地发现非法活动，如人口贩运、贩毒、逃避制裁、洗钱、投资欺诈、暗杀和武器贩运等邪恶活动。2021 年 10 月 15 日，FinCEN 发布了一份报告，分析了 2021 年前六个月收集的有关勒索软件网络攻击和相关付款的 BSA 数据的趋势。根据该报告，勒索软件攻击的严重性和复杂性正在迅速增加，勒索软件的肇事者正在采取新措施来混淆他们的财务线索并增强他们的匿名性。[2]2021 年 11 月 8 日，FinCEN 发布了最新的勒索软件咨询，为检测、预防和报告与勒索软件攻击相关的可疑交

---

〔1〕 参见姚前、孙浩：《数字稳定代币的试验与启示》，载《中国金融》2018 年第 19 期。

〔2〕 https://www.fincen.gov/sites/default/files/2021-10/Financial%20Trend%20Analysis_ Ransomware%20508%20FINAL.pdf，最后访问日期：2020 年 5 月 1 日。

易提供了具体说明。[1]2022 年，公司应该充分了解勒索软件带来的风险，以及网络攻击或相关交易可能引发的监管义务。[2]

美国国会成立了国会区块链核心小组，处理与数字账本技术和加密数字货币有关的监管和法律。正是该机构在 2018 年 9 月提出了三项立法：支持数字货币和区块链技术法案的决议；分叉资产纳税人的安全港法案以及区块链监管确定性法案。这三项立法试图说服联邦政府对区块链实体进行监督，这些实体可能需要也可能不需要注册为货币传送者。美国国税局（IRS）将加密数字货币定义为“作为交换媒介、账户单位和/或价值储存的数字价值代表”，并发布了相应的税收指南。国税局要求投资者在报税时披露每年的加密数字货币活动。司法部与 SEC、商品交易委员会和其他机构就未来的加密数字货币法规进行协调，以确保有效的消费者保护和更精简的监管。然而，由于新冠疫情阻碍了推进加密数字货币监管的努力(但也增加了紧迫性)，联邦的做法仍然是渐进的。尽管遭遇挫折，但美国立法者热衷于将加密数字货币纳入监管范围，因为他们预计加密数字货币可能会对在全球占主导地位的美元产生不稳定的影响，以及私人和中央银行的货币可能产生的影响。

2022 年 6 月 7 日，怀俄明州 Cynthia Lummis 和纽约州 D-N.Y. 的 Kirsten Gillibrand 提出了《负责任的金融创新法》（RFIA），这是美国第一个建立数字资产监管框架的全面立法提案。具体而言，RFIA 由 70 页的拟议立法组成，涉及税收、证券、商品、消费者保护、支付和银行法，并就联邦机构在考虑数字资产时应如何相互互动提供指导。此外，RFIA 提供了允许发行支付稳定币的规则。根据参议员的说法和 Gillibrand 的声明，RFIA 的目标是“产生更多的灵活性、创新、消费者保护和透明度，同时为不断增长的数字资产行业提供更多的确定性和清晰度”。在宣布拟议 RFIA 的声明中，参议员 Lummis 将该法案描述为“两党框架”，该框架将

〔1〕 https://www.fincen.gov/sites/default/files/advisory/2021-11-08/FinCEN%20Ransomware%20Advisory_FINAL_508_.pdf，最后访问日期：2020 年 5 月 5 日。

〔2〕 https://www.torrestradelaw.com/posts/FinCEN-Crypto-Ransomware-Guidance%3A-Will-2022-Bring-More-Changes%3F/255，最后访问日期：2020 年 5 月 5 日。

“为负责监督数字资产市场的机构创造监管清晰度，为稳定币提供强大、量身定制的监管框架，并将数字资产纳入美国现有的税收和银行法”。

三、美国主要州的监管实践

在美国，既有联邦对加密数字货币的监管，也有州一级的监管。如果说在联邦层面试图为加密数字货币和区块链创造一个更稳定的平台，那么州一级的监管肯定不是这样的，它是多样化的，有时是不一致的。这源于各州对加密数字货币出现的不同态度和反应：一些州没有实施任何针对加密数字货币的法律，而其他州则试图用敌对的立法来拒绝加密数字货币平台，还有一些州比较积极，制定了限制性较低的立法。

（一）纽约州

纽约州的核心区华尔街，被广泛认为是美国的金融中心，甚至可以说是世界金融中心。纽约州金融服务部（NYDFS）监督和监管金融机构的活动，相关数据显示，截至2019年底，这些金融机构的总资产约为7.3万亿美元。对于那些寻求更大信托权力的人来说，有限目的的信托宪章也是一种选择。[1]长期以来，纽约州在金融监管方面一直保持前卫，在其早期参与数字货币监管上也是如此。2011年，州立法机构成立了纽约州金融服务部，以监管某些类型的“发行、银行和金融服务”，并特别关注新形式的金融工具，以保持纽约银行系统的健全和谨慎。纽约州金融服务部在制定有效监管框架的范围方面表现得很早熟。当时，它已经确定，“加密数字货币兑换商可能从事纽约法律定义的货币传输，这是一种由纽约州金融服务部许可和监管的活动”，也得出结论，现有的货币传输业务监管框架没有充分覆盖加密数字货币空间，因此需要Bit License。数字货币许可（Bit License）是美国也是全球首个针对比特币和其他加密数字货币业务公司实行监管的法规，是一种重要的具有多种条款和条件的加密数字货币商业许可证，设定了数字货币使用操作、控制、管理、维护、存储和发行等规

〔1〕 Crypto pedia，“Crypto regulation in New York：a benchmark for progress”，载https://www.gemini.com/cryptopedia/new-york-cryptocurrency-regulations，最后访问日期：2022年5月5日。

则。纽约州金融服务部依此法规颁发的执业许可证仅限纽约州居民和在纽约州经营的公司。Bit License 的核心目标有三个：（1）制定防止洗钱的法规；（2）保护消费者；（3）制定与网络安全有关的规则。[1]

Bit License 要求被许可人在三个方面保障对客户的保护。“（1）以允许的投资形式维持基本资本，（2）维持‘为客户利益在美国的保证金或信托账户’，加密数字货币的‘类型和金额与欠第三人的债务相同’，以及（3）遵守禁止‘出售、转让、借出、抵押、质押或以其他方式使用或抵押资产……’的规定。由被许可人代表另一个人持有、储存或保管或控制的资产”。基于 Bit License 的目的，加密数字货币商业活动的范围被归结为以下五种活动：

（1）接收用于传输的加密数字货币或传输加密数字货币，除非该交易是出于非金融目的，并且不涉及超过名义金额的加密数字货币的转移。

（2）代表他人储存、持有或维持对加密数字货币的保管或控制。

（3）作为客户业务，购买和销售加密数字货币。

（4）作为客户业务执行兑换服务。

（5）控制、管理或发行加密数字货币。

（二）华盛顿州

2014 年 12 月，华盛顿州金融机构部（DFI）在州银行监督员年度会议（CSBS）期间成立了“新兴支付工作组”。2015 年 9 月，该小组发布了一个加密数字货币的示范监管框架。该准则指出：“在与行业参与者、州和联邦监管机构以及其他利益相关者接触后，CSBS 认为涉及第三方控制加密数字货币的活动，包括以传输、交换、持有或以其他方式控制加密数字货币为目的的活动，应受到州政府的许可和监督。”在华盛顿州，交易加密数字货币、加密数字货币或数字资产的企业需要了解可能适用的潜在法规和/或许可要求：

（1）在首次发行代币或代币销售中提供或出售数字资产可能受州和联邦证券法注册要求的约束。

---

〔1〕 Klein J.，“New York just grantedits1 8th Bit License”，*Breakermag*，March 28，2019.

（2）提供或出售作为证券的数字资产的人可能需要获得经纪人、经销商、证券销售人员和/或投资顾问的许可。

（3）经营信息亭或加密数字货币 ATM 的人可能需要获得汇款许可证。

（4）运营加密数字货币兑换平台的人可能需要获得汇款许可证。

（5）提供加密数字货币存储的人可能需要获得汇款许可证。

（6）为商家提供支付处理服务的人如果正在处理加密数字货币，可能需要获得汇款许可证。

2022 年 4 月，华盛顿州通过了《区块链法案 5544》[1]，旨在扩大当地区块链采用。根据该法案，Jay Ins lee 下令成立华盛顿州区块链工作组，该工作组将“研究区块链技术的各种潜在应用”。该工作组将由 7 名政府官员和全州各行业协会的 8 名领导人组成。它将研究区块链技术的实际应用，并在 2023 年 12 月 1 日前向州长提交一份研究结果报告。通过创建华盛顿州区块链工作组，发出了一个明确的信息，即华盛顿州准备开始与私营部门合作，为所有华盛顿州居民、雇主和工人提供技术。[2]

（三）怀俄明州

怀俄明州位于美国西北部，人口约 58 万，是美国各州中最小的州，自 2019 年以来，已成为加密数字货币和数字资产的天堂，在美国所有司法管辖区中处于领先地位，为专注于数字资产（包括 NFT）、加密数字货币、数字证书和其他类似资产类别的投资工具提供明确且有利的法律、监管、税收和投资者隐私保护制度[3]。在这一框架下，怀俄明州为数字资产投资制定了一个真正有利的、最先进的制度。开创性的加密友好怀俄明州立法有几个要素和细微差别，可以分为三个主要部分：首先，该立法为该技术提供了明确的定义，并将基于区块链的资产分为三类不同的个人财产资

[1] https://lawfilesext. leg. wa. gov/biennium/2021-22/Pdf/Bill%20Reports/Senate/5544-S. E%20SBR%20FBR%2022. pdf? q=20220404095020，最后访问日期：2022 年 5 月 5 日。

[2] https://cryptobriefing. com/washington-state-passes-new-blockchain-law/，最后访问日期：2022 年 5 月 5 日。

[3] Neitz，Michele Benedetto，How to Regulate Blockchain's Real-Life Applications：Lessons from the California Blockchain Working Group，*JURIMETRICSJ*. 61（2021）：185-202.

产。其次，该立法建立并承认区块链技术的有限责任公司实体成立，称为分散自治组织（DAO）。最后，它允许特许特殊目的存款银行机构，使银行能够为客户提供定期银行服务及基于区块链的服务。[1]

2019 年，怀俄明州成为第一个颁布区块链授权立法的州，并根据所有州和哥伦比亚特区颁布的《统一商法典》（UCC）第 9 条规定，将加密数字货币和非同质化通证（NFT）等数字资产作为无形财产处理。2021 年，对 2019 年数字资产法规进行了修正，将数字资产定义为以计算机可读格式存储的经济权、所有权或访问权的表示，且是一种数字消费资产、数字证券或加密数字货币。这样一来，怀俄明州承认数字资产是财产——一般的无形财产，并在怀俄明州关于产权、财产保护和执行、销售、租赁、许可、转让，以及其他形式的无形财产可用的任何其他财产处置的一般计划中。2019 年的法案使数字资产财产受《统一商法典》的约束，其中的担保权益可以得到完善，而这在美国其他所有的司法管辖区都是不支持的。2019 年法案对于智能合约的使用也作出了规定，包括有担保的各方在数字资产、算法或由代码控制的自动化交易，如转移或控制数字资产。

2019 年法案确立了数字资产银行托管服务的选择框架和怀俄明州法院对数字资产纠纷的管辖权框架。选择加入银行托管服务可以将怀俄明州 SPV 用作持有区块链数字资产的投资基金工具，使用 NFT 和加密数字货币作为基金资产，怀俄明州境内外的投资者都可以投资。同时，该法案也确立了反洗钱、会计和审计条款。[2]

2019 年法案规定，提供托管服务的怀俄明州银行应与客户就其托管安排的性质达成协议：(1) 托管是一种保释，无论是同质化数字资产还是非同质化数字资产，在这种情况下，银行必须将数字资产与其他资产严格隔离；或 (2) 法定保释，授权银行根据客户指示与数字资产进行交易。此外，银行和其客户必须以书面形式达成协议，明确银行将为每项数字资产

---

〔1〕 Andhov, Alexandra, Wyoming's Wild West Blockchain Lawsanda Start-up Lobby, *Available at SSRN*3898451 (2021).

〔2〕 Bender, John T., State Crypto Regulation: Competing Priorities Shaping Different Outcomes, *Seattle Journal of Technology, Environmental & Innovation Law*12, No. 2 (2022): 1.

使用的源代码版本，以及每项数字资产在《统一商法典》下的处理方式，任何不明确的地方都将以有利于客户的方式解决。还包括代表银行向其客户发出的各种通知要求。最后，2019 年法案授权每个选择加入数字资产托管服务的银行需要设立信托部门来执行这些服务。

2021 年修正案澄清了完善数字资产担保权益的各个方面，明确指出，除其他外，通过控制数字资产可以实现担保权的完善。

第三节　欧盟的监管实践

欧盟毫不掩饰其在全球科技领域蓬勃发展的雄心壮志，特别是在区块链方面。欧盟将区块链、数据基础设施和高性能计算作为其各成员国数十亿欧元技术开发计划的一部分。[1]欧盟希望成为区块链技术的领导者，成为区块链的创新者，成为重要平台、应用和公司的所在地。欧盟认为，分布式账本技术（DLT）的潜在使用案例几乎是无限的，这使得它既非常有前途又具有挑战性，并表示支持区块链和 DLT。欧盟委员会设立了欧洲区块链技术的“黄金标准”，以在其法律和监管框架中拥抱欧洲的价值观和理想。

区块链的“黄金标准”包括：

（1）环境的可持续性。区块链技术应该是可持续的和节能的。

（2）数据保护。区块链技术应该与欧洲强大的数据保护和隐私法规兼容，并在可能的情况下支持这些法规。

（3）数字身份。区块链技术应尊重并加强欧洲不断发展的数字身份框架。这包括与电子签名法规兼容，如 eIDAS，并支持合理、务实的去中心化和自主权身份框架。

（4）网络安全。区块链技术应该能够提供高水平的网络安全。

---

〔1〕 Pascale Davies，“How European governments can benefit from blockchain”，载 https://www.euronews.com/next/2021/09/24/how-european-governments-can-benefit-from-blockchain-and-it-has-nothing-to-do-with-cryptos，最后访问日期：2022 年 4 月 4 日。

（5）互操作性。区块链应该在自身之间，以及与外部世界的传统系统之间具有互操作性。

欧盟机构和一些个别成员方已经发布了可能适用于区块链、加密资产和 ICO 的各种声明、指导和法规。例如，欧洲央行从法律角度不认为加密资产是一种完整的货币或货币形式。欧洲央行将加密数字货币/加密资产定义为价值的数字代表，不是由中央银行、信贷机构或电子货币机构发行的，在某些情况下可被用作货币的替代品。欧洲央行提及加密数字货币计划，以描述价值方面和确保价值可以转移的内在或内置机制。[1]欧洲央行在 2012 年加密数字货币报告中表示，尽管加密数字货币系统在金融创新和为消费者提供额外的支付选择方面有积极意义，但它们显然也带来了风险。欧洲央行在其货币政策和价格稳定及相关议程方面坚持认为，这些风险的实质取决于加密数字货币系统的发行量及其与实体经济的联系。涉及加密数字货币系统事件的发生也可能破坏用户对电子支付工具、电子货币和/或特定支付解决方案的信心。[2]因此，欧洲央行打算继续监测加密数字货币系统中与支付有关的发展。欧洲银行管理局（EBA）在 2013 年首次向消费者发出警告，反对不受监管的资产。2014 年，欧洲银行管理局的立场得到巩固，鼓励政策制定者采取积极的行动。在其意见中，它将加密资产的危险分解为 20 个风险驱动因素，存在 70 个潜在的消费者和机构风险。这些因素包括加密数字货币计划可以被任何实体创建，然后由任何人改变其功能，在比特币等分布式计划的例子中，由任何拥有足够计算能力的人改变；付款人和收款人可以保持匿名；加密数字货币计划不受管辖边界的限制，因此可能破坏金融制裁和资产扣押；或者市场参与者缺乏健全的公司治理安排。欧洲工商管理学院指出，全面解决风险驱动因素的监管方法将需要大量的监管，其中有些部分是未经测试的。除其他要素外，它需要包括对几个市场参与者的治理要求；客户账户的隔离；资本要求；以

〔1〕 Miseviciute, Jurgita, Blockchain and virtual currency regulation in the EU, *Journal of Investment Compliance* 19, No. 3 (2018): 33-38.

〔2〕 Bott, Jürgen, Central bank money and blockchain: a payments perspective, *Journal of Payments Strategy & Systems* 11, No. 2 (2017): 145-157.

及重要的是，设计一个管理当局的计划，对加密数字货币计划及其关键组成部分（包括协议和交易分类账）的完整性负责任。EBA 认为加密数字货币是数字价值的代表，既不是由中央银行或公共当局发行，也不一定附属于法定货币，但被自然人或法人接受为支付手段，可以通过电子方式转移、存储或交易。加密数字货币的潜在好处包括降低交易成本，加快交易速度和金融包容性。[1]但 EBA 也郑重强调，为了减少加密数字货币被滥用于洗钱或资助恐怖主义活动的风险，欧盟和共同立法者应确保主管当局拥有正确的工具，以确保有效监督托管钱包供应商和加密数字货币交易所平台遵守反洗钱/反恐融资义务。由于其跨国性质，成员方和主管当局有必要在欧盟范围内一致对待这些设施的新的反洗钱/反恐融资制度，以符合 EBA 的法定目标之一。

对于 ICO，ESMA 于 2019 年 11 月 13 日发布了两份关于 ICO 的声明，一份是关于 ICO 对投资者的风险，另一份是关于适用于参与 ICO 的公司的规则。ESMA 注意到 ICO 在全球和欧洲的快速增长，担心投资者可能不知道他们在投资 ICO 时承担的高风险。[2]此外，ESMA 还担心参与 ICO 的公司可能会在不遵守相关适用的欧盟法律的情况下开展其活动。ESMA 认为，ICO 是一种利用代币向公众筹集资金的创新方式。ICO 是高度投机性的投资，根据它们的结构，它们可能不属于受监管的领域，在这种情况下，投资者不能受益于受监管的投资所应得的保护。[3]ICO 也很容易受到欺诈或非法活动的影响，因为它们的匿名性和在短时间内获得大笔资金的能力。ESMA 认为，投资者会面临以下的主要风险：

（1）在不受监管的空间内运作的 ICO 很容易受到欺诈或非法活动的

---

〔1〕 Nahorniak, Iryna, Kristina Leonova, and Vladyslava Skorokhod, Cryptocurrency in the context of development of digital single market in European Union, *Inter EU Law East: journal for the international and European law, economics and market integrations* 3, No. 1（2016）: 107-124.

〔2〕 Nestertsova Sobakar, Oleksandra, Vitaliy Prymachenko, et al. Legal app roaches tothere gulation of cryptocurrency and businesse thics of ICO in the European Union, *Journal of Legal, Ethical and Regulatory Issues* 22（2019）: 1-6.

〔3〕 Ferrari, Valeria, There gulation of crypto—assetsintheEU—investment and payment Tokens under the radar, *Maastricht Journal of European and Comparative Law* 27, No. 3（2020）: 325-342.

影响。

（2）损失所有投资资本的风险很高，因为大多数 ICO 是在发展的早期阶段为初创企业推出的，所发行的许多此类硬币和代币除了可以用来获取或使用发行人将要开发的服务/产品，没有内在价值。

（3）在许多情况下，缺乏退出选择和极端的价格波动。

（4）一些 ICO 不附带完整的招股说明书。对于那些有招股说明书的，所提供的信息经过独立验证，可能是不完整的、不平衡的，甚至是误导的。它们往往只关注潜在的利益，而不关注风险。

（5）支持这些代币的 DLT 很大程度上没有经过测试，而且更普遍的是，该技术可能无法快速和安全地运行，特别是在活动高峰期。

同时，欧洲证券协会警告消费者，加密数字货币是高风险和不规范的产品，不适合作为投资、储蓄或退休规划产品。欧洲证券协会对越来越多的消费者在没有意识到其中的风险的情况下购买加密数字货币表示关注：比特币等加密数字货币的价格波动极大，并且已经显示出明显的价格泡沫迹象，购买加密数字货币的消费者应该注意到他们可能失去大部分甚至全部投资资金的高风险。他们指出，加密数字货币和消费者可以交易的交易所不受欧盟法律监管。这意味着购买它们的消费者不能享受到与受监管的金融服务相关的任何保护。[1]例如，如果加密数字货币交易所倒闭或消费者因其账户受到网络安全攻击而被盗，就没有适用的欧盟法律来弥补他们的损失。各种加密数字货币交易所过去曾出现过严重的运营问题，在这种中断期间，消费者无法在需要时购买和出售加密数字货币，并在中断期间因价格剧烈波动而遭受损失。

金融稳定委员会 2019 年 6 月在大阪对 20 国集团成员的简报中重申，欧盟委员会、欧洲银行管理局、欧洲保险和职业养老金管理局，以及欧洲证券管理局是欧盟加密资产的四个监管机构。除此之外，个别成员方正在

〔1〕 Hacker, Philipp, and Chris Thomale, Crypto-securities regulation: ICOs, Token sales and crypto currencies under EU financial law, *European Company and Financial Law Review* 15, No. 4 (2018): 645-696.

通过自己的国内立法来填补欧盟层面存在的空白。这表明，现有的欧盟监管框架引起了欧盟成员方之间解释不一致的风险，并有可能出现监管套利。因此，欧盟委员会的立场是，将对现有立法进行审查并进行可行性研究，以便为欧盟范围内的加密资产监管政策找到一个共同的欧盟方法。这将需要时间，除非有事件或丑闻对加密资产投资者造成严重伤害等压力。所采取的监管立场可能会在对金融科技创新的持续需求和对市场参与者的伤害风险之间达成公正的平衡。它也可能是一个模范的监管标准，就像《通用数据保护条例》（GDPR）中的那种质量，其赢得了世界上许多人的尊重。[1]

第5项反洗钱指令修正后，欧盟对加密数字货币的治理措施已经转化为国家法律。欧盟认为，加密数字货币兴起的一个原因是邪恶用户的进入。加密数字货币，尤其是比特币，其运作方式使其成为洗钱、贩毒和资助恐怖主义的理想选择。这表明，新的法律将需要结束钱包地址的匿名性，并使交易所及其用户对世界更加透明。这种新的法律可能无法解决匿名问题，因为从事避税或犯罪活动的人一般都有权力和影响力，更重要的是，他们可以获得专业的建议。同时，欧盟强调，当局无法充分监测通过加密数字货币进行的可疑交易，无法将交易与确定的人联系起来。第5项反洗钱指令（5AMLD）于2020年1月10日生效，旨在解决自2017年生效的第4项反洗钱指令以来暴露的新问题。这是一项欧盟立法，旨在加强打击洗钱和资助恐怖主义的障碍。该指令指出，新立法部分是对过去几年欧盟成员方，即英国、法国和比利时，发生的恐怖袭击的回应。[2]值得注意的是，5AMLD没有对违规行为的处罚作出任何更改，然而，被该法规捕获的公司/个人的范围已经扩大。新法规提高了金融部门受益所有权的透明度，重点是信托的受益所有权。主管当局（FCA）和专业部门服务提供商（如银行和其他可以证明合法利益的人）将获得公司关于受益所有人的

---

〔1〕 Asghar, Mamoona N., Nadia Kanwal, et al., Visual surveillance within the EU general data protection regulation: a technologyer spective, *IEEE Access* 7 (2019): 111709-111726.

〔2〕 Zvejnieks, Ričards, Ambiguities surrounding the fifthanti-money laundering directive of the European Unioninrelation totrusts (2020).

数据。任何公众都可以访问相同的信息，而无须证明合法利益。作为客户尽职调查过程的一部分，这给全球首选的洗钱方法设置了进一步的障碍。成员方必须发布一份符合“突出公共职能”条件的具体职能清单，以确保对确定潜在PEP的个人进行监测。然后，欧盟将合并成员方的名单，并公布结果，保持个人身份匿名。欧盟目前保持着一份高风险第三国名单，当这些国家与客户做生意时，各方必须采取强化的尽职调查措施。5AMLD带来的更新之一是，任何总部位于高风险国家的客户现在都必须接受强制性的强化尽职调查措施，而“相关人员”必须采取这些措施，这些措施包括获取有关资金来源的信息、背景调查和受益所有权等。成员方还可以阻止公司在高风险第三国开设分支机构或子公司，并防范在高风险第三国开设公司的分支机构或子公司。

欧盟委员会于2020年9月24日提出了MiCA提案。它是更大的数字金融一揽子计划的一部分，该计划旨在制定促进技术发展并确保金融稳定和消费者保护的欧洲方法[1]。除了MiCA提案，该计划包还包含数字金融战略、数字运营复原力法案（DORA）（也将涵盖CASP）和关于批发用途分布式分类账技术（DLT）试点制度的提案。MiCA将通过创建与加密资产相关的发布和提供服务的框架来支持创新和公平竞争。此外，它旨在确保加密资产市场的高度消费者和投资者保护和市场完整性，并解决因在金融市场上广泛使用基于加密资产和分布式分类账技术（DLT）的解决方案而可能产生的金融稳定和货币政策风险。最后，MiCA包括打击市场操纵和防止洗钱、资助恐怖主义和其他犯罪活动的措施。法国经济、财政及工业、数字主权部长Bruno Le Maire指出，这个快速发展的部门的最新发展证实了迫切需要全欧盟范围的监管。MiCA将更好地保护投资这些资产的欧洲人，并防止滥用加密资产，同时有利于创新，以保持欧盟的吸引力。这项具有里程碑意义的法规将确认欧盟作为数字主题标准制定者的作用。[2]

---

〔1〕 Zetzsche, Dirk A., Filippo Annunziata, et al., “The Markets in crypto-assets reregulate (MiCA) and the EU digital finance strategy”, *Capital Markets Law Journal* 16, No. 2, 2021, pp. 203-225.

〔2〕 Huang, Sherena Sheng, “Crypto assets regulation in the UK: an assessment of the regulatory effective eness andconsistency”, *Journal of Financial Regulation and Compliance*, 2021.

第四节 东南亚的监管实践

虽然一些东南亚国家已经禁止加密数字货币，但其他国家已经意识到它们的重要性，并正在实施各种法规。

加密数字货币正在全球迅速蓬勃发展。这些资产的数字性质表明，有必要监管、核实交易并确保其安全。然而，在加密数字货币方面，亚洲国家一直存在分歧。虽然加密活动在东南亚地区相当活跃，但对此类交易几乎没有监管，直到 2017 年，菲律宾中央银行（Bangko Sentralng Pilipinas，BSP）发布了加密数字货币兑换指南。2018 年，泰国证券交易委员会也宣布了有关加密行业的关键法规。此举触发了该地区其他主要监管机构，如印度尼西亚和新加坡，也在 2019 年制定了加密交易规则。

一、泰国

目前，东南亚地区几乎所有国家都开始对监管加密资产交易产生浓厚的兴趣。例如，泰国一直积极主动地抓住机会，成为数字支付市场的积极参与者。因此，2021 年加密账户持有人也从 16 万激增到 70 万。〔1〕根据 2018 年 5 月 14 日生效的《数字资产业务皇家法令》，加密数字货币和其他数字代币被视为数字资产，而不是法定货币。数字资产可以通过数字资产业务运营商发行、交易和交换，这些运营商由泰国证券交易委员会（SEC）通过 2018 年 5 月 14 日生效的《数字资产业务皇家法令》进行管理和许可。

泰国此前曾禁止买卖加密数字货币，尽管这种禁令于 2014 年 2 月 15 日被悄无声息地解除。目前，泰国 SEC 已批准比特币（BTC）、以太坊（ETH）、Ripple（XRP）和 Stellar（XLM）作为可交易加密数字货币，并已批准数字资产交易所、经纪人和经销商为持牌运营商。作为交换，新的和现有的加密基金经理和投资顾问必须从 2021 年 2 月 24 日起申请运营业

〔1〕 参见竹可儿：《加密数字货币价格形成机制及市场溢出效应研究》，浙江大学 2022 年博士学位论文。

务的许可证，尽管当地银行和金融机构仍然被禁止直接与加密数字货币打交道。事实上，2018 年 2 月 12 日，泰国银行（BOT）发布的通知强调了加密数字货币交易和传统银行业务之间的明确界限。同样，每当公司之间发生资金转移时，加密交易所必须立即披露用户信息，特别是与了解客户（KYC）和合适性要求有关的信息。对于 ICO，新发行的数字代币必须得到 SEC 的批准，并附有招股说明书草案，与所有所需材料一起注册，并通过 SEC 授权的门户网站发行。在税收领域，数字资产交换产生的任何收入都受 2018 年《数字资产业务皇家法令》和《税收法修正案》中概述的一般税收原则的约束。[1]一方面，数字资产被视为无形资产，资本收益需缴纳 15%的预扣税，适用于居民和非居民个人。一般来说，个人纳税人必须将此类收入纳入其年度申报表，尽管预扣税将从他们的纳税义务中扣除。另一方面，没有法律规定公司实体进行的数字资产交易的资本收益的预扣税率。2021 年 3 月 19 日，泰国银行（BOT）宣布，它将监管不违法的外币支持、资产支持和算法稳定币。事实上，BOT 目前仍在收到关于此类法规的评论和反馈。相比之下，那些没有资产支持的稳定币将不受监管，使投资者免受任何损失或这些交易的不良行为。另外，BOT 还在开发零售中央银行数字货币（CBDC），以满足公众的需求，提高商业部门的服务效率，并增加获得金融服务的机会。2020 年 7 月 16 日，BOT 进入了 CBDC 开发过程的第三阶段，并已经在使用这种 CBDC 与几家大型企业进行金融交易[2]。从 2021 年 9 月开始，泰国反洗钱办公室（AMLO）将开始要求当地数字交易所通过芯片机器验证客户身份，要求客户在开立新的加密数字货币账户或进行新交易之前亲自到场。对于价值 10 万泰铢或以上的交易，必须记录联系信息、出生日期和居住地，以及身份、职业、工作场所位置及交易人员的姓名和签名的证据。此类客户信息必须保存至少 10 年。专业人士还有义务报告任何可疑交易或价值 200 万泰铢或以上的现金交易。目前，每个

[1] 参见竹可儿：《加密数字货币价格形成机制及市场溢出效应研究》，浙江大学 2022 年博士学位论文。

[2] Cheng Xuejun, "The 'Ternary Paradox' and Risk Governance of Encrypted Digital Currency", China Legal Science, Vol. 11, No. 2., 2023, pp. 96-115.

步骤都以电子方式完成。泰国数字资产运营商贸易协会等组织促进了数字资产中介机构、SEC 和 AMLO 之间关于此类法规的对话。

二、新加坡

过去几年，新加坡对数字资产、加密数字货币和金融科技的监管一直在稳步发展。长期以来，该国一直是世界领先的国家之一，鼓励区块链开发和在有益用例中创新应用加密数字货币。[1]

2019 年，《支付服务法案》（PSA）规定了新加坡虚拟资产服务提供商（VASP）的许可要求。想要参与加密业务的公司需要向新加坡金融管理局（MAS）申请，只有在获得许可后才能运营业务。它们的主要地点必须位于新加坡，并符合反洗钱/打击资助恐怖主义的要求。新加坡是另一个接受加密市场并正在实施框架的东南亚国家。目前，新加坡有 230 多个本土区块链组织。[2]2020 年初，《支付服务法案》（PSA）规定了一项法律，要求实体拥有处理任何加密交易、存储或交易所的许可证。为了跟上加密数字货币行业的激增，并符合国际标准，新加坡金融管理局（MAS）修订了 PSA，以减轻财务威胁。[3]

2020 年 1 月，《支付服务法案》（PSA）生效，以规范传统货币和加密数字货币支付和交易所。引入 PSA 的目的是通过一项立法简化支付服务，并通过采用模块化监管制度，根据此类活动带来的风险调整法规。PSA 为在新加坡经营加密数字货币业务的许可证提供了一个框架，并概述了加密数字货币运营商要遵守的洗钱合规性。

（1）数字支付代币：PSA 使用“数字支付令牌”一词来指代加密数字货币，并将其定义为任何数字价值表示。

（2）许可证：任何从事数字支付令牌服务的人都必须获得支付机构许

---

〔1〕 Julia, Shabatuk, “Prospects for the development of crypto currency regulation in Singapore”, *Review of Businessand Economics Studies*2 (2019): 48-52.

〔2〕 Afzal, Ayesha, and Aiman Asif, “Crypto currencies, blockchain and regulation: are view”, *The Lahore Journal of Economics* 24, No. 1 (2019): 103-130.

〔3〕 参见于程远：《论民法典中区块链虚拟代币交易的性质》，载《东方法学》2021 年第 4 期。

可证，除非适用豁免。标准支付机构许可证适用于每月支付交易不超过300万美元的公司，每月支付交易超过300万美元的公司必须获得主要支付机构许可证。这两种许可证的申请必须由在新加坡或海外注册的公司提出，其永久营业地或注册办事处位于新加坡，并且至少有一名执行董事是新加坡公民或永久居民，或属于MAS规定的一类人。

（3）反洗钱（AML）/打击资助恐怖主义（CFT）：MAS制定了强有力的反洗钱和打击资助恐怖主义行为（AML/CFT）控制措施，以检测和阻止资金通过数字支付代币（DPT）活动在新加坡的非法流动。根据该通知，DPT服务提供商必须建立强有力的控制措施，以发现和完善洗钱和资助恐怖主义行为。

2020年7月，新加坡金融管理局提议引入综合法案（OA）来管理新加坡的金融行业，其中包括加密数字货币行业。根据拟议的OA，在新加坡创建但在新加坡以外提供服务的虚拟资产服务提供商（VASP）将受到监管。VASP将被要求获得许可，并遵守持续的要求，如任命一名常驻执行董事，成为一家新加坡注册公司，并在该国拥有永久营业场所。VASP也将受到反洗钱/打击恐怖主义要求的约束。

2021年1月4日，新加坡金融管理局对《支付服务法案》进行了进一步修订，以跟上国际标准的变化，并更好地减轻洗钱和恐怖主义融资风险。新的修订案扩大了DPT服务提供商的定义，包括DPT的转移，为DPT提供保管钱包服务，以及在DPT服务提供商不拥有资金或DPT的情况下促进DPT的交换。修订后的《支付服务法案》赋予新加坡金融管理局监管DPT服务提供商的权力，如要求他们确保客户资产的安全保存。

如果DPT构成资本市场产品，《证券与期货法》（SFA）也适用于这些产品。根据《证券与期货法》规定，这些产品包括证券、集体投资计划的单位、衍生品合同和用于杠杆外汇交易的现货外汇合同。任何构成资本市场产品的DPT要约都需要根据SFA编制招股说明书，并在新加坡金融管理局注册。寻求建立或经营DPT交易所的实体通常还需要获得核准交易所和/或资本市场服务许可证持有人的许可。

第五节　哈萨克斯坦等新兴矿场国家的监管实践

近年来，哈萨克斯坦已成为加密数字货币总业务的全球领导者之一。上升的原因之一是政府激励加密数字货币矿工在哈萨克斯坦开展业务的政策。研究称，哈萨克斯坦境内的采矿作业数量将大幅增加。据数字发展部长称，已经达成初步协议，将加密数字货币采矿投资增加约 1.9 亿美元。[1]此外，政府官员认为，到 2023 年，加密数字货币投资将增加 7.38 亿美元。按照本地政府的说法，加密数字货币挖矿对本国有三大好处。首先，这项投资将为哈萨克斯坦公民提供就业机会。其次，加密数字货币挖矿业务按 15%的税率征税，因此，吸引加密数字货币采矿业务到哈萨克斯坦将增加政府的应纳税收入总额。最后，这些挖坑作业将有助于哈萨克斯坦经济多样化，哈萨克斯坦目前主要依赖石油。出于这些原因，政府实施了宽松的挖矿业务政策。

哈萨克斯坦为采矿作业提供了有利的法律环境。2020 年 12 月，政府正式将境内加密数字货币开采合法化。2021 年 5 月 6 日，哈萨克斯坦国家银行宣布计划发行“数字坚戈”，这是他们自己版本的 CBCD。出于这些原因，哈萨克斯坦提供了建立数字货币挖矿业务的有利法律环境。

第六节　总　结

随着技术的更迭和采用的步伐进一步加快，数字货币不仅作为促进点对点支付或投机交易的手段，更是作为加快跨境支付、对冲货币和规避通货膨胀风险，以及存储财富的非常有用的工具。截至 2021 年 2 月，目前市场上交易的约 2500 种加密数字货币价值超过 252.5 万亿美元。比特币是最受欢迎的加密数字货币，目前市值超过 6000 亿美元，比 2013 年的 10 亿美

〔1〕 参见李婷：《论加密数字货币的法律和金融风险及应对态度》，载《现代商业》2022 年第 26 期。

元市值增加了600%。随着新数字货币的继续出现，加密数字货币变得更加主流，不仅可以随着技术的发展不断走向成熟，还可以预测利益相关者和全球金融体系的潜在风险。一个流行的思想流派是，法律应该以不扼杀其增长的方式实现这一目标，同时为金融体系提供足够的保护和稳定。[1]在过去的几年里，我们看到加密数字货币从基本上不受监管或不被承认逐渐转变为被视为受监管的商品、资产或证券。随着加密活动的增多，相关监管活动也将得到加强，以确保所有利益攸关方和全球金融体系的竞争利益得到充分平衡和保障。同时，由于数字资产行业本身的发展和监管机构经验的积累，监管趋于规范。

一、积极拥抱区块链技术仍是主流

区块链由于其特性，引起了世界主要国家和经济体的普遍关注。各国积极开展区块链技术研发以及应用探索，对其在实体经济领域应用普遍采取支持的态度，并出台扶持性政策促进技术的研发和应用。目的是在快速发展的科技创新和已有监管要求之间达到平衡，以鼓励创新和缓释风险。英国、新加坡等国对金融科技进行创新和应用，包括数字资产领域秉持较为开放的态度。英国金融监管局（FCA）首创“监管沙盒”机制，为金融创新，包括加密领域的创新提供试错空间。2017年9月13日，FCA将ICO纳入其中。截至目前，FCA的沙盒计划中涉及加密资产技术的项目约占40%。新加坡金融管理局（MAS）于2017年初开放面向金融科技领域的沙盒监管测试。任何金融科技公司均可申请进入监管沙盒，区块链企业是其中之一。MAS会根据所试验的金融服务、所涉及的申请人和所提出的申请，决定具体的法律和监管规定，针对个案适当放宽监管要求。2019年，土耳其发布了2023年数字战略，计划在云计算、物联网（IoT）和开源项目中建立“国家区块链基础设施”，该计划还包括试点的测试环境和允许项目成长的监管沙盒。[2]除了英国、新加坡、加拿大、日本等，更多的国

〔1〕 参见张培培：《加密货币的乌托邦理想》，载《宁夏社会科学》2020年第5期。
〔2〕 参见杨延超：《论数字货币的法律属性》，载《中国社会科学》2020年第1期。

家和地区开始推行沙盒制度。部分对区块链持谨慎和观望态度的国家和地区也开始尝试创建沙盒进行试点，如俄罗斯曾严令禁止加密数字货币交易，现在俄罗斯经济发展部正在起草法案，计划创建区块链的监管沙盒以支持区块链技术和商业创新探索。

二、对数字货币的监管体系更加完善

区块链技术严重缺乏监管清晰度，这是其被更广泛采用的重大障碍。法规很难跟上技术的进步，区块链尤其如此。许多国家已采取措施以某种方式监管区块链，但他们不同的方法使区块链公司感到困惑。区块链的几个领域，如数字货币、智能合同，需要监管支持来促进采用。加密数字货币的增长是全球性的——包括美国、英国、德国、澳大利亚、日本等国，现在成为数字资产交易所的主要枢纽。数字资产监管已成为全球监管机构的重点。例如，2021 年 6 月 10 日，巴塞尔银行监管委员会（BCBS）发布了关于处理数字资产风险敞口的初步提案的公开咨询。该提案涵盖各种主题，包括分类、资本和流动性要求、监管审查和金融机构的披露要求。根据这些建议，银行必须留出足够的资本来弥补任何数字资产的损失。目前，部分国家允许数字资产发行使用、交易流通。允许数字资产发行使用、交易流通的国家地区和经济体，出于投资者保护、风险防范、反洗钱和反恐怖组织融资的顾虑，对数字货币普遍采取较为审慎的监管态度，少数持较为开放的态度，探索相对领先，如美国、加拿大、墨西哥、巴西、英国、荷兰、法国、瑞士、德国、西班牙、意大利、日本、韩国、泰国、新加坡、印度尼西亚、澳大利亚、新西兰允许数字货币的发行和使用。通常对证券属性的通证发行采取较为审慎的监管，对非证券型通证的监管则较为宽松。随着数字资产行业本身的发展和监管机构经验的积累，监管趋于规范。

三、区块链标准不断设立和完善

标准对行业规模化、产业化发展有重要的规范和指导意义。缺乏互操作性、安全性和协作模型等技术和治理问题阻碍了区块链的采用。国际标准组织关注区块链或分布式账本领域的标准制定，纷纷成立工作组开展基础标准及应用标准的制定工作。2019 年，国际标准化组织（ISO）成立了区块链和分布式记账技术委员会，并启动参考架构、用例、安全、身份、智能合约等系列标准的制定。目前已经发布了有关隐私和个人信息保护、智能合约交互方面的两项标准，尚有数个标准在制定中。世界经济论坛和全球区块链商业理事会在 2020 年绘制全球区块链技术标准，主要发现标准缺乏清晰度，因为术语仍然不一致，区块链标准的范围也不明确，标准制定领域存在重大差距和重叠，以及各属性之间的不一致。显然，区块链的标准制定举措正处于早期阶段，该技术的发展速度比标准化框架快。国际标准化组织均已开展区块链和分布式账本技术的标准制定工作，以规范和引领技术发展。行业自律组织主要关注投资者保护、反洗钱反恐怖组织融资、金融稳定性等，在技术应用分析、监管经验分享等方面积极开展工作，并通过制定加密资产行业行为准则、发布监管指导意见等来促进行业自律。

四、数据隐私的监管成为新的监管趋势

区块链像大多数自动化流程一样由数据驱动。例如，用于付款的区块链平台将维护每个参与者进行的每笔交易的完整列表。它引发了有关数据隐私、歧视和排斥的监管担忧。要使区块链被广泛采用，它必须被视为一种值得信赖的替代品。信任需要清晰的沟通和强有力的数据隐私规则的实施。以欧盟为例，欧盟向来十分重视个人信息和隐私保护，于 2018 年 5 月 25 日出台《通用数据保护条例》（GDPR），旨在加强和统一欧盟境内的个人数据保护。2019 年 11 月，法国针对数字资产服务提供商（DASP）提出新的许可规则要求，DASP 除满足反洗钱和反恐怖组织融资要求外，还需具备网络安全计划和措施，符合欧盟数据隐私法。获得许可后，DASP 必须进行定期的技术审核，以确保其网络安全始终保持最新状态。2020 年 2 月，欧盟委员会广泛收集欧盟公民、企业、监管机构和其他有关方面的反馈意见，以建立针对欧盟范围内加密资产和市场的监管框架。可以预见，随着欧盟范围内加密资产和市场的监管框架的建立，欧盟内的跨境联合监管将逐渐形成。欧盟 GDPR 的相关要求也将对加密行业施加约束和影响。企业需同时兼顾监管的 KYC 要求和隐私保护约束。

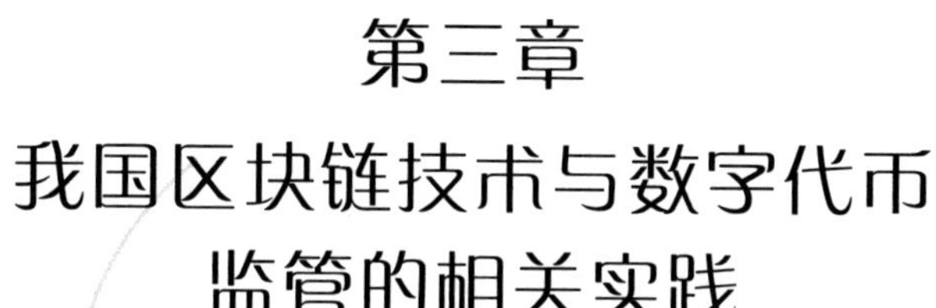

第三章 我国区块链技术与数字代币监管的相关实践

第一节　我国区块链技术的监管现状

一、区块链技术的监管规范及政策梳理

自2008年中本聪发布《比特币：一种点对点的电子现金系统》以来，比特币所采用的区块链底层技术已经发展十余年。我国对于区块链技术亦十分重视。自2016年起，区块链便频繁出现在我国相关的政策文件中，数量较多且体系复杂。下文将以时间为轴，列举重要的中央层面及地方层面涉及区块链技术的监管政策文件。

（一）中央政府层面

2016年12月，国务院印发《“十三五”国家信息化规划》，这也是“区块链”一词首次出现在中央的政策文件中，其中提到：“加强量子通信、未来网络、类脑计算、人工智能、全息显示、虚拟现实、大数据认知分析、新型非易失性存储、无人驾驶交通工具、区块链、基因编辑等新技术基础研发和前沿布局，构筑新赛场先发主导优势。”该政策将区块链视为新兴技术，也明确要加强对于区块链技术的研究与前沿布局。

随着对于发展区块链技术的政策定调。2017年1月，国务院办公厅发布《关于创新管理优化服务培育壮大经济发展新动能加快新旧动能接续转换的意见》，其中提到，在区块链等交叉融合领域，构建若干产业创新中心和创新网络。建成一批具有国际水平、突出学科交叉和协同创新的科研基地，着力推动跨界融合的颠覆性创新活动。

2017年1月，商务部发布《关于进一步推进国家电子商务示范基地建设工作的指导意见》，提出推动示范基地创业孵化与科研院所技术成果转化有效结合，促进区块链等技术创新应用。商务部、国家发展改革委、国土资源部、交通运输部、国家邮政局共同发布《商贸物流发展“十三五”规划》，从区块链技术应用的角度，提出探索区块链技术在商贸物流领域的应用，大力发展智慧物流。

此后，“区块链”开始频繁出现于国务院及各部门及其他相关部门，以的政策性文件中。

2017 年 7 月，国务院印发《新一代人工智能发展规划》，强调促进区块链技术与人工智能的融合，建立新型社会信用体系，最大限度降低人机交往成本和风险。

2017 年 8 月，国务院发布《关于进一步扩大和升级信息消费持续释放内需潜力的指导意见》，提出鼓励利用开源代码开发个性化软件，开展基于区块链、人工智能等新技术的试点应用。

2017 年 10 月，国务院办公厅发布《关于积极推进供应链创新与应用的指导意见》，提出研究利用区块链、人工智能等新兴技术，建立基于供应链的信用评价机制。

2018 年 1 月，国家知识产权局印发《知识产权重点支持产业目录（2018 年本）》，将区块链产业列为国家重点发展和亟需知识产权支持的重点产业。

2018 年 2 月，工信部办公厅发布《关于组织开展信息消费试点示范项目申报工作的通知》，提出支持多式联运综合物流的创新应用，积极探索利用区块链技术开展物流信息全程监测，推进物流业信息消费降本增效。

2018 年 4 月，教育部公布《教育信息化 2.0 行动计划》，其中提到，积极探索基于区块链、大数据等新技术的智能学习效果记录、转移、交换、认证等有效方式，形成泛在化、智能化学习体系，推进信息技术和智能技术深度融入教育教学全过程，打造教育发展国际竞争新增长极。

可以认为，2017 年及 2018 年，在政策层面，区块链技术引起了越来越多的重视。无论是从区块链技术本身的研究发展，还是对于区块链产业的扶持，抑或对于区块链应用的规划展望，充分体现了我国对于区块链发展的重视及鼓励态度。2018 年后，区块链依旧活跃于中央及各部委发布的政策文件中，各项政策从人才培育、市场规划、技术研发等不同角度提出了对区块链技术及区块链技术产业发展的规划与扶持。而其中所涉及的应用场景包括但不限于金融、农业、物联网、供应链、司法存证、数字化政府等。

与此同时，随着政策对市场发展的不断鼓励，2018 年后，对于区块链技术及应用的管理的政策或制度也逐步出台。

2018 年 8 月，银保监会、中央网信办、公安部、中国人民银行、国家市场监管总局发布《关于防范以“虚拟货币”“区块链”名义进行非法集资的风险提示》，明确表示：“一些不法分子打着‘金融创新’‘区块链’的旗号，通过发行所谓‘虚拟货币’‘虚拟资产’‘数字资产’等方式吸收资金，侵害公众合法权益。此类活动并非真正基于区块链技术，而是炒作区块链概念行非法集资、传销、诈骗之实。”虽然，本次规定并非针对区块链技术及应用而言，但也对市场上的各类区块链项目的乱象敲响警钟。

2019 年 1 月，国家互联网信息办公室发布《区块链信息服务管理规定》，本次规定首次清晰地提出了对于区块链技术的管理规定，其中提到区块链信息服务提供者和使用者不得利用区块链信息服务从事危害国家安全、扰乱社会秩序、侵犯他人合法权益等法律行政法规禁止的活动。

2020 年及 2021 年，我国对于区块链技术及应用在政策上的鼓励与支持并未中断，且随着 2019 年区块链产业渐有雏形，我国对区块链的支持力度也不断加大。与此同时，对于区块链技术应用的管理亦在积极探索。

2020 年 4 月，教育部印发《高等学校区块链技术创新行动计划》，提出区块链技术的集成应用在全球范围内呈现强劲发展势头，在新的技术革命和产业变革中起着重要作用，将在建设网络强国、发展数字经济、助力经济社会发展等方面发挥更大作用。

2020 年 4 月，交通运输部办公厅发布《关于充分发挥全国道路货运车辆公共监管与服务平台作用支撑行业高质量发展的意见》，提出应用大数据、云计算、区块链、人工智能等现代信息技术，通过与全国道路运输市场信用信息管理系统、部省两级网络货运信息监测系统等其他信息系统的对接和数据闭合分析，为交通运输主管部门业务办理、科学决策和研究分析提供数据支撑。

2020 年 7 月，中国人民银行发布《关于发布金融行业标准推动区块链技术规范应用的通知》及《区块链技术金融应用评估规则》（JR/T 0193—2020）。从基本要求、性能、安全性等方面为区块链技术金融应用提供客观、公正、可实施的评估规则，保障区块链金融设施与应用的安全稳定运行，促进区块链金融应用健康有序发展。

2020 年 11 月，司法部发布《关于进一步深化改革强化监管提高司法鉴定质量和公信力的意见》，提出探索区块链等新技术应用，研发运用案件可查重、可追溯功能，加强数据分析，强化核查比对，防范多头、重复和虚假鉴定发生。

2021 年 3 月，十三届全国人大四次会议表决通过《中华人民共和国国民经济和社会发展第十四个五年规划和 2035 年远景目标纲要》，明确“培育壮大人工智能、大数据、区块链、云计算、网络安全等新兴数字产业，提升通信设备、核心电子元器件、关键软件等产业水平”。

2022 年 4 月，国务院办公厅印发《国务院办公厅关于印发“十四五”国民健康规划的通知》，提到要推广应用人工智能、大数据、第五代移动通信（5G）、区块链、物联网等新兴信息技术，实现智能医疗服务、个人健康实时监测与评估、疾病预警、慢病筛查等。

2023 年 11 月，国家发展改革委等部门发布《关于加快建立产品碳足迹管理体系的意见》，提出要将创新作为提高碳足迹管理水平的关键，强化碳足迹核算和数据库构建相关技术方法的原始创新集成创新和消化吸收再创新，引导碳足迹管理与大数据、区块链、物联网等技术交叉融合。

2023 年 12 月，工信部等三部门印发《区块链和分布式记账技术标准体系建设指南》，提出到 2025 年，初步形成支撑区块链发展的标准体系。建立标准体系建设和标准研制的总体规则，重点面向基础共性、应用和服务等标准化领域，制定 30 项以上区块链相关标准，基本满足我国区块链标准化需求。

简言之，在中央层面，我国对于区块链技术及应用以鼓励与扶持为主，同时也逐步开始重视对于区块链应用层面的监管。

（二）地方层面

在中央政策的刺激之下，我国省级政府在 2017 年至 2021 年也开始密集地制定区块链产业发展政策与发展规划。特别是 2020 年，已有 26 个省、自治区、直辖市在其政府工作报告中提及区块链。[1]

2017 年 12 月，江苏省苏州市高铁新城发布 9 条区块链扶持政策，向社会开放首批 15 个区块链应用场景，并发布 9 条扶持政策，吸引区块链企业和人才落户。

2018 年 2 月，河北省人民政府印发《关于加快推进工业转型升级建设现代化工业体系的指导意见》，提出将积极培育发展区块链等未来产业。

2018 年 10 月，中关村管委会、北京市金融工作局和北京市科学技术委员会联合印发《北京市促进金融科技发展规划（2018 年—2022 年）》，将区块链技术纳入北京金融科技发展规划的范畴。

2018 年 11 月，福建省人民政府办公厅印发《福建省口岸通关进一步提效降费促进跨境贸易便利化实施方案》，其中提到，应用区块链技术，实现主要国际贸易环节、主要运输工具，主要进出口商品“全覆盖”，实现一点接入、一次提交、一次查验、一键跟踪和一站办理。

2020 年 5 月，海南省工信厅印发《海南省关于加快区块链产业发展的若干政策措施》，提出，为加快推动区块链技术和产业创新发展，加快建设海南自贸区（港）区块链试验区，培育打造“链上海南”区块链产业生态，制定十项政策措施。

2020 年 7 月，上海市杨浦区人民政府印发《杨浦区推进区块链产业升级发展政策》，从人才培育、园区支持及项目资金支持等方面落实对区块链产业发展支持。

从具体内容来看，各省市区块链专项政策多在中央政策的方向上继续强调了区块链的创新及技术突破的任务，通过各项扶持机制推动发展。与此同时，地方政策中同样重视区块链技术的应用场景，提出了许多区块链技术在政策工作中的应用。

---

〔1〕 参见零壹智库：《中国区块链产业全景报告（2021）》。

二、区块链技术监管的核心内涵

（一）鼓励扶持技术发展及应用

技术发展是新时代最有效的生产力要素，而区块链技术作为数字经济时代重要的技术基础，对于社会的进步与发展有着积极的作用。总体而言，我国对区块链技术本身的监管始终保持鼓励发展、促进实践的积极态度，该积极态度不仅表现在对技术发展本身的扶持，还体现在对于技术应用的支持。[1]

首先，关于技术发展。通常情况下，技术发展是一项推动社会发展的积极活动，具有社会效益，能够引领社会进步[2]。我国对于技术发展向来保持积极的态度。因此，当讨论技术发展的监管时，实际所关注的是在技术研究的行为及内容不涉及公共安全及社会伦理道德的前提下，政策对其的重视态度。如上文所述，区块链本质上是数据管理的计算机信息技术，其技术本身并不涉及公共安全，也不存在如基因技术研究等社会伦理道德的边界问题。从政策文件中可以看出，我国对于区块链技术相当重视。区块链技术作为信息化时代下重要的技术领域，无论是在国际竞争的大环境下，还是对于社会的变革都起着积极的重要作用。政策文件中多次将区块链技术作为数字技术的发展对象，与人工智能、大数据等并列出现，强调了要发展区块链技术，推进技术研究。2020 年 4 月 20 日，国家发展改革委召开例行在线新闻发布会，第一次正式地将区块链列为我国“新基建”中的信息基础设施，足见我国对于区块链技术发展的重视。

其次，对于技术应用。技术应用是指某项技术实际被用于或辅助具体的社会活动。例如，二维码技术在用户支付中的应用。大数据技术在广告推送中的应用等。相较于技术研究，技术应用的监管需考察的要素更多，分析的维度亦更为广泛，包括允许应用的场景，具体应用中的限制，以及

---

〔1〕 参见工业和信息化部信息技术发展司：《〈关于加快推动区块链技术应用和产业发展的指导意见〉解读》，载《中国信息化》2021 年第 7 期。

〔2〕 参见许逸颖：《科技价值观的变迁与社会发展》，陕西师范大学 2020 年博士学位论文。

应用过程存在的规范要求。目前，我国并未形成体系性的区块链技术应用的顶层设计，但已开始积极地推动区块链技术在各个领域的应用。在政策文件中便频繁提及并强调通过“区块链+”扩宽应用领域，尤其重视区块链技术与金融、供应链、跨境电商、物流、公益、农业、政务等各行业或领域的落实。简言之，我国鼓励且希望区块链技术能够“发芽”，在各个市场活动中发挥其技术优势，提高效率。

我国对于区块链技术的鼓励与支持不仅体现在政策层面积极的示好信号，还确切地表现在对于区块链产业的扶持上。实践中，我国正大力扶持发展区块链产业及合法合规的区块链项目。而这类扶持政策在不同的地区有着不同的倾向性。例如，2020 年 5 月，海南省工信厅印发《海南省关于加快区块链产业发展的若干政策措施》，强调打造“链上海南”区块链产业生态，并制定了设立区块链产业基金、推广旅游消费区块链积分等十项扶持性政策措施。再如，2020 年 7 月，上海市杨浦区人民政府发布《杨浦区推进区块链产业升级发展政策》，从人才培育、园区支持及项目资金支持等方面落实对于区块链产业发展支持。可以看到，在中央层面明确鼓励发展区块链产业的号召下，地方对于区块链产业的扶持也迸发了十足的热情，对于区块链技术本身亦是鼓励大于约束。

究其本质，我国对于区块链技术的鼓励态度有外部驱动力及内部驱动力。其一，在激烈的国际竞争环境中，把握技术迭代的趋势，取得技术标准的话语权，占领技术创新高地是我国必然需要积极争取的。虽然，区块链因比特币的技术基础被大众熟悉，但随着技术的发展，区块链的社会价值被逐步挖掘，焕发了新的迭代动力，也因此成为当前数字技术竞争的重要场域〔1〕。这是我国发展区块链技术及应用的外部驱动力。其二，从整体的社会产业结构及社会对于信息技术的需求来看，发展区块链技术能够有效促进社会进步，带来产业升级，一定程度上推动社会生产力的变

〔1〕 参见邝劲松、彭文斌：《区块链技术驱动数字经济发展：理论逻辑与战略取向》，载《社会科学》2020 年第 9 期。

革。[1]换言之，区块链技术对于加快社会效率，推动社会生产力发展有着重要的意义，这是我国发展区块链技术及应用的内部驱动力。

（二）逐步重视区块链技术应用的管理监督

任何技术的有效发展及应用除了积极的鼓励与扶持，还需要正确的引导与规范。区块链技术在短短十来年的发展历程中，吸引着大量的民间资本及政府的关注。可以认为，区块链技术的发展伴随不停迭代的应用场景及保持克制的政府监管。无论基于何种定义，区块链作为新兴技术，其革新性的技术特点及去中心化的技术伦理，在带来发展的同时，也潜藏着许多应用风险。因此，对区块链技术进行合理的监管是有必要性的。

一方面，去中心化是区块链重要的技术特征，而去中心化在带来其技术优势的同时，还面临着如何监管的难题。不仅相应的法律主体难以明确，而且去中心化本质上对于监管的排斥也增加了相应的风险。另一方面，区块链作为信息管理系统，其多数应用场景是基于数据或信息的确认、存储及交互来完成的。因此，在应用区块链技术的同时，不可避免地需要考虑链上信息或数据的安全及相应权益的保护。[2]此外，在区块链产业尚未成熟的当下，进行技术应用时，技术本身是否符合规范要求也是应当谨慎对待的。因此，在明确政策上对区块链的积极态度的同时，也应该注意到对区块链技术的管理性监管的重要性。当然，所谓对区块链技术的管理监管，实际是对其应用的约束性规范，包括应用场景的约束、应用技术的标准，以及其他必要性管理规则等。

基于上述原因，我国在积极支持鼓励区块链技术发展的背景下，也渐渐重视对区块链应用的管理与规范，这也成为区块链技术监管的另一个面向。2015年以来，我国工信部便多次表示，探索并建立区块链技术的标准化与统一化。然而，区块链技术监管体系的建成并非一朝一夕可以完成的，目前为止，我国的区块链监管体系尚在积极探索阶段。一方面，对于

---

〔1〕 参见赵刚：《区块链——价值互联网的基石》，电子工业出版社2016年版，第188页。

〔2〕 参见王慧等：《区块链隐私保护和扩容关键技术研究》，载《西安电子科技大学学报》2020年第5期。

区块链技术的管理规范散见于具体领域的相关监管要求之中。例如，2019年1月，国家互联网信息办公室公布《区块链信息服务管理规定》，明确提出中国境内从事区块链信息服务应当遵守本规定。同时，该规定亦鼓励区块链行业组织加强行业自律，建立健全行业自律制度和行业准则，指导区块链信息服务提供者建立健全服务规范，推动行业信用评价体系建设，督促区块链信息服务提供者依法提供服务、接受社会监督，提高区块链信息服务从业人员的职业素养，促进行业健康有序发展。另一方面，在地方层面及具体的行业领域中，我国正逐步以制定标准的形式，探索对区块链技术及行业的规范管理。例如，金融行业有《区块链技术金融应用评估规则》(JR/T 0193—2020)，陕西省出台了《区块链安全评测 指标体系》(DB61/T 1283—2019）等。此类行业标准或地方标准从一定程度上形成了对区块链技术的管理依据。当然，由于此类标准提供的更多是自主性约束以及作为法律规范的解释依据，不具有法律规范的强制性约束，因此在实务领域的适用上还存在一定的争议。简言之，目前对于区块链技术的管理规则尚未形成体系性的制度，各地正逐步通过制定标准的方式尝试区块链技术的规范化监管，在一定程度上促进区块链产业健康有序发展，加强区块链产业的标准化和合规化。〔1〕

总体而言，我国已重视并逐步探索对区块链应用的管理，但目前尚未形成体系性的规范，有待进一步的立法更新，弥补区块链应用监管的空缺。

三、区块链技术的监管趋势判断

（一）区块链应用规范及标准化体系建设将是重点

经历了近几年区块链政策的高频发布，全国从中央到地方各重点省市都已明确了区块链建设的发展方式及政策导向。因此，在接下来的时间内，区块链相关鼓励政策以及扶持政策的发布将会有所减缓。当然，这并

〔1〕参见江涛等：《基于区块链技术的产品标准链架构研究》，载《科技管理研究》2022年第17期。

不意味着区块链的热度与国家对区块链的重视程度将会下降，相反，产业热度及重要性将依旧保持较高水平。

与此同时，随着区块链产业逐步发展成熟，我国今后必然需要对区块链产业进行规范化、标准化管理。这也就意味着，制定区块链应用的合规标准，进行区块链应用的规范化引导将是此后区块链政策中的重要内容。如上文所述，我国2016年便已明确开始进行区块链应用管理规范及标准化体系的建立。2016年12月，国务院印发《"十三五"国家信息化规划的通知》，其中便表示将积极构建完善区块链标准体系，加快推动重点标准研制和应用推广，逐步构建完善的标准体系。但近年来，我国该类监管制度的建设步伐与快速发展的区块链行业相比，显得更为缓慢，致使存在一定的监管空区。在制度层面，仅明确有区块链项目的备案管理，但对于区块链应用过程中的场景约束、技术安全标准、区块链社区治理要求等均未有明确。因而，区块链应用的管理及标准化体系的建设必然成为未来区块链监管的重点工作。

简言之，目前，我国区块链应用管理及技术标准化的工作刚刚起步。基于区块链产业的快速发展及管理需求的不断加大，未来在区块链应用管理及标准化方面的工作将会有所提速，对应的监管力度将进一步加强。

（二）进一步加强区块链与实体经济的融合

秉持鼓励区块链技术研究，推动区块链技术应用落地的态度，我国将进一步加强区块链与实体经济的融合。

中国信通院《区块链白皮书（2021年）》中对区块链应用发展趋势的总结："一方面，区块链应用场景正在实体经济、公共服务等行业的传统细分领域不断扩展，呈现新型水平化布局。另一方面，随着应用场景的深入化和多元化不断加深，区块链将进一步赋能数字人民币（DCEP），碳交易等相关增量业务发展，市场潜能被持续激发。"可以认为，区块链技术在许多领域都已得到相应的发挥。在金融领域，区块链的应用逐渐成熟，其与支付结算、保险、证券业务、征信、供应链金融等多个细分领域进行了深入融合。例如，在支付方面，我国包括招商银行在内的多家银行已开始适用区块链跨境支付应用。在知识产权领域，区块链技术也逐步有所涉猎，可以通过哈希算法、时间戳对作品进行确权，证明一段文字、视频、音乐、资产等存在性、真实性和唯一性，行业的全生命周期可追溯、可追踪，这为版权取证提供了一种强大的技术保障和可靠证据。[1]既可以让虚拟财产可信交易，又可以让版权保护更加透明，可极大促进虚拟财产和版权的交易。不仅如此，当前区块链已与农业、公益服务、智能制造、能源服务、物流、物联网等进行多领域、多方位的融合。

区块链技术虽在许多领域中已得到了一定程度的进展，但依旧存在诸多的瓶颈，限制其进一步的深入融合。首先，区块链产业建设缺乏整体性规划，各个主体、各个地区都有着一套自己的建设方案，存在大量的重复建设、过度投资。区块链技术的核心在于数据的互享，链与链之间的共通才能使其发挥更大的效用。因而，需要对区块链产业进行整体性规划，进一步完善数据开发体系，实现跨链互通，以推动区块链产业的进一步发展。其次，当前区块链技术正从 2.0 时代向 3.0 时代过渡，对于许多实体经济而言，区块链技术的应用尚存在一定的技术壁垒，缺乏先例，这导致很多人处于观望态度。而我国对于数字代币的政策打压进一步导致市场的畏难情绪。因此，有必要深化区块链扶持政策，加快技术研究，供给市场信心。

基于上述角度，笔者认为，我国将会进一步完善区块链产业的顶层设计，深化区块链扶持政策。进一步加强区块链与实体经济的融合，挖掘市场需求，拓展应用边界。

第二节　我国数字代币的监管现状

一、数字代币的监管规范及政策梳理

（一）中央层面

数字代币作为区块链技术的重要应用场景，因比特币的影响而最为人

---

〔1〕杨成杰：《基于区块链技术的数字人民币生态发展路径》，载《上海商业》2023 年第 12 期。

熟知。随着比特币价格的起起伏伏，越来越多的投机资本进场，产生了一定的不良影响。我国也较早地注意到了数字代币市场的乱象，并颁布了相应的监管政策。

2013 年 12 月 3 日发布的《关于防范比特币风险的通知》，为数字货币的监管定下了基调。通知旨在保护社会公众的财产权益，仅针对比特币而言。彼时比特币交易价格仍在 5000 元至 8000 元波动，该通知强调“比特币不具有法偿性与强制性等货币属性，并不是真正意义的货币。从性质上看，比特币应当是一种特定的虚拟商品，不具有与货币等同的法律地位，不能且不应作为货币在市场上流通使用”。同时强调了各金融机构及支付机构不得开展针对比特币的相关支付结算等服务。该通知表达了我国对数字货币的监管倾向，但并未针对所有数字货币，规范范围较为有限。

2017 年 9 月发布的《关于防范代币发行融资风险的公告》（又称《九四公告》），将 ICO 定性为涉嫌非法发售代币票券、非法发行证券、非法集资、金融诈骗及传销等违法犯罪活动，从规范层面否定了 ICO 的合法性。该公告第 3 条第 1 款提到：“本公告发布之日起，任何所谓的代币融资交易平台不得从事法定货币与代币、‘虚拟货币’相互之间的兑换业务，不得买卖或作为中央对手方买卖代币或‘虚拟货币’，不得为代币或‘虚拟货币’提供定价、信息中介等服务。”自该公告发布后，市场上采取 ICO 的项目寥寥无几，更多的采用 IDO（Initial Digital Assets Offering，首次数字资产发行）或 IEO（Initial Exchange Offerings，首次交易发行）的方式，以私募+推广+直接挂牌交易所的方式进行新项目的募资和发行。

2018 年 1 月，中国人民银行营业管理部发布《关于开展为非法虚拟货币交易提供支付服务自查整改工作的通知》，督促相关单位开展自查整改工作，严禁为虚拟货币交易提供服务，并采用有效措施防止交付通道适用于虚拟货币交易。2018 年 8 月，银保监会、中央网信办、公安部、中国人民银行、国家市场监管总局发布《关于防范以“虚拟货币”“区块链”名义进行非法集资的风险提示》，进一步体现了政策对于虚拟货币活动的严厉监管态度。

截至上述规范，我国对虚拟货币监管政策的规范性文件仅明确了比特币的非货币化属性，并强调打击代币发行融资的违规行为。

2021 年 5 月 18 日，中国互联网金融协会、中国银行业协会、中国支付清算协会联合发布《关于防范虚拟货币交易炒作风险的公告》，旨在保护人民群众财产安全，以及经济金融正常秩序。该公告在 2013 年《关于防范比特币风险的通知》的基础上，进一步明确了数字货币不具有法偿性与强制性等货币属性，承认数字货币是虚拟商品。同时，作为行业文件，该公告要求金融机构、支付机构等会员单位，不得从事涉及数字货币相关的广告、交易、支付结算、托管、抵押等业务领域行为。

《关于防范虚拟货币交易炒作风险的公告》基本遵循此前的监管政策逻辑，明确了数字货币属于虚拟商品，不具有货币属性的定位，以明文形式强调了金融及支付机构不得从事其业务领域中涉数字货币的相关业务。应当认为，截至《关于防范虚拟货币交易炒作风险的公告》，我国的规范性文件中并未完全否定数字货币价值，且文件效力等级较低，所涉及的部门以及所规范的行业领域有限，对于数字货币的监管停留在对于财产保护及金融秩序稳定的层面。

2021 年 9 月 15 日，中国人民银行等十部委联合发布《关于进一步防范和处置虚拟货币交易炒作风险的通知》（以下简称《九二四通知》）。该公告打破了此前规范性文件中的局限性。

其一，从保护的利益上。《九二四通知》明确了其旨在“切实维护国家安全和社会稳定”。首次将虚拟货币的监管上升至国家安全层面，意味着虚拟货币管理涉及我国的货币主权安全。基于此，我国虚拟货币的监管不再局限于“公民财产的保护及社会秩序的维护”，而应当从国家安全层面认识并认定虚拟货币的属性，以及相关的市场行为。

其二，从虚拟货币的性质认定上。《九二四通知》不仅明确了虚拟货币去货币化，且不再承认虚拟货币是虚拟商品。强调了虚拟货币“以数字化形式存在”，即从法律层面肯定了虚拟货币的本质为“数据”，不具有货币价值，且不能流通。

其三，从规制的范围上，首先，《九二四通知》进一步明确了虚拟货币金融行为的违规性。不仅包括金融机构的业务行为，还包括自然人的投资交易活动。在《关于防范虚拟货币交易炒作风险的公告》中，仅仅表示“从我国现有司法实践看，虚拟货币交易合同不受法律保护”，而《九二四通知》则直接明确，涉虚拟货币的金融行为不具有合法性，违背公序良俗，不受法律保护。其次，《九二四通知》不仅针对境内的涉虚拟货币金融行为，还针对境外的涉虚拟货币金融行为。其强调“境外虚拟货币交易所通过互联网向我国境内居民提供服务同样属于非法金融活动”。基于此，《九二四通知》封闭了境外虚拟货币的定价对国内的影响，明确了境外虚拟货币定价的违法性。由此，进一步否定了虚拟货币的市场价值。

其四，从规制的对象上，《关于防范虚拟货币交易炒作风险的公告》规制的机构范围有限，仅为金融机构及支付机构。而《九二四通知》对所有行业、所有实体均有效力，不再局限规制对象，意味着监管政策的全面铺开及全覆盖的态势。

其五，从规范效力上。《九二四通知》相比此前的规范性文件，有着最高人民法院、最高人民检察院及公安部的加入，标志着对于虚拟货币的高压监管态势从行政领域步入司法领域，强调了虚拟货币相关活动在司法层面的违法性。十部委建立协调机制，整体统筹和推动构建多维度、多层次的虚拟货币交易炒作风险防范和处置体系，表明监管层面对于虚拟货币交易炒作的高压措施和态势的进一步升级。

不难看出，我国对于数字代币一直采用强监管的模式，与区块链技术鼓励发展并以标准化的形式缓慢推进管理的模式不同。比特币的货币属性及金融属性与当下市场制度的不适配，导致了我国对于数字代币以“打击”为主的监管态度。

（二）地方层面

与区块链技术的监管情况相同，地方层面对于数字代币的监管与中央“打击”的态势保持一致。

2019 年 11 月 14 日，上海市金融稳定联席办和中国人民银行上海总部联合印发《关于开展虚拟货币交易场所排摸整治的通知》，开展对辖区内虚拟货币交易场所的整治。其中指出：“针对近期借区块链技术的推广宣传炒作虚拟货币的情况，各区互联网金融整治办将对辖区内以下三种虚拟货币相关活动进行排查：一是在境内组织虚拟货币交易；二是以‘区块链应用场景落地’等为由，发行‘××币’‘××链’等形式的虚拟货币，募集资金或比特币、以太坊等虚拟货币；三是为注册在境外的 ICO（首次代币发行）项目、虚拟货币交易平台等提供宣传、引流、代理买卖等服务。”该通知要求各区整治办在 2019 年 11 月 22 日前完成排查工作，一旦发现从事相关活动，应加快进行整治。

2021 年 1 月 26 日，深圳市地方金融监督管理局发布的《关于进一步防范“虚拟货币”非法活动的风险提示》强调，近期，随着比特币、以太坊等加密数字货币价格不断攀升，加密数字货币炒作有所抬头，一些不法分子打着“加密数字货币”“数字货币”的旗号，开展加密数字货币非法活动，违反中国人民银行等七部委发布的《九四公告》。根据该提示的要求，深圳市互联网金融风险专项整治工作领导小组办公室对上述非法活动持续开展清理整治，通过现场约谈、行政调查、刑事打击等手段严肃处置。

除了上述对数字代币市场活动行为的风险告知，多地还对“挖矿”行为明令禁止。例如，2021 年 2 月，内蒙古自治区发展和改革委员会官网发布的《关于确保完成“十四五”能耗双控目标任务若干保障措施（征求意见稿）》提到将加快淘汰化解落后和过剩产能，其中提到全面清理关停虚拟货币挖矿项目，2021 年 4 月底前全部退出。

二、数字代币的监管的核心内涵

数字代币对于区块链项目具有关键的作用，一方面数字代币作为参与区块链项目的回馈，具有吸引参与者参与项目，迅速投放资源并且创建网络的功用；另一方面数字代币作为具有识别性质的独一无二的记账凭证，本身可以作为价值的载体，如目前大热的 NFT（Non Fungible Token，非同质化代币）市场。正如前文所述，当前区块链技术运用的主要场景依然集中在数字代币领域。然而，自比特币起，对于数字代币的质疑便未曾停歇。由于比特币带来的造富神话，数字代币成为投机资本的角斗场，滋生大量的违规行为。同时，数字代币作为去中心化的资产带来的洗钱等合规风险造成了巨大的监管压力。此外，还有一波又一波顶着区块链技术旗号，通过所谓的数字货币进行传销、非法集资等犯罪行为。因此，虽然我国对于区块链技术及应用持鼓励的态度，但在行政监管层面，我国对于数字代币的监管有着明显的日趋严格的趋势。这与实践中频繁暴雷的区块链项目，以及猖獗的假借数字货币旗号进行诈骗活动有着密切关联。

需要厘清的是，作为区块链技术的主流应用场景，也是区块链项目中激励机制的核心，数字代币本身所具有的价值属性是不可忽略的。然而，我国现行的治理体系仅仅局限于数字代币中的数字货币应用，并非基于数字代币进行治理体系的构建。[1]因此，实际上，现行对于数字货币的监管成为了数字代币监管的全部。

总体而言，至目前为止，我国对于数字代币的监管围绕在数字货币这一应用场景，划出了三条底线：其一，否定数字货币的“货币”和“价值”属性；其二，禁止数字货币与法币之间的汇兑，禁止数字货币通过平台化方式进行集中交易，并对数字货币交易所涉及的各类基础设施及中介机构平台进行监管；其三，完全去金融化，禁止任何涉集资和融资的数字货币项目，使数字货币相关的交易风险与金融体系进行隔离。通过总结监管部门的历次发文，以及对于区块链和虚拟代币项目的监管态度和监管措施，不难看出，我国一直以来延续两条红线，即区块链项目的去货币化和去金融化。

（一）去货币化

“去货币化”是监管部门对于各类区块链项目、项目衍生生成的权益凭证，也是数字代币进行监管、判断是否进行高压打击的第一条红线和标准。所谓的去货币化，其实是一项自 2013 年 12 月 3 日中国人民银行等五部委发布《关于防范比特币风险的通知》起即已明确且一以贯之的监管态度，即具有非货币当局发行、使用加密技术、分布式账户或类似技术、以

〔1〕 参见曾耀锐、赵俞庆、刘可馨：《基于区块链技术背景的数字货币发展路径研究》，载《商场现代化》2020 年第 24 期。

数字化形式存在等特点的加密数字货币，均不具有与法定货币等同的法律地位，不能作为货币在市场上流通。换言之，数字代币不应被当作货币更不应被标榜为法律意义上的货币进行流通使用。

具体而言，我国数字代币监管政策中的去货币化至少具有以下几层含义：(1) 数字代币不得被直接或间接声明为是货币或具备货币性质的一般等价物；(2) 数字代币不应具有与货币等同的法律地位，以及法偿性与强制性等货币属性；(3) 数字代币不得以货币或一般等价物的形式进行流通使用，如（依托区块链技术，以去中心化的方式）支付、结算或发行；以及 (4) 数字代币应当是一种特定的不具备加密数字货币性质的虚拟商品，相应地数字代币应当具有某种实用或应用价值，而不是单纯具备货币或一般等价物的性质。其中，第 (4) 点尤为重要，是区分数字代币究竟是一类虚拟商品还是具备加密数字货币性质的虚拟商品的核心标准。例如比特币从公有链设计至其实际应用，均着眼于作为“货币”使用的功能与功用，除目的代替各类法币被支付、使用和流通外，比特币不存在任何其他实用或应用价值。尽管除去其加密数字货币性质后，比特币也能被视为一种特定虚拟商品替代，但因其自身从宣传到应用的强烈的货币化属性，且比特币的挖取需要耗费大量的电力和能源，配合碳中和政策要求，基于其自身的货币化属性，自然成为监管部门严厉打击的对象。

（二）去金融化

“去金融化”体现的是监管部门对于维护金融市场稳定、安全的价值取向，以及打击扰乱经济金融秩序、洗钱、非法集资、诈骗、传销等违法犯罪活动的决心。相较于作为货币，比特币等各类虚拟代币、数字代币目前更像是被当作一类金融资产，可以被（用法币）定价、交易、兑换、发行，且衍生出各类具备金融属性的衍生品金融工具，如远期合约，融资融券等业务类型。相对于具备成熟监管规则和体系的证券等金融市场，缺乏监管的数字代币交易市场，如各类境外加密数字货币交易所，风险极大，危害人民群众财产安全；且在该等交易市场一旦有法币介入并引入杠杆资金，将可能通过法币传导，导致系统性风险。[1]不仅如此，数字代币基于其匿名性，亦可被用于洗钱、诈骗、传销甚至赌博，进一步催生监管打击该等犯罪行为，从而打击该等加密数字货币。ICO 后，数字代币进一步成为没有底层资产支撑的，但又具备融资和集资功能的权益凭证，进一步放大了金融风险，严重危害人民群众财产安全。非法集资、融资，开展非经批准的权益凭证的发行、上市，或是经营和从事非经批准的期货、衍生品业务，历来是金融秩序监管和维护金融安全稳定的重点。[2]各类数字代币在不否定其货币属性的情况下，还涉及金融属性，并可被用于金融融资活动，自然成为监管部门的打击重点。因此，数字代币的任何金融化安排或行为，都将是监管部门判断是否进行高压打击的第二条红线和标准。

三、数字代币监管的趋势判断

（一）政策的严格监管态势将持续

从上文中的政策归纳可以看出，我国对于数字代币的监管态度日趋严格。在“一刀切”的监管政策下，数字代币去货币化与去金融化在实务中已得到了广泛的实践。

究其本质，我国对于数字代币的强监管来源于以比特币为代表的数字货币的去监管的特性，以及与实际资产的严重脱离。一方面，以比特币为代表的数字货币从诞生之初，便强调其去中心化的特性。[3]而如上文所述，去中心意味着将不存在中心化的监管，难以实现币的发行及交易往来的监督与控制，有悖于我国的社会管理模式。若在官方层面同意其价值，将可能导致比特币等数字货币成为法外之地，影响社会秩序。更为重要的是，比特币的设计目的便在于创造以共识为基础的非主权货币，这对于我国这一主权国家而言，不免会造成对货币主权及货币安全的挑战。因而，

〔1〕 参见李阜蒙：《区块链金融：运行机理、现存风险与合规路径》，载《福建金融》2023年第5期。

〔2〕 参见张庆立：《区块链应用的不法风险与刑事法应对》，载《东方法学》2019年第3期。

〔3〕 参见刘楠、刘露：《区块链与云计算融合发展 BaaS 成大势所趋》，载《通信世界》2017年第17期。

从国家安全层面，我国对于以比特币为代表的数字货币采取强监管模式是无可非议的。另一方面，比特币为代表的数字货币是依靠共识承托其价值。从技术角度，比特币仅仅是一串并不具有社会价值意义的数学难题的解，通过区块链技术，使之具有唯一性，无法赋予其底层价值的支撑。[1]换言之，虽然比特币市场持续火热，比特币的价格也保持高位，但比特币并不具有社会价值基础，成了纯粹的金融工具，并蚕食了实体经济的投资。从这一角度出发，比特币依靠共识所建立的市场是具有较大泡沫的。因此，我国否定数字货币价值，并多次强调去金融化。

笔者认为，从我国对数字代币监管的底层逻辑及现实需求出发，我国对于以比特币为代表的数字代币，既不具有底层资产依托，又以去监管为特性的数字货币将持续保持当下的监管模式，甚至采取更为严格的监管政策，以维护我国货币主权安全以及社会金融秩序稳定。

然而，这并不意味着我国当下对数字代币的监管政策不存在问题。事实上，由于“一刀切”的监管政策，无论是司法层面还是执法层面，对于数字代币的管理困境与矛盾越发凸显。虽然我国官方已明确否定了数字代币的价值，但市场上依旧存在数字代币交易和投资的客观需求。在这类需求得不到有效解决的情况下，数字代币的场外交易越来越多，形式也越来越泛化。随着许多矿机商的出海，境内的数字代币投资客也转场至境外。由此导致，在司法层面，我国对于涉数字货币案件的认定举步维艰，司法人员无所适从，产生了应然与实然的冲突。在执法层面，对于境外数字货币不具有执法权，无法落实实际判决。且由于场外交易的大量存在，数字代币的交易隐蔽性越来越强，证据的调取也成了重大难题。

（二）合规的数字代币市场将依旧具有政策空间

相较于区块链技术应用的发展，数字代币市场也正在逐步地发生变化。在我国对数字货币强监管的大环境下，非同质化货币（NTF）市场成为时下热门。而从政策监管层面，我国对非同质化货币留下的空间较为广阔。

---

〔1〕 参见商瑾、蒲适：《区块链在资本市场的应用》，载《债券》2016年第12期。

所谓的NFT，是指那些使用以太坊ERC-721等通证标准创建的智能合约所创设的通证。与传统的比特币等数字货币不同，其核心是资产的标准化凭证，用来证明数字资产的归属权，即正常情况下，NFT都是具有实际价值支撑的交易凭证。比如，数字艺术品、游戏中的装备或土地等。实际上也可用作识别实物/有形资产的数字证书，代表房屋、艺术品等实物/有形资产。NFT主要应用于游戏、艺术品、收藏品、域名、虚拟资产、身份特征、数字音乐、数字证书等领域。从技术角度，NFT也可被视为一种可编码的智能合约，可以将合约条款通过可执行代码的形式自动实现，在NFT交易中尤其注重双方合意的达成，这也使得NFT有别于区块链1.0时代中的数字货币。应当认为，NFT打破了传统数字代币锚定货币的空对空模式，通过挂钩资产，实现区块链技术在保障交易、确认资产归属中的应用。〔1〕

迄今为止，国家没有针对数字藏品行业制定法律层面的规范，没有对数字藏品进行明确定性，也没有对相关交易平台进行规制和监管，相比我国对防范加密数字货币交易风险已推出大量监管政策，对于数字藏品的监管规范仍处于真空状态。〔2〕从实务层面，以数字艺术品为例，我国并未否定数字艺术品的市场价值，并未限制数字艺术品的市场交易行为，且允许设立数字藏品交易平台，可见我国对于NFT尚在“观察期”。若以上述对数字代币监管的底层逻辑进行判断，NFT具有实际的价值承托，且明显的去货币化，其应用符合我国对于社会监管的模式。故笔者认为，除在维护市场管理上进行规范性约束外，我国对于NFT的监管将更多地抱以支持的态度，以更开放的视角审视NFT的社会价值与可能带来的风险。因此，NFT在此后较长的时间内，在数字代币的市场中是具有监管优势的。

---

〔1〕 参见曲磊、郭宏波：《比特币等虚拟货币金融犯罪风险前瞻》，载《经济研究参考》2014年第68期。

〔2〕 参见曹帅、许开轶：《逆全球化浪潮下“全球风险社会”的治理困境与中国方案》，载《理论探索》2018年第6期。

第三节　我国香港地区区块链技术与数字代币的监管实践

一、概况

中国香港是世界第三大金融中心、第二大首次公开招股（IPO）市场，以及《2021 年全球金融科技生态系统排名》（Global Fintech Ecosystem Ranki-ngs 2021）中亚洲排名最高的金融科技城市。金融科技是个快速增长的行业，近年香港特区政府不遗余力地推动金融科技的发展，期望把中国香港打造成业界首选的基地。对于区块链，中国香港积极拥抱区块链的发展。早在 2017 年 11 月，香港特区政府宣布计划创建基于区块链的贸易融资系统，作为中国“一带一路”计划的一部分，积极探索区块链技术应用。香港特区政府多年来一直对加密数字货币采取宽松的态度，吸引了许多从事虚拟资产业务的初创企业。为确保业界有序发展和运作，香港特区政府推出了一系列措施，包括为虚拟资产服务提供者设立发牌制度；考虑监管用作支付用途的稳定币以及向传统金融机构提供有关向客户提供虚拟资产相关服务的指引。〔1〕由于相对自由的市场环境，中国香港对于区块链，尤其是数字货币的发展政策主要以监管和积极引导的方式提出，对区块链的态度从之前的谨慎到现在的逐步放开。

在中国香港，相关的监管机构主要有三个：中国香港金融管理局、中国香港证券及期货事务监察委员会（以下简称香港证监会）（SFC）、中国香港保险业监理处。香港特区政府和主要监管机构各自推出了各种举措，旨在促进区块链和 DLT 的使用。目前，这些监管机构通过沙盒监管的方式，在可控的环境中对加密数字货币和区块链技术进行测试和监管。在中国香港，加密数字货币被划分为证券型加密数字货币、功能型加密数字货币和虚拟商品（如比特币）。针对不同的类型，中国香港监管机构采取了不同的监管政策。中国香港监管首先强调的是保护投资者的利益，对于证

〔1〕 严颖彤：《金融科技发展：全球概况》，载 https://research. hktdc. com/sc/article/MTA0NzM4ODUxMw，最后访问日期：2022 年 3 月 4 日。

券型加密数字货币有比较明确的监管要求和实施细则；对于非证券型加密数字货币的监管政策则比较少。但是中国香港并没有专门针对加密数字货币及其相关业务进行立法，监管要求主要体现在其他法律所做出的规定，如反洗钱、反欺诈和反恐融资等。此外，随着加密数字货币影响力的不断提升，监管机构陆续推出了一系列监管政策，以更好地保护投资者的利益。〔1〕

二、金融管理局

中国香港金融管理局（Hong Kong Monetary Authority，HKMA，以下简称金管局）是香港特区政府辖下的独立部门，负责中国香港金融政策及银行、货币管理。金管局对区块链技术保持非常积极的态度。

金管局于2016年成立的金融科技促进办公室（FFO）促进了中国香港金融科技生态系统的发展，并推动中国香港成为亚洲的金融科技中心。2016年，金管局发布《香港分布式账本技术白皮书》，探讨了分布式账本技术在金融服务的潜在应用，并提出了对治理、风险管理、合规、法律以及用例等可能出现的挑战。〔2〕

2017年9月，金管局宣布了七项措施，为中国香港迈向智能银行新时代做准备，即（1）快速支付系统（支持随时随地使用手机号码或电子邮件地址进行港币和人民币支付）；（2）增强版的金融科技监管沙盒；（3）推广虚拟银行业务；（4）“银行易”计划（通过新成立的工作组与银行业合作）；（5）为银行业提供开放的应用程序接口（一种计算机编程方法，用于促进不同计算机系统之间的信息交流和执行指令）；（6）与其他司法管辖区的监管机构开展跨境合作；以及（7）加强与香港应用科技研究院、

〔1〕“Crypto-assets and stablecoins”，载 https://www.h-kma.gov.hk/eng/news-and-media/insight/2022/01/20220112/，最后访问日期：2022年6月5日。

〔2〕“Distributed Ledger Technology（DLT）”，载 https://www.hkma.gov.hk/media/eng/doc/key-functions/financial-infrastructure/Whitepaper_On_Distribut-ed_Ledger_Technology.pdf，最后访问日期：2022年4月4日。

科学园和数码港的合作，以促进新技术和程序的引入。[1]

2017 年 10 月，金管局发布了第二份白皮书，公布了研究的第二阶段成果。在这份白皮书中，明确了分布式账本技术的发展潜力，但同时提出该技术并不能通盘适用于所有金融场景。中国香港律师会技术委员会的意见也被写入这份白皮书之中，认为智能合约可被视为在分布式账本技术平台上运行的自主软件、自动交换存储在分布式账本技术平台上或代表的资产的安排（如交付与支付安排）。智能合约是否可以被视为法律合同，仍然是一个开放的辩论。然而，认为智能合约可以用来完全取代法律合同或管理 DLT 平台中参与者之间的关系的观点是错误的。使用没有明确合同条款的智能合约，在出现不可预见的后果或纠纷时，可能会给参与者带来不确定性，这些不确定性具体包括治理结构的重要性及其对参与者可接受的控制和责任水平的影响，如何使用分布式账本技术和传统数据库的混合模式来解决分布式账本技术在存储个人数据方面的不可改变性，智能合约的限制，以及对分布式账本技术运行环境进行充分的安全和控制的必要性。

2017 年 11 月，香港特区政府宣布计划创建基于区块链的贸易融资系统，作为中国“一带一路”计划的一部分，积极探索区块链技术应用。金管局与阿联酋金融市场监管机构签署金融科技合作协议，[2]“就利用分布式账簿技术建立跨境贸易融资网络的机会展开对话”，进一步提升中国香港特区对于建立基于区块链的国际贸易网络的兴趣，并使中国香港逐步成为区块链发展的天堂。

2019 年 3 月 27 日，金管局发放了首批 3 个虚拟银行牌照（随后又发放了多个虚拟银行牌照）。从法律/监管的角度来看，虚拟银行须遵守适用于传统银行的一套监管要求（尽管其中一些监管要求在基于风险和技术中立的方法下进行了调整以适应虚拟银行的业务模式）。

---

〔1〕《智慧银行新纪元》，载 https://www.hkma.gov.hk/chi/news-and-media/press-releases/2017/09/20170929-3/，最后访问日期：2022 年 4 月 4 日。

〔2〕《发出虚拟银行牌照》，载 https://www.hkma.gov.hk/gb_chi/news-and-media/press-releases/2019/03/20190327-3/，最后访问日期：2022 年 4 月 5 日。

2022 年 1 月 12 日，金管局发布一份关于加密资产和稳定币的讨论文件，就其提议的“用作支付用途的稳定币”的监管模式寻求反馈。提议的监管框架旨在解决因越来越多地使用加密资产而给用户和金融系统带来的风险，同时鼓励金融创新的潜在好处。金管局指出，虽然稳定币可能会成为一种可接受的支付方式，但它们可能不属于中国香港现行监管的范围。一些稳定币将可能会成为普遍接受的支付方式，然而，现有的监管框架未能全面涵盖此类稳定币。因此，该监管漏洞或许会给市场和社区带来风险。

表 3-1　金管局邀请业界和公众提出的 8 个问题及其相应的意见

编号	讨论问题		金管局等观点
	要点	解析	
1	将被监管的稳定币类型	应该监管与所有类型的稳定币有关的活动，还是优先监管那些对货币和金融体系构成较高风险的、用作支付用途的稳定币，同时在制度上提供灵活性，以便在未来需要时调整可受监管的稳定币的范围	将采用基于风险考量的方法以聚焦用作支付用途的稳定币的活动。 将更加关注与资产挂钩的稳定币，因为它们在市场上更加普遍，并且主要与美元挂钩。该制度将具有灵活性，以适应未来的变化
2	与稳定币有关的活动	哪些与稳定币有关的活动应属于监管范围，如发行和赎回、托管和行政管理、储备管理	稳定币的活动，如发行、建立或销毁稳定币，输送资金及执行稳定币交易，都需要得到金管局的牌照
3	授权和监管要求	对于那些受新发牌制度约束的实体，将设想有什么样的授权和监管要求	采用高层次的监管要求，如金管局的事前授权、控制人和高级管理人员的适当性要求，以及储备资产的充足性要求，对于稳定币的安排是必需的

续表

编号	讨论问题		金管局等观点
	要点	解析	
4	该制度的预期覆盖范围	在预期的监管制度下，需要取得牌照的人士的预期覆盖范围是哪些	在中国香港展开第二题所述的与稳定币有关的活动或以积极向中国香港公众推销此类活动为业务的企业，都必须是在中国香港注册成立并持有金管局颁发相关的牌照的企业实体
5	新制度的时间安排	这个全新且基于风险考量的稳定币制度将在什么时候建立，并是否会与中国香港的其他金融监管制度重叠，包括但不限于证监会的虚拟资产服务提供者制度，以及《支付系统及储值支付工具条例》所设立的储值支付工具发牌制度	将考虑接下来的步骤，包括评估是否需要在 2022/2023 年度就监管框架的具体方面发布进一步文件。 旨在不迟于 2023/2024 年度建立新的制度
6	稳定币发行人	稳定币可能会被挤兑及成为银行存款的潜在替代品。金管局是否应要求稳定币发行人成为《银行业条例》下的认可机构，类似美国总统金融市场工作小组发布的稳定币报告中的建议	将参考相关的国际标准和建议，如金融稳定委员会和国际结算银行就稳定币提出的标准和建议。 拟议制度下的规则和要求将至少采用中国香港目前对储值支付工具和支付监管的相关内容，以避免监管套利
7	无资产支持的加密资产	鉴于无资产支持的加密资产与主流金融系统的联系越来越紧密，并且对金融稳定带来风险，	将为认可机构提供更详细的关于认可机构与加密资产有关的业务接口及对客户的中介服务的监管指导

续表

编号	讨论问题		金管局等观点
	要点	解析	
		金管局是否也有计划对其进行监管	
8	现有或潜在的参与者	对于稳定币生态系统中的现有或潜在的参与者和实体，他们应该在金管局的监管制度推出之前采取什么行动	鼓励稳定币生态系统中的现有或潜在的参与者和实体积极回应本文件。 将继续监督认可机构在加密资产方面的活动，并根据现行的监督权力和政策实施储值支付工具发牌制度

表 3-2　金管局建议对进行稳定币相关活动的实体施加的监管要求

序号	要求	详细描述
1	审慎规定	持牌实体将被要求拥有足够的财务资源和流动性，并将需要充分和有效地管理资本和流动性，以保护用户和金融稳定
2	对管理人员和所有人进行适当人选的测试	持牌实体的控制人（包括股东控制人和间接控制人）和高级管理人员将需要满足适当人选的测试
3	备用资产储备的维护和管理	持牌实体将被要求遵守有关稳定币安排的储备资产的性质和充分性的要求，以支持和稳定稳定币的流通存量的价值。他们亦须遵守有关规定，以确保稳定币持有人与稳定币发行人及其支持的储备资产有关的法律主张、所有权、利益及其他权利的清晰性及可执行性
4	系统、控制、管治和风险管理要求	持牌实体将被要求建立一个健全的风险管理框架，以全面管理稳定币安排的法律、信贷、流动性、运营、打击洗钱和其他风险。稳定币安排的所有权结构和运作将需要明确、直接的责任线和问责制，特别是当它是由一个或多个负责任的法律实体拥有和管理时
5	打击洗钱/恐怖分子资金筹集要求	持牌实体须遵守打击洗钱/恐怖分子资金筹集规则

续表

序号	要求	详细描述
6	赎回要求	持牌实体需要确保赎回稳定币以兑换其他流动资产的过程的清晰度、稳健性和及时性
7	财务报告和披露要求	持牌实体须向监管机构及用户进行披露并授予用户指定权利
8	安全、效率和保安要求	持牌实体须实施足够的保障措施，以防范网络安全、运营和业务连续性风险
9	结算终局性	持牌实体将需要确保稳定币安排提供明确和最终的结算，无论采用何种操作结算方法

三、香港证监会

香港证监会负责监管中国香港证券和期货市场的运作，同时也是加密数字货币的主要监管机构。中国香港对加密资产行业秉持开放、包容的态度。香港证监会已经成立了一个金融科技咨询小组，以便（1）获取有关金融科技最新趋势的信息；（2）收集利益相关者对特定金融科技主题的意见；（3）确定金融科技的机遇、风险和监管周边影响；（4）扩大对金融科技作为金融服务业演变的理解〔1〕。香港证监会设立了证监会监管沙盒，在金融科技得到更全面的应用之前，为符合条件的公司提供一个封闭的监管环境，以经营《证券及期货条例》（中国香港法例第 571 章）下的受监管活动。香港证监会还与其他司法管辖区的对应方签订了一些金融科技合作协议。香港证监会发布监管框架，以自愿发牌制度将证券型加密数字货币业务纳入监管沙盒。2020 年底，OSL 加密资产交易所获 SFC 颁发第 1 类、第 7 类牌照，并在近期上线了首个证券型代币 BCAP；火币科技也于 2021 年 3 月成功获批第 4 类、第 9 类牌照。目前仍有数家加密资产交易所的申请在审核进程中。此外，中国香港财经事务及库务局最近完成公众咨询，计划建立强制性的加密资产服务提供商发牌制度，将加密资产行业全

〔1〕《新科技與資產管理：機遇處處和危機四伏的時代》，载 https://www.sfc.hk/-/media/TC/files/ER/PDF/Speeches/Julia_20180413c.pdf，最后访问日期：2022 年 4 月 7 日。

面纳入监管体系。

2017年9月，香港证监会发布了《有关首次代币发行的声明》，声明旨在阐明，视个别ICO的事实及情况，所发售或销售的数码代币可能属于《证券及期货条例》所界定的“证券”，并受到香港证券法例的规管。如ICO所涉及的数码代币符合“证券”的定义，就该类数码代币提供交易服务或提供意见，或者管理或推广投资数码代币的基金，均可能构成“受规管活动”。从事“受规管活动”的人士或机构，不论是否位处中国香港，只要其业务活动是以中国香港公众为对象，便须获香港证监会发牌或向香港证监会注册。如果ICO涉及向中国香港公众提出收购“证券”或参与CIS的要约，则可能会触发《公司（清盘及杂项条文）条例》（中国香港法例第32章）第Ⅱ部和第Ⅻ部所载的招股章程制度（就向香港公众提出收购“证券”的要约而言）或《证券及期货条例》第Ⅳ部的授权规定（就向香港公众发出集体投资计划的发售文件而言），除非豁免适用。此外，从事此类代币二级交易（如在加密数字货币交易所）的各方也可能受制于香港证监会的牌照和操守要求；而有关自动交易服务和认可交易所公司的某些要求可能适用于加密数字货币交易所的业务活动。

2017年12月11日，香港证监会发布了一份关于比特币期货和加密数字货币相关投资产品的通告，其主要目的是提醒中介机构向中国香港投资者提供与比特币期货和其他加密数字货币相关投资产品有关的任何金融服务的法律和监管要求，以及与这些产品有关的风险。[1]该通告主要是针对芝加哥商业交易所（CME）推出的比特币期货，该交易所已获香港证监会授权提供自动交易服务，这意味着中国香港投资者可以通过作为CME成员的中介机构交易比特币期货。通告指出，比特币期货具有《证券及期货条例》中定义的“期货合约”的常规特征。因此，即使比特币期货的相关资产不受《证券及期货条例》的监管，但就《证券及期货条例》而言，在这些交易所交易并遵守其规则的比特币期货被认为是“期货合约”。因此，

---

〔1〕 参见武汉市地方金融工作局发布的《香港证监会发布虚拟货币新规投资虚拟货币基金需备案》。

从事比特币期货交易业务的各方，包括那些转发或传递比特币期货指令的人，都必须获得《证券及期货条例》下第 2 类受监管活动（期货合约交易）的许可，除非有豁免适用。香港证监会还希望中介机构应严格遵守《证监会守则》中有关向客户提供衍生产品服务的适当性要求和行为要求。此外，推销投资于比特币期货的基金通常会构成第 1 类受监管活动（证券交易），而管理此类基金可能构成第 9 类受监管活动（资产管理）。提供与比特币期货有关的咨询服务也可能构成第 5 类受监管活动。

2018 年 11 月，香港证监会发布《有关针对虚拟资产投资组合的管理公司、基金分销商及交易平台营运者的监管框架的声明》（以下简称《监管框架》），这被认为是香港证监会在这一领域发布的主要实质性指导。这份《监管框架》概述了为加密数字货币交易平台运营商引入的证监会监管沙盒，对承诺遵守香港证监会监管标准的运营商采取了选择进入的方式。这份《监管框架》为有能力并愿意依循严格标准与作业手法的平台营运者提供一个合规途径，并将持有牌照与不打算申领牌照的营运者区分。[1]

在 2018 年 11 月《监管框架》中列出的主要条款和条件的基础上，2019 年 10 月 4 日，香港证监会为虚拟资产组合管理人公布了更详细的形式条款和条件（以下简称“形式条款和条件”）。形式条款和条件将作为许可条件施加给管理投资于形式条款和条件中定义的“虚拟资产”并达到最低门槛的基金（或基金的一部分）的持牌企业。形式条款和条件将“虚拟资产”定义为“可能以数字代币（如数字货币、实用代币或证券或资产支持的代币）、任何其他虚拟商品、加密资产或其他本质上相同的资产形式的数字价值代表，无论它们是否相当于《证券及期货条例》所定义的“证券”或“期货合约”。

香港证监会于 2019 年 11 月 6 日进一步发布声明，警告投资者购买虚拟资产（如比特币）期货合约的相关风险，重点是这些合约基本上不受监

〔1〕《有关针对虚拟资产投资组合的管理公司、基金分销商及交易平台营运者的监管框架的声明》，载 https://www.sfc.hk/TC/News-and-announcements/Policy-statements-and-announcements/Statement-on-regulatory-framework-for-virtual-asset-portfolios-managers，最后访问日期：2022 年 4 月 9 日。

管，杠杆率高，价格波动剧烈。该声明还指出，有报告称提供或交易虚拟资产期货合约的平台存在市场操纵和滥用行为，这些平台可能没有明确和公平的交易规则，一些平台因在期货合约有效期内改变其交易规则而受到投资者的批评，如停止交易或回滚交易，给投资者造成重大损失。声明提醒，任何交易平台或人士在没有适当牌照或授权的情况下，在中国香港提供及/或提供虚拟资产期货合约的交易服务，可能违反《证券及期货条例》（如果虚拟资产期货合约是《证券及期货条例》所定义的“期货合约”）或《赌博条例》（中国香港法例第 148 章）（如果虚拟资产期货合约是《赌博条例》所定义的“差价合约”）的规定。[1]

2019 年 3 月 28 日，香港证监会发布了一份关于 STO 的通告，再次提醒投资者警惕与虚拟资产有关的风险，这次的重点是证券代币。[2]通告解释说，STO 通常是指特定的发行，其结构具有传统证券发行的特征，并涉及安全代币，这是利用区块链技术对资产（如黄金或房地产）或经济权利（如利润或收入份额）的所有权的数字表示。证券代币通常只提供给专业投资者，在中国香港，它们很可能是《证券及期货条例》所定义的“证券”，因此受中国香港的证券法管辖。如果安全代币是《证券及期货条例》所定义的“证券”，那么除非适用的豁免，否则任何推销和分销安全代币的人（无论是在中国香港还是针对中国香港投资者）都必须获得《证券及期货条例》规定的第 1 类受监管活动（证券交易）的许可或注册。推销和分销证券代币的中介机构必须确保遵守所有现有的法律和监管规定。特别是，他们应遵守《证监会守则》第 5.2 段，以及《关于持牌人或注册人遵守适合性义务的常见问题》和《关于启动适合性义务的常见问题》的补充规定。

---

〔1〕《证监会发出有关虚拟资产期货合约的警告》，载 https://sc.sfc.hk/gb/www.sfc.hk/TC/News-and-announcements/Policy-statements-and-announcements/SFC-issues-warnings-on-virtual-asset-futures-contracts，最后访问日期：2022 年 4 月 9 日。

〔2〕《有关证券型代币发行的声明》，载 https://www.sfc.hk/TC/News-and-announcements/Policy-statements-and-announcements/Statement-on-Security-Token-Offerings，最后访问日期：2022 年 4 月 9 日。

2019 年 11 月，香港证监会发布了《监管虚拟资产交易平台立场书》，阐明关于虚拟资产交易平台的新监管框架，对于虚拟资产交易平台，为交易至少一种虚拟资产（属《证券及期货条例》定义的“证券”）的虚拟资产中央交易平台营运者引入发牌制度。[1]文中强调，于 2019 年 11 月 6 日起，在中国香港经营中央虚拟资产交易平台并有意在其平台上就至少一种证券型代币提供交易服务的公司，可向香港证监会申领第 1~7 类受规管活动的牌照。虚拟资产交易平台经营者一经获发牌，香港证监会的监管领域即覆盖其与所有已交易的虚拟资产，有关的交易活动将会被置于香港证监会监管沙盒内，而不仅是那些属于证券型的虚拟资产。这意味着证监会将需更频密地进行汇报、监察及检视。通过严密监管，香港证监会将能够重点指出营运者在内部监控及风险管理方面应予改善的范畴。

2020 年，香港证监会首次对中国香港加密数字货币基金的顾问和分销商进行了许可和批准。2020 年 12 月 16 日，香港证监会宣布它已向中国香港的虚拟资产交易平台发放了第一个牌照，但它必须在证监会的密切监督下只为专业投资者服务，并须遵守类似于适用于证券经纪人和自动交易场所的定制要求。

2021 年 5 月，财经事务及库务局发布了关于要求根据《打击洗钱及恐怖分子资金筹集条例》规定，向作为虚拟资产服务提供商的虚拟资产中央交易平台的营运者颁发牌照的建议的总结。新监管框架实施后，新制度要求不受《证券及期货条例》发牌照制度约束的提供虚拟资产交易的交易所向香港证监会申请牌照。已提供交易服务的平台营运者有 180 天的时间获得新牌照。发牌照制度将只适用于虚拟资产交易所营运者，而不扩展至其他类型的虚拟资产服务提供商，如托管人和加密钱包提供商。[2]

2022 年 1 月 28 日，证券及期货事务监察委员会（SFC）和金管局发布

〔1〕《详解香港加密交易所监管框架　合规交易所要来了?》，载 https://finance.sina.cn/blockchain/2019-11-07/detail-iicezuev7654638.d.html? oid = 3843950064610239&vt = 4&cid = 221941，最后访问日期：2022 年 5 月 5 日。

〔2〕《〈2022 年打击洗钱及恐怖分子资金筹集（修订）条例草案〉引入虚拟资产服务提供者发牌制度》，载 https://www.sw-hk.com/zh/202200712_01/，最后访问日期：2022 年 5 月 1 日。

了《中介机构虚拟资产相关活动联合通告》（又称《2022年加密监管通告》）。该通告规定了中介人进行虚拟资产相关活动的要求，如提供虚拟资产咨询和交易服务以及分销虚拟资产相关产品，取代了香港证监会在2018年11月1日向中介人发出的关于分销虚拟资产基金的通知中定名的要求[1][2]。该通告将“虚拟资产相关产品”定义为投资产品，主要包括：(1) 具有投资虚拟资产的主要投资目标或策略；(2) 主要从虚拟资产的价值和特征中获得价值；(3) 跟踪或复制与虚拟资产密切匹配或对应的投资结果或回报。

四、其他机构

保监会已推出多项措施，以促进中国香港的保险科技发展，包括：(1) 保险科技沙盒；(2) 为拥有和经营纯数字分销渠道的新保险公司的授权申请提供快速通道；(3) 保险科技促进小组（加强与参与中国香港保险科技发展和应用的企业沟通，并促进中国香港成为亚洲的保险科技中心）；(4) 未来工作小组下的中国香港拥抱金融科技工作小组（专注于推动金融科技在保险业的应用）；(5) 与其他司法管辖区的监管机构签订跨境合作协议。[3]

2020年3月27日，中国香港税务局（IRD）公布了修订版的税务条例释义及执行指引第39号，改名为《利得税——数字经济、电子商务及数字资产》(DIPN 39修订版)，其中包括一个关于数字资产的新章节。文件

---

[1] “Joint circularon intermediaries’ virtual asset-related activities”，载https://www.hkma.gov.hk/media/eng/doc/key-information/guidelines-and-circular/2022/20220128e2.pdf，最后访问日期：2022年4月7日。

[2] 2018年11月，证监会发表声明，概述了为加密交易平台运营商引入香港证监会监管沙盒，对致力于遵守证监会监管标准的运营商开放。2021年5月，香港特区政府就引入新的加密交易所许可证制度的提案结束了磋商，该制度的目的是引入反洗钱和反恐融资法律，以减少此类违规行为。2022年加密监管通告旨在由证监会许可或在证监会注册的中介机构就加密资产提供分销、交易和咨询服务。它将取代证监会于2018年11月1日发布的虚拟资产基金分配的通知。

[3] 《保险科技专区》，载https://www.ia.org.hk/tc/aboutus/insurtech_corner.html，最后访问日期：2022年5月4日。

规定，大体上，数字资产的利得税处理将取决于其性质和用途。[1]在不同类型的数字资产/交易的背景下，一般原则的一些具体的例子总结如下：

第一，ICO。IRD 将审查 ICO 的白皮书或任何其他基础文件，并审查数字代币附有哪些权利和利益（如股权或类似凭证的未来服务的使用权）。从发行人的角度来看，ICO 收益的税务处理通常是由所发行的代币属性决定的。决定税收待遇的是代币的权利和义务的性质，而不是代币的发行形式。为投资而持有的数字资产，出售资本资产所产生的利润不在利得税的征收范围之内。如果数字资产是为长期投资目的而购买的（如通过 ICO 或交易所平台），任何出售的利润都不需要缴纳利得税。数字资产是资本资产还是交易股票，必须根据事实和情况来考虑。既定的税收原则，如“贸易徽章”，将继续适用，而且在决定数字资产是资本资产还是交易股票时，收购时的意图总是相关的。

第二，加密数字货币。源自加密数字货币业务活动的利润应征收利得税。在决定利润来源时，有必要确定有关利润的性质、产生有关利润的人的相关业务，以及这些产生利润的业务进行的地点——通常的原则将适用。买卖加密数字货币、兑换加密数字货币或开采加密数字货币是否相当于开展贸易或业务的问题是一个事实和程度问题，需要在考虑所有情况后确定。相关考虑因素包括活动的程度和频率、系统或组织的水平（活动是否以商业方式进行），以及活动是否以营利为目的。

第四节　当前区块链技术与数字代币监管的问题

一、监管政策的矛盾性

（一）区块链技术监管政策与数字代币监管政策的矛盾

正确理解区块链的监管政策，不仅需要厘清我国对于区块链技术发展

---

〔1〕“Revised DIPN 39 on taxation of digital economy，e-commerce and digitalassets”，载 https://home. kpmg/cn/en/home/insights/2020/04/tax-alert-5-hk-revised-version-of-dipn-39. html，最后访问日期：2022 年 5 月 1 日。

及应用的态度，还必须清楚我国对于数字代币的监管倾向。正如上文中所分析的，区块链与数字代币是无法彻底剥离的。从比特币问世至今，数字代币依旧是最大且最重要的区块链技术应用场景。二者的绑定关系有其技术根基，一方面，数字代币是区块链项目的激励机制，区块链项目中的权益流转以及利益驱动需要靠数字代币的形式完成。具体而言，区块链技术的核心在于其通过分布式记账的技术，在参与者依托其共识机制的情况下，将传统的中心化监管模式转变为全部参与者依托其共识一起监管的模式。但是分布式技术应用的前提，是需要一批愿意为分布式网络投入资源并且参与其中的参与者，通过他们对于区块链项目的运算和节点的创设，创设和打造新的区块链网络。在没有回馈激励的情况下，吸引参与者必定是艰难的，而 Token 就是回馈激励下的最重要的吸引因素〔1〕。因此，缺乏数字代币，区块链的价值便仅有作为中心的数据保真技术，且对比其他数据保真技术而言并不具有优势。另一方面，数字代币需要依托区块链项目作为底层资产。脱离区块链项目的底层资产，其将沦为纯粹的“集资工具”或“金融工具”，进而导致各类犯罪行为的出现〔2〕。因此，区块链及数字代币对于市场化的应用而言，具有相辅相成、唇亡齿寒的关系。鉴于此，无论如何尝试分离区块链及数字代币，在监管层面也不得不考虑相互统一的问题。

回到我国的监管现状，我们不难看出，将更强调技术属性的区块链与更强调金融属性的数字代币（区块链技术的产物）相比，监管层面完全持有相悖及对立的监管态度与政策〔3〕。对于区块链技术，监管对其技术发展和应用持鼓励的态度，对于数字货币，则是普遍地禁止交易、否定其价值并且严格地去金融化。对于数字代币的强监管，从宏观的金融安全以及货币政策安全的角度出发无可厚非，且实质上是更为稳妥的措施，值得被

---

〔1〕 参见惠志斌：《数字加密货币的形成机制与风险监管研究》，载《探索与争鸣》2018 年第 9 期。

〔2〕 参见谢平、石午光：《数字货币的风险、监管与政策建议》，载《新金融评论》2018 年第 1 期。

〔3〕 参见郑戈：《区块链与未来法治》，载《东方法学》2018 年第 3 期。

理解与支持。但是，本质上，对区块链的监管态度与对数字代币的监管态度是相互矛盾、互为掣肘的。区块链技术与其所产生的数字代币即“Token”之间，实际上是存在不可分离的互相依托的纽带关系，在这一前提下，相互对立的监管态度带来的是矛盾与困惑。

我们注意到，目前市场上常见的区块链技术的应用，实际上仍是一种中心化的应用，如将区块链用于取证、金融机构或者政府部门的事项记录上等，其本质在于一个中心化的监管主体，利用了区块链的分布式技术，解决其实际存在的记录和公示问题。在中心化的体系下，监管主体能够主动提供建网所需要的资源和算力，自然也无须进一步的回馈和激励。因此，在这种区块链项目中，我们很少会听闻其涉及数字货币之类的消息。但是，如果只是为了解决记录、公示，以及资源有效利用和分配方面的问题，市场上也同样可以找寻到非基于分布式技术的完善解决方案。区块链技术本身并非上述问题的唯一解，甚至不是最优解。因此，笔者认为，区块链的核心“技能”不应当被局限于分布式技术，而是其形成的去中心化的目的，通过参与者共同运营项目产生的“共识机制”。

换言之，虽然目前许多区块链项目似乎并未严重依赖数字代币，但对于政策鼓励的区块链行业的发展而言，离不开激励机制的有效设计。而激励机制的设计核心便是数字代币〔1〕。因此，即便就技术层面而言，在二者本质关系并未发生变化之前，仅仅因为数字货币的特殊性，便对数字代币与区块链采取截然不同的监管态度，无疑将产生矛盾。严格的行政监管极易扼杀区块链项目的落地与发展。这也是目前行政监管层面所面临的最大挑战与掣肘。

（二）数字代币价值认定的矛盾

如上文所述，十部委《九二四通知》意味着虚拟货币的高压监管态势从行政领域步入司法领域。多年以来，数字货币价格的暴涨，不仅吸引着越来越多的投资者，也使得各路不法分子纷至沓来，打着数字货币的旗

〔1〕参见陈立洋：《区块链研究的法学反思：基于知识工程的视角》，载《东方法学》2018年第3期。

号，进行各式各样的违法犯罪活动，包括以数字货币为对象的侵权甚至盗窃、诈骗等财产犯罪行为；利用数字货币进行的逃汇、洗钱、帮信等行为；以及涉及数字货币的传销、非法集资等。对此类案件进行合理司法规制的一大重要前提在于，如何认定数字货币的法律属性。然而，该点在实务中，始终未得到合理的理解与适用。

1. 在民事司法层面

鉴于法律规则及政策上仅赋予了数字货币作为商品的法律属性，排除了其价值属性，使得民事司法实践在争议的裁判中不免需要遵循既定的监管规则作为法律适用的大前提，一定程度上导致个案之间对于适用的理解存在偏差，出现了个案之间相互矛盾的情况。

具体而言，在民事司法领域，由于法律规则及政策上认可了数字货币的商品属性，让数字货币具备了“物权”或“准物权”的性质，使得数字货币的持有人在权属权益的维护上获得了一定的保护。例如，在闫某东等与李某艳等财产损害赔偿纠纷二审案件的二审民事判决书〔1〕中，上海一中院认为：“比特币属于网络虚拟财产，应受法律保护。”其依据在于，比特币的物理形态为成串复杂数字代码，具有价值性、稀缺性、可支配性等特点，故其具备了权利客体的特征，符合虚拟财产的构成要件。

但由于监管对数字货币价值属性的否定，在具体的权益保护层面，司法上便显示出暧昧不清的态度。例如，同样是对于数字货币财产属性的判断，在孟某与郎某华返还原物纠纷二审案件民事裁定书〔2〕中，却作出了否定性判决。在非涉及数字货币本身权属的其他争议上，如对于因参与数字货币的特定项目（以投资类项目、矿机买卖和挖矿项目为典型）而遭受损失的追偿，对数字货币价值的肯定则存在更大的障碍。

2. 刑事司法领域

尽管从事实功能上看，在一些互联网环境下，数字货币可以自由流通，也已经具备了一般等价物的属性，可以承担货币价值尺度和流通手段

〔1〕（2019）沪 01 民终 13689 号民事判决书。

〔2〕（2020）陕 01 民终 11210 号民事裁定书。

的基本职能，但基于监管政策态度，在法律属性上数字货币是难以被认定为“货币”的。此次，十部委联合发布《九二四通知》的规定便再一次对该问题进行了确认。因此，实践中往往倾向于否定数字货币的财产属性。例如，在孟某林、刘某非法获取计算机信息系统数据案[1]中，温州市中级人民法院对此指出，以太币作为一种特定的虚拟商品，与金钱财物等有形财产、电力燃气等无形财产存在明显差别，将其解释为刑法意义上的“公私财物”，超出了司法解释的权限，将诈骗以太币认定为诈骗罪有违罪刑法定原则。再如，在蔡某某、张某某挪用资金一审刑事判决书[2]中，上海市浦东新区人民法院认为：“加密数字货币与刑法意义上的金钱财物等有形财产、电力燃气等无形财产存在着明显的差异，加密数字货币不是实物，也无法进入现实世界，且缺乏稳定性，没有现实的效用性，其本身的特征依据现有法律难以构成刑法上的财物。”细究否定数字货币财产属性的原因，主要为以下两个方面：

一方面，在国家没有赋予数字货币以法定货币地位的情况下，数字货币在刑法上当然不能称为“货币”，只能作为“虚拟财产”对待。2012年最高人民法院研究室《关于利用计算机窃取他人游戏币非法销售获利如何定性问题的研究意见》明确指出，对盗窃网络游戏加密数字货币的行为应以非法获取计算机信息系统数据罪定罪量刑。该份研究意见综合考虑了域外立法情况、我国刑事政策，以及适用盗窃罪可能带来的一系列问题等方面，最终认定虚拟财产的法律属性为计算机信息系统数据。

另一方面，涉财物类犯罪所无法避免的就是基于财产价值进行违法性大小的判断，以财物对数字货币进行“定调”面临的一大重要挑战就是价值的认定。而由于我国已然关停了所有的数字货币交易中心，对其价值的判断便尤为艰难，因此，司法中刻意回避了对于数字货币财产性的判断。[3]2014年《人民司法（应用）》刊登了最高人民法院三位法官所写的《〈关于办

[1]（2019）浙03刑终1117号刑事裁定书。

[2]（2018）沪0115刑初845号刑事裁定书。

[3] 徐凌波：《虚拟财产犯罪的教义学展开》，载《法学家》2017年第4期。

理盗窃刑事案件适用法律若干问题的解释〉的理解与适用》，文章在考虑了虚拟财产与其他财产的差别和虚拟财产犯罪数额认定存在困难后，也明确指出对于盗窃虚拟财产的行为，如确需刑法规制，可以按照非法获取计算机信息系统数据等计算机犯罪定罪处罚，不应按盗窃罪处理。

不难看出，刑事司法对于数字货币的规制有着明显“退而求其次”的态度。由于否定了数字货币的财产属性，无法认定其具体的价值数额，因此，寻求其他罪名进行适用。[1]而问题也正存在于此，虽然在法律层面，数字货币不具有货币属性，但其客观的财产价值是无法忽略的。在此情况下，对数字货币，乃至数字代币的侵权行为进行认定时否定其价值，不仅无法准确表现行为的侵害性，而且对于相关权利人而言，也无法获得有效的救济。进一步而言，实践中，之所以数字货币会成为侵权的对象或者成为非法集资类案件中的手段，核心依旧在于社会生活中对于其价值的实际认可与使用，司法层面予以否定颇有“买椟还珠”之嫌。

二、监管手段的滞后性

监管制度与所监管的行业相匹配是衡量监管效用的重要尺度，尤其是对于互联网技术应用的监管。传统的监管方式对监管对象所施以的是外部监督，通过累加人力排查的方式，能够有效地管理风险、发现风险并解决风险。而互联网技术应用具有很强的隐蔽性及复杂性，因此，所采取的监管手段及监管逻辑必然有所不同。

区块链技术作为典型的互联网技术，对监管制度提出了较高的挑战。

首先，链上数据的管制问题。区块链技术作为数据管理技术，其与一般的互联网数据管理系统相同，面临着如何管理、保护、审查数据的问题。一般的互联网数据管理技术应用之所以得以节制，重要的原因在于其数据结构并非完全分布式的，通常情况下存在中心化的节点。在中心化的节点中能够实现对数据的管理、调用、保护等。因此，从政府监管的角度而言，可以通过对中心节点的把控与管理，实现对相应数据的管理与监

---

[1] 陈兴良：《虚拟财产的刑法属性及其保护路径》，载《中国法学》2017 年第 2 期。

督。换言之，一般数据管理系统的监管实际是对中心化节点的管理。而区块链技术则与一般的数据管理技术不尽相同，其是以去中心化或多中心化的形式，实现对数据活动的记录。因此，对于公有链及联盟链应用而言，传统通过管理中心节点实现监管的方式便难以为继。虽然当前的监管模式中会设置用户身份认证程序，但身份认证并不能解决链上数据管理的问题。

其次，责任主体难以确定，穿透监管成为难题。区块链的技术应用下，公有链（比特币和以太坊的应用）的具体法律主体难以认定，使用者自由进出导致监管政策难以落实。虽然联盟链及私有链在“部分去中心化”基础上监管主体也更加明晰，但在明确区块链基础平台、技术服务提供者和技术使用者三者之间的责任上，如何用私有链和联盟链解决公有链的现实问题仍是难题。在此情况下，区块链技术匿名化及反监管的特性使得责任主体可以躲藏在网络背后，难以得到管控，以至于难以实现穿透监管。

面对上述监管与技术不匹配的情况，我国也在积极地寻求监管手段的更新与适配。一方面，积极从区块链技术本身寻求突破，开展区块链节点的追踪与可视化研究，探寻针对公有链系统中用户、交易、智能合约的主动发现和异常检测方案。另一方面，转变监管逻辑，尝试技术性的监管措施。例如，2017 年，贵阳区块链金融孵化器开始试运营区块链金融沙盒监管，希望通过沙盒监管的模式夯实事前监督。在对区块链治理的理念上，无论是理论界还是实务界，均逐渐地认同“以链治链”的模式。[1]然而，我国监管手段的迭代速度还是明显落后于技术应用的更新速度。包括沙盒治理等各类监管手段在内的监管方式尚不成熟，且缺乏配套建设及政策层面的鼓励与扶持，并不能落实于实践中。区块链技术及数字代币的监管是世界各国都面临的社会议题。笔者认为，与域外的监管现状相比，我国区块链技术及数字货币的监管手段尚有较大发展空间。

---

〔1〕 参见［美］凯文·沃巴赫：《信任，但需要验证：论区块链为何需要法律》，林少伟译，载《东方法学》2018 年第 4 期。

三、监管模式的片面性

事实上，区块链技术发展至今，我们尚未看到一个完全依托于区块链共识机制而完成商用或者应用的具有广泛价值的项目。从目前的进程看，以 NFT 作为基础的区块链项目可能更有应用前景。NFT 相关的项目更进一步，仅依托全网的共识，记录了其上所载全部权利的信息，为 NFT 发布者的权利，尤其是知识产权相关的权利，在确权和溯源上提供了保障的可行性。

依托 NFT 的链上共识，任何人均可以通过链上的信息确认该 NFT 的权属和授权情况，权利人也可以通过链上达成的共识确认侵权方，并向其主张合法权益。NFT 项目的参与者都可以因其对每一个 NFT 权属的共识投入的资源获取以 Token 为载体的回馈。该等回馈价值等同于全网每一个 NFT 权属对应载体的技术、商业、应用等价值之和，由在链上提供并达成共识的参与者们共同分享。笔者认为，对于这样的一套基础设施的建设，确实在逐步解决知识产权发展过程中存在的确权和侵权防范方面的困难，具备应用和推广的价值，应当为其参与者和创建者投入资源所获得的 Token 回馈赋予法律许可下的价值。

故可以认为，区块链共识机制的优势在于全体认可，并在技术上几乎无法被篡改，其体现的是一种集体的意志，而不是某一中心化监管主体的意志〔1〕。依托这种共识机制，我们就无须对共识机制下认可的事实进行证明或求证，如知识产权的权利主体、权利客体、授权情况及应用情况。在区块链项目和网络搭建的过程中，每一个参与提供和认可共识机制的参与者，都可以因其提供的共识取得 Token 作为回馈，而越早参与共识建立的参与方可以获得相对于后来者更多的回馈。由于共识机制的运用需要全网参与者的共同投入，因此，不同于单纯以分布式技术作为开发内核的中心化主体主导的区块链项目，以共识机制的运用作为技术开发内核的区块链项目，必然会引入 Token 作为其项目实施的一部分。

---

〔1〕 参见杨松、张永亮：《金融科技监管的路径转换与中国选择》，载《法学》2017 年第 8 期。

其实，目前各类与数字代币相关的区块链项目，更多体现的是投机者对于各类货币的炒作和以营利为目的的投机行为。其背后对应的项目并不一定存在商用或应用的价值。对于这一类项目，笔者认为从目前的监管政策进行监管是合理且有效的。而且，笔者预期，区块链技术的应用从目前中心化主体主导的分布式技术的应用跃升到全网参与主体主导的依托共识机制的应用的路径是必然会发生的，对于该类有商业价值意义的项目，依旧持否定态度显然不具有合理性。由于法律的天然滞后性及对数字代币的片面理解，法律并未将依托该等技术的区块链项目及其延伸的 Token 价值与现在的各类以投机炒作为目的的区块链、数字代币项目相区分，而是“一刀切”地全部纳入现在的监管模式。

可以看到，正是由于监管上的“一刀切”及片面性，导致了共识机制这一数字代币的核心价值被逐步的边缘化甚至忽视。数字代币是一个中立客观的产物，若有效地利用与开发，充分发挥其共识机制的作用，是能够且很大程度帮助社会的进步与发展。因而，忽略数字代币核心的价值，仅仅着眼于数字货币这一数字代币的其中一个应用场景，且仅基于对涉数字货币相关行为的非法性，否定数字代币本身价值属性，导致的便是司法层面对于行为对象是否具有价值这一点认定的矛盾，以及严重脱离实际情况的谬误。

四、监管范围的局限性

区块链行业的发展是迅猛的，在区块链 1.0 的数字货币时代逐步发展到区块链 2.0 的智能合约时代。近年来，区块链已逐步迈向 3.0 时代，各行业各领域正逐步开始或准备开展“区块链+”，区块链的应用场景也如雨后春笋，正不断地被拓宽。这也同样意味着区块链技术及数字代币可能涉及的风险将随着区块链技术的应用，被渗透至方方面面。与此同时，我国对于区块链应用的监管却稍显步履蹒跚。这不仅表现在区块链法律及制度规范建设的相对滞后，也表现在监管范围的局限性。

一方面，从区块链产业应用来看，区块链技术落地的场景已从金融领域向实体经济领域延伸，覆盖了医疗、社交、泛娱乐、电子存证、游戏等各个方面。然而，当前对于区块链领域的管理性监管集中于金融领域与数字代币应用。诚然，数字代币是最为典型的区块链应用，金融领域相较于区块链领域而言更具有进行区块链应用监管的条件，但监管的本质要求对新兴的应用场景也有所触及，拓展监管的范围，以强化其体系性、全面性。

另一方面，在工业和信息化部 2018 年发布的《2018 中国区块链产业白皮书》中提到，“中国区块链产业链条已经初步形成。从上游的硬件制造、基础设施、安全服务，到下游的产业技术应用服务，以及保障产业发展的行业投融资、媒体、人才服务，各领域的公司已经基本完备”。换言之，区块链技术在我国已有初步的上下游产业化体系。但如前文所述，区块链应用的管理监管集中于产业下游，未辐射至产业中的其他环节，处于按下葫芦浮起瓢的阶段，无法正确规范区块链产业。

第四章

当前监管背景下区块链技术的应用风险

第一节　加密数字货币场景下的应用风险

一、加密数字货币的应用逻辑

随着数字经济的兴起，各国以区块链为底层技术的各类数字货币迅速发展起来并逐步渗入经济交往的各大领域，推动着数字经济的发展。2016年20国峰会上，习近平总书记提出全球数字经济发展问题，并且把数字金融列为重要议题。但必须看到，由于数字代币的去中心化、可靠性、匿名性、跨国界性等特征，必然会大大增加各类违法犯罪的风险。我们需要重视这些风险的存在，不断更新加密数字货币监管相关法律规范，明确其法律属性并对各应用场景下的不同风险加强监督和管理。

目前，对于加密数字货币，在世界范围内仍未形成统一、准确的定义标准。各国官方文件中对于数字货币、数字代币、加密货币、虚拟货币、加密数字货币等名称均有提及。例如，世界银行将其定义为“Cryptocurrencies”（加密货币），〔1〕指依赖于加密技术达成共识的数字货币子集。与此同时，在我国以“数字货币”为代表的各种定义也经常出现。我国有学者认为，“数字货币是以区块链技术为支撑并以电子化方式记录的，不代表实质商品或货物，发行者亦没有兑现实物义务的通货”。〔2〕也有学者认为，“数字货币是一种依靠特定计算机算法产生的，通过竞争性记账、密钥验证等方法来保证去中心化安全运行的点对点加密数字交易工具”。〔3〕还有学者认为，“数字货币是一种具有财产性价值属性的电磁记录型数据”。〔4〕

---

〔1〕 World Bank：Distributed Ledger Technology（DLT）and Blockchain，https://documents1.worldbank.org/curated/en/134831513333483951/pdf/WP-PUBLIC-Distributed-Ledger-Technology-and-Blockchain-Fintech-Notes.pdf. Last visited on November 1. 2022.

〔2〕 齐爱民、张哲：《论数字货币的概念与法律性质》，载《法律科学（西北政法大学学报）》2021年第2期。

〔3〕 陈纯柱、李昭霖：《数字货币犯罪风险的防范与应对》，载《重庆社会科学》2019年第10期。

〔4〕 罗勇：《论数字货币的私法性质——以日本 Bitcoin. Cafe 数字货币交易所破产案为中心》，载《重庆大学学报（社会科学版）》2020年第2期。

但从实质上来看，不同定义下的加密数字货币的本质是相同的，即非官方主体发行的具有去中心化、可流通且具备支付功能等特征的数字化代币。

（一）加密数字货币与相关概念的区别

第一，加密数字货币与区块链技术。根据 2016 年工业和信息化部指导发布的《中国区块链技术和应用发展白皮书（2016）》，区块链技术是一项分布式数据存储、点对点传输、共识机制、加密算法等技术的集成应用。加密数字货币与区块链技术既有联系也有区别，区块链技术是加密数字货币的底层技术，而加密数字货币则是区块链技术最具有代表性、最为成功的应用场景。〔1〕

第二，加密数字货币与传统货币。马克思货币理论认为，货币的本质是充当一般等价物的特殊商品，其背后体现了人与人之间的一种社会关系。货币的演变经历了四个时代：实物货币、金属铸币、信用纸币和数字货币。〔2〕早期的金属货币是由于自身稀缺性特点，可以固定地充当等价流通物；而纸质货币虽然本身不具有价值，但是因其是由国家（或某些地区）发行的强制使用的价值符号，作为代替金属货币执行流通手段，其价值是来源于政府的信用背书。与传统货币不同的是，加密数字货币是由非官方主体通过运算特定计算机算法而产生的一串数字代码，由于其去中心化的特点，价值也就依赖于全体使用者的共同信心及市场供需关系。

第三，加密数字货币与法定数字货币。尽管两者在技术上是相同的，但在法律性质上确有巨大差异。法定数字货币是数字化的现金，其定位是代替现金的支付手段。除存在形态外，法定数字货币的各项性质均与既有的法定货币相同。〔3〕在我国，由中国人民银行发行的数字形式的法定货币，由指定运营机构参与运营并向公众兑换，与纸钞、硬币等价，具有价值特征和法偿性，称为数字人民币（e-CNY）。而加密数字货币因没有国

〔1〕 参见郭上铜、王瑞锦、张凤荔：《区块链技术原理与应用综述》，载《计算机科学》2021 年第 2 期。

〔2〕 参见周陈曦、曹军新：《数字货币的历史逻辑与国家货币发行权的掌控——基于央行货币发行职能的视角》，载《经济社会体制比较》2017 年第 1 期。

〔3〕 参见杨东、陈哲立：《法定数字货币的定位与性质研究》，载《中国人民大学学报》2020 年第 3 期。

家背书、不具有法偿性，对于其法律属性的认定也处在争论之中。

（二）加密数字货币的法律属性

加密数字货币作为区块链技术最成功的应用场景不断地参与商品交易过程中，也引发了关于加密数字货币合法性的争议。在我国，现有法律法规仅对加密数字货币作原则性的规定，理论界对加密数字货币的性质看法不一，实践层面对加密数字货币交易的定性也存在差异。

第一，法律法规对加密数字货币的定位。2013 年 12 月 5 日，中国人民银行、工业和信息化部等五部委发布了《关于防范比特币风险的通知》，其中第 1 条规定："从性质上看，比特币应当是一种特定的虚拟商品，不具有与货币等同的法律地位，不能且不应作为货币在市场上流通使用。"《关于防范比特币风险的通知》从保护社会公众的财产权益、保障人民币的法定货币地位、防范洗钱风险及维护金融稳定的角度出发作出原则性规定——"不具有与货币等同的法律地位"。2017 年 9 月 4 日，中国人民银行、中央网信办、工业和信息化部等七部门发布了《九四公告》，其中第 1 条第 2 款规定："代币发行融资中使用的代币或'虚拟货币'不由货币当局发行，不具有法偿性与强制性等货币属性，不具有与货币等同的法律地位，不能也不应作为货币在市场上流通使用。"《九四公告》与《关于防范比特币风险的通知》一样，从保护投资者合法权益、防范化解金融风险角度出发，仅指出"代币不属于法定货币"，而未明确加密数字货币的法律属性。《民法典》[1]第 127 条规定："法律对数据、网络虚拟财产的保护有规定的，依照其规定。"该规定也未明确如何对数据、虚拟财产进行保护。2021 年 9 月，中国人民银行、网信办等十部委联合发布了《九二四通知》，其中指出"虚拟货币不具有与法定货币等同的法律地位""虚拟货币相关业务活动属于非法金融活动"，首次明确否定了所有加密数字货币的价值，明确禁止了数字货币的投资交易活动，并首次将数字货币的监管提升至国家安全层面。

第二，理论界对加密数字货币法律属性的争论。关于数字货币法律属

〔1〕 为表述方便，本书中涉及的我国法律法规、部门规章直接使用简称，省去"中华人民共和国"字样，例如《中华人民共和国民法典》简称为《民法典》，全书统一，不再说明。

性学说主要包括货币说[1]、数字货币新货币说[2]、非商品说[3]、数字资产说[4]、有价证券说[5]、虚拟财产说[6]等六种代表性观点。上述观点分别从虚拟货币的经济价值、技术成分、价值计价等多个角度予以认定，可以说均有一定的道理。从与法定货币比较的层面上看，尽管加密数字货币的功能与作用已经得到了一定程度的接受，也有学者指出，从数字货币的发展趋势与促进数字经济繁荣的角度上说，将加密数字货币视为新货币或准货币是互联网金融发展的大势所趋[7]，但其终究不具有国家信用基础，不具有所认可的法定身份与地位。在现有前置法尚未对其属性作出明确界定的情况下，只能暂时将其视为一种虚拟财产来应对。

二、加密数字货币应用场景的风险来源

随着越来越多的人了解到区块链技术与日俱增的重要地位，在整个技术及应用的发展过程中，一些别有用心的不法分子也加入进来，利用新兴技术实施违法犯罪。在加密数字货币的应用场景下，如以其在违法犯罪行为过程中所起作用来划分，基本可分为直接针对加密数字货币所实施的犯罪及利用加密数字货币所实施的犯罪。

（一）直接针对加密数字货币所实施的犯罪

提到犯罪，最关乎普通民众切身利益的莫过于侵犯财产犯罪，而以数字货币为犯罪对象也就是直接侵犯数字货币的犯罪。坊间一直流传“比特币买披萨”[8]的故事。2010 年，美国一位程序员用 10 000 枚比特币换取

〔1〕 王谨:《数字货币的商法性研究》，载《法学杂志》2020 年第 12 期。

〔2〕 杨延超:《论数字货币的法律属性》，载《中国社会科学》2020 年第 1 期。

〔3〕《关于防范比特币风险的通知》和《九四公告》中均称其为一种“特定虚拟商品”。

〔4〕 方显仓、黄思宇:《数字货币与中国货币政策转型》，载《学术论坛》2020 年第 2 期。

〔5〕 王熠珏:《“区块链 +”时代比特币侵财犯罪研究》，载《东方法学》2019 年第 3 期。

〔6〕 王谨:《数字货币的商法性研究》，载《法学杂志》2020 年第 12 期。

〔7〕 参见赵天书:《比特币法律属性探析——从广义货币法的角度》，载《中国政法大学学报》2017 年第 5 期。

〔8〕《比特币史上第一笔交易：1 万个比特币买 2 个批萨》，载 https://www.sohu.com/a/123309854_514163，最后访问日期：2022 年 3 月 26 日。

了两份披萨，而按照如今的行情，这 10 000 枚比特币已经是天文数字。多年以来，数字货币价格的暴涨，不仅吸引越来越多的投资者，也使得各路不法分子纷至沓来，针对数字货币的“盗窃”“诈骗”等案件频发。

近年来，数字货币价格的暴涨不仅吸引了众多投资者，也催生了针对加密数字货币的违法犯罪活动，各类“盗窃”“诈骗”案件频发。值得关注的是，虽然加密数字货币在某些网络环境下具备流通功能和一般等价物属性，但我国司法机关尚未在法律层面将其认定为法定货币。

现行司法实践中，针对加密数字货币的非法行为通常以非法获取计算机信息系统数据罪定罪，主要依据有二：首先，2012 年最高人民法院研究室发布《关于利用计算机窃取他人游戏币非法销售获利如何定性问题的研究意见》，该文件在综合考量国际立法经验、国内刑事政策及司法适用可行性后，明确将虚拟财产界定为计算机信息系统数据，并将窃取网络游戏虚拟货币行为纳入该罪名范畴。其次，2014 年《人民司法（应用）》刊载了《〈关于办理盗窃刑事案件适用法律若干问题的解释〉的理解与适用》一文，该文由最高人民法院三位资深法官联合撰写，其指出，鉴于虚拟财产与传统财产存在本质差异且犯罪数额难以认定，对盗窃虚拟财产行为应适用计算机犯罪相关罪名，而非普通盗窃罪。

我们认为此种处理意见是合理的。根据《数据安全法》第 3 条第 1 款对数据的定义，“本法所称数据，是指任何以电子或者其他方式对信息的记录”，加密数字货币是区块链网络上特定信息的记录，其本质上属于“数据”。纯粹的数据只是对信息的记录符号，是信息的载体，并不当然地具有经济上的价值。对于加密数字货币而言，加密数字货币的经济价值并不来自其背后所承载的信息，而是来自行业对加密数字货币的“共识”。换句话说，如果行业对加密数字货币的共识消失，或者公众对加密数字货币交易的兴趣消失，加密数字货币就一无是处。

（二）利用加密数字货币实施违法犯罪行为

加密数字货币犯罪呈现成本低、追踪难、跨国界的特点，所涉及的犯罪风险也多种多样。除了上述直接侵犯加密数字货币的行为，在不同应用场景下，还潜藏着不同风险。对此，后文章节也将会针对每一场景具体分析。

第一，洗钱类犯罪风险。“由于数字货币的存在形式为电子数据，不可能为货币财产权人直接控制或占有，只能存储于特定的电子账户或特定的电子数据存储设备中，并通过账户支付”〔1〕。加密数字货币存在匿名性、不可追踪、无疆域性、点对点支付等特点，被一些不法分子视为洗钱犯罪的完美工具。可以说，加密数字货币在推动金融创新的同时，也提供了洗钱犯罪的新方法。

第二，恐怖主义类犯罪风险。加密数字货币的匿名性、无疆域性给相关部门的追查工作造成了很大难度，一些恐怖主义集团正是看中此类特征，通过将非法资产转换成加密数字货币，后在不同国家地区之间进行来回转移，以秘密实现恐怖主义融资，逃避相关部门的监管〔2〕。

第三，非法利用计算机信息网络类犯罪风险。不法分子利用加密数字货币交易去中心化、匿名化、不可撤销、不可追踪的特点，以数字货币交易为基础搭建网络平台，然后再在平台上进行违禁品交易或发布违法信息。

第四，非法集资类犯罪风险。目前，大多数国家和地区对加密数字货币的融资发行缺少相应的监管制度，与 IPO 相比较而言，其并不需要拿到相关的证明许可文件，程序非常简单。这也就出现了一些加密数字货币发行方通过虚构项目、以币换币等方法，假借国家大力发展数字金融政策的噱头，向社会公众大肆吸收资金。

第五，其他类犯罪风险。加密数字货币在各国法定货币体系之外开辟了一条新的流通渠道，去中心化、脱离政府监管导致数字货币极易存在犯罪隐患。数字货币匿名交易、跨国交易，也可能引发诈骗犯罪、逃税犯罪、逃汇犯罪、贿赂犯罪等多种违法犯罪风险。

---

〔1〕 刘少军：《法定数字货币的法理与权义分配研究》，载《中国政法大学学报》2018 年第 3 期。

〔2〕 参见兰立宏：《论虚拟货币的犯罪风险及其防控策略》，载《南方金融》2018 年第 10 期。

三、司法实践的核心观点与处罚

对于加密数字货币法律属性的认定，长期以来争议不断，该问题在司法实践中也进一步凸显。随着监管政策的不断更新，国家对加密数字货币的定位越发明确，相应地，对于侵犯加密数字货币案件的处理也应当有一个定论。

（一）认定属于计算机信息系统数据——孟某林、刘某非法获取计算机信息系统数据案[1]

1. 基本案情

被告人刘某、孟某林创建“BTCETH 担保交易群”微信群，以对以太坊虚拟币（以下简称“以太币”）提供交易担保的名义发展成员。2017 年 12 月 30 日，被害人朱某在该微信群里发布出售以太币的信息，刘某、孟某林经合谋后由刘某通过微信联系朱某并谎称以每个以太币 5000 多元的价格收购朱某 50 个以太币。当日 15 时许，朱某将 50 个以太币转到刘某指定的以太坊钱包后，刘某、孟某林即将朱某的微信“拉黑”，并“踢出”微信群。同日，刘某、孟某林以同样手段获取被害人倪某（网名“夜”）10 个以太币。此后，孟某林将获取的 60 个以太币等虚拟货币出售套现 30 余万元，并与刘某予以瓜分。

基于上述情况，一审判决被告人构成非法获取计算机信息系统数据罪。公诉机关提出抗诉，认为涉案以太币具有财产属性，属于侵财犯罪侵害对象，本案应定诈骗罪。首先，虚拟财产已纳入我国民法总则调整和保护范围，而 2017 年七部委公告仅否定代币、虚拟币的法定货币属性，并禁止代币、虚拟币发行融资活动，但并未否定私人间持有、流转虚拟币的合法性，更未否定虚拟币的财产属性，且七部委公告前后，多地法院将虚拟币作为侵财犯罪对象予以认定，故涉案以太币属于我国《刑法》第 92 条第 4 项规定的依法归个人所有的其他财产。其次，根据被害人、证人、被告人的言词证据及相关书证，本案能证实涉案以太币收购、销赃交易单价

[1]（2019）浙 03 刑终 1117 号刑事裁定书。

均为5000余元（符合交易行情），故可以明确涉案60个以太币价值30万元以上。被害人朱某等人付出人民币对价后得到以太币，不仅是一种特定的虚拟商品，也代表着被害人在现实生活中实际享有的财产，其损失的财产应受刑法保护。最后，被告人通过其他技术手段获取他人计算机信息系统数据（以太币）的行为是犯罪手段，其犯罪目的是骗取他人财物。依据我国刑法犯罪目的和手段牵连，择一重罪处罚的基本原则，结合犯罪情节，相较于诈骗罪与非法获取计算机信息系统罪量刑幅度，本案应以处罚较重的诈骗罪认定。二审法院维持原判。

2. 司法认定的核心观点

在孟某林、刘某非法获取计算机信息系统数据案中，法院明确地将数字货币作为计算机信息系统数据，而该观点的核心理由如下：

首先，以太币作为一种特定的虚拟商品，与金钱财物等有形财产、电力燃气等无形财产存在明显差别，将其解释为刑法意义上的“公私财物”，超出了司法解释的权限，将诈骗以太币认定为诈骗罪有违罪刑法定原则。

其次，以太币是依据特定的算法通过大量的计算产生，实质上是动态的数据组合，其法律属性是计算机信息系统数据，依法属于刑法“非法获取计算机信息系统数据罪”所保护的对象。

（二）认定属于财物——李某盗窃案[1]

1. 基本案情

被告人李某于2019年3月入职深圳市鑫某某科技股份有限公司（以下简称鑫某某公司）区块链工程师职位。2019年4月，被告人李某参与鑫某某公司与被害单位深圳市浩某贸易有限公司（以下简称浩某公司）合作开发的某项目，李某掌握了某项目的私钥和支付密码。因被告人李某在鑫某某公司试用期间被评定为不合格，于2019年5月31日被鑫某某公司辞退，并于当日办理了工作交接。被告人李某对被辞退心生不满，遂于2019年6月20日在其住处利用之前掌握的某项目的私钥和支付密码，通过手机上网登入浩某公司在IMToken虚拟交易平台开的账户PK-新钱包盗取以太币3

[1]（2020）粤0304刑初2号刑事判决书。

个、浩德币 400 万个。2019 年 7 月 15 日，被告人李某又进入浩某公司在 IMToken 虚拟交易平台开的账户 PK-新钱包盗取以太币 0.4 个。后被告人李某将盗窃的以太币、浩德币转存在其 OKEX 交易平台开设的账户和 IM-Token 虚拟交易平台开设的账户里。根据被害单位提供的市场交易行情记录，涉案被盗的以太币共价值 6000 余元，其中 2019 年 6 月 20 日盗取的 3 个以太币价值 5536.99 元。案发后，被告人李某已向被害单位退还其盗窃的全部浩德币及 0.4 个以太币。另查明，涉案浩德币因并未公开上市交易，无法计算价值。

基于上述案情，法院最终认定被告人构成盗窃罪。

2. 司法认定的核心观点

在李某盗窃案中，法院将数字货币视为财物。而法院核心观点认为，以太币属于刑法意义上的财物，其在中国境内虽不能作为货币流通，但其作为一种虚拟财产，其所有者能够对持有的货币进行管理、能够通过特定方式进行支付、转移且能够使用货币公开进行交易，具有一定的经济价值。

（三）案例评析

将非法转移数字货币案件以侵犯财产罪认定的主要理由是其所有者能够对持有的货币进行管理、能够通过特定方式进行支付、转移且能够使用货币公开进行交易，具有一定经济价值，故属于刑法上的“财物”。

这种观点在《九二四通知》发布之前存在一定的合理性。在该公告发布前，我国的规范性文件中仅明确了其非货币化的属性，但并未完全否定数字货币的价值，即数字货币具有虚拟商品和数据的双重属性，在国内也有相应的市场价格，因此在部分案件中将其认定为财物。但应当指出的是，据以认定的《关于防范比特币风险的通知》《九四公告》等文件法律效力位阶较低，所涉及的部门及所规范的行业领域有限，对于数字货币的监管停留在财产保护及稳定金融秩序的层面。

而《九二四通知》的出台，对本类案件的处理有了一个较为明确的态度。第一，其不仅明确了数字货币去货币化，同时不再承认数字货币系

“虚拟商品”。第二，其强调了数字货币“以数字化形式存在”，即从法律层面肯定了数字货币的本质为“数据”，不具有货币价值，且不能流通。第三，就规制的范围而言，在《关于防范虚拟货币交易炒作风险的公告》中，仅表示“从我国现有司法实践看，虚拟货币交易合同不受法律保护”，而《九二四通知》中则直接明确，涉虚拟货币的金融行为不具有合法性，违背公序良俗，不受法律保护。第四，其封闭了境外数字货币的定价对国内的影响，明确了境外数字货币定价的违法性，由此，进一步否定了数字货币的市场价值。第五，其不再局限规制对象，对所有行业、所有实体均有效力，这意味着监管政策的全面铺开及全覆盖的态势。相比此前的规范性文件，《九二四通知》有最高人民法院、最高人民检察院及公安部的加入，标志着对虚拟货币的高压监管态势从行政领域步入司法领域，强调了数字货币相关活动在司法层面的违法性。

因此，前述以侵犯财产罪处理本类案件，数字货币属于刑法意义上的财产论点已没有支撑。在《九二四通知》后，我国已明确数字货币的去货币化，否定数字货币的价值，并禁止数字货币包括定价、交易在内的所有金融行为，国内市场已经完全被取缔。若仍旧以财产犯罪认定相应行为，不仅承认了数字货币的价值，且通过境外的定价服务确定其价格的方式更有悖于我国的监管政策。所以，涉及非法转移数字货币案件在法律定性上的争议已不复存在，应以非法获取计算机信息系统数据罪认定相应行为。

第二节　代币发行场景下的应用风险

一、代币发行场景的应用逻辑

近年来，各类主体竞相发行代币（Token），其名称、功能、技术基础都有很大的不同，但是大多用于融资，即向公众出售并筹集数字货币，形成了被称为代币发行融资的新兴融资方式。类比股票首次公开上市（IPO）而衍生的概念，首次代币发行（Initial Coin Offering，ICO）是区块链技术的载体和应用产物，[1]有学者指出，“ICO 行为就是一种运用基于区块链技术产生的数字货币来进行项目融资的行为”。[2]作为一种创新的融资方式，ICO 由国外传入国内后，在区块链底层技术的“包装”下，ICO 在国内资本市场一路高歌猛进，其发展速度与规模令人惊叹。中国互联网金融风险分析技术平台统计显示，2016 年国内共有 9 个平台通过 ICO 模式从社会公众处募集价值近 1.41 亿元的比特币和以太币，而截至 2017 年 7 月 18 日，共有 43 个平台以该模式向社会公众募集价值约 30 亿元的比特币和以太币。[3]

（一）代币发行的流程

ICO 作为一种创新型融资模式，在大多数项目中，一般包括代币预售、代币众筹、代币上市三个阶段。[4]正式开展 ICO 活动之前，核心团队会发布一份白皮书并进行宣传；之后，进行预售（Pre-ICO），旨在从潜在投资者那里获取有关代币公平价格和融资规模的信息；最后即完成代币的发行与上市。目前来看，ICO 的持续时间没有规律可循，有的在一天甚至更短的时间内关闭，有的则持续一年甚至更长时间。上市是 ICO 的一个重要里程碑事件，其确保了代币的流动性，为吸引更多投资者参与和代币作为实际货币的使用铺平了道路。

在代币准备与预售阶段，因为代币的价值与其网络规模密切相关，所以一旦核心团队确定了自己的愿景，便会着手建立专业的网站及大量使用社交媒体进行 ICO 项目的早期营销，并在恰当的时机发布类似于商业计划书的“白皮书”，通过尽可能多的媒体渠道向潜在投资者推介 ICO 项目。为了测试市场的接受度，进行 ICO 的公司也会提供预售服务，其目的在于通过与潜在投资者的私下讨论或向其推销，让投资者对 ICO 活动产生兴

---

〔1〕蒋辉宇：《ICO 融资行为的挑战：我国非法集资行为刑法规制路径的反思与应然选择》，载《财经理论与实践》2019 年第 2 期。

〔2〕邓建鹏：《ICO 非法集资问题的法学思考》，载《暨南学报（哲学社会科学版）》2018 年第 8 期。

〔3〕薛洪言：《ICO：区块链的新商业模式》，载《互联网经济》2017 年第 8 期。

〔4〕参见张巧良、刘佳：《基于区块链的代币融资研究综述》，载《财会月刊》2021 年第 3 期。

趣，并愿意在ICO真正开始之前进行投资。

在代币众筹阶段，将为所有对加密货币市场发展感兴趣的人提供参与和贡献的机会。代币的基本价值在于其功能和效用，代币发行价由公司本身和加密货币兑换比率决定。代币众筹的持续时间由ICO发起方自行决定，为了推广ICO活动，发起方通常会为投资者提供相应的激励计划。

在代币上市阶段，代币上市交易为代币提供了流动性，对于发行方来说可以基于区块链产品服务的开发，获得将代币换成法定货币或其他加密货币的机会，以实现融资目的。对于投资者来说，则可以通过代币价格的上升来获利。

（二）代币发行与传统融资的差异

"从技术角度来讲，ICO本质上是一种程序，发行人从投资者那里收集加密货币，在达到目标数量后，将新创建的代币分发给投资者"。[1]为此，ICO需要一个可以编程的系统来分发代币，即所谓的智能合约。在这种模式下，ICO便可以克服许多传统融资项目存在的障碍。

第一，ICO可以克服信息不对称和道德风险的障碍。首先，由于代币销售基于区块链技术，发行人通常必须建立不变的、不可协商的治理条款，这些条款在事前可供投资者使用，事后不可更改，这表明了创始团队对风险治理的坚定承诺。不变的治理条款和创始团队的强烈承诺限制了道德风险。其次，ICO基于区块链技术和互联网将期望高风险、高回报的投资者与潜在的创始人联系起来，大大减少了信息摩擦，从而缓解了传统上阻碍创业融资的信息不对称问题。[2]

第二，ICO大大降低了交易与融资成本。发行方只需负担极低的交易成本，且不稀释创始人的控制权，就能筹集到与成本高昂、监管严格的风险资本交易或IPO相当的资金量。同时，只要代币上市，投资者就可以在任何时候立即退出。

第三，ICO的结构避免了特定的监管要求。与IPO由承销商管理不同，

〔1〕 参见张巧良、刘佳：《基于区块链的代币融资研究综述》，载《财会月刊》2021年第3期。
〔2〕 参见郑丁灏：《论金融科技的穿透式监管》，载《西南金融》2021年第1期。

ICO 由其团队“自我管理”。因此，相较于传统融资方式，监管的不确定性确实是 ICO 的最大缺陷。

（三）代币发行的监管政策与发展

正是基于上述代币发行人借代币融资成本低且可规避信息披露、投资者适当性管理等义务的特点，利用代币发行进行融资活动的风险逐渐积累，并已引起监管者重视。2017 年 9 月 4 日，中国人民银行等七部委在诸多国家尚在观望时，率先发布《九四公告》，将代币发行列为未经批准的非法公开融资行为，全面禁止了代币发行融资活动，并明确其涉嫌非法发行证券及非法集资、金融诈骗、传销等犯罪。

ICO 被全面禁止后，ICO 的行为变得更为隐蔽，继而产生了 IEO、IFO、IDO 及 IMO 的融资模式变种。IEO（Initial Exchange Offerings，首次交易发行），指以交易所为核心发行代币。在 IEO 的融资模式下，发起方直接开设数字货币交易所并发行代币，IEO 的投资者必须在交易所开立账户并在交易时购买代币。IFO（Initial Fork Offerings，首次分叉发行），指通过分叉比特币等主流加密货币生成新的代币。“分叉”的实质是，数字货币社区对代币未来发展方式出现分歧，由一条区块链生成两条新链产生新的分叉币。IDO（Initial Digital Assets Offering，首次区块链数字资产发行），指企业区块链项目首次以资产数字化产生出来的区块链数字资产，以产品锚定资产债券、众筹方式募集的通用数字资产的行为，是当前较新的一种融资方式。IMO（Initial Miner Offerings，首次矿机发行），则是不以代币作为对象，而是发售矿机设备，根据特定算法运行下完成的计算任务结算奖励，对此，中国互联网金融协会也将 IMO 界定为变相 ICO 融资行为。[1]

2021 年 9 月 15 日，“两高”联合中国人民银行等十部委发布《九二四通知》，再次宣告了虚拟货币相关业务活动属于非法金融活动，境外虚拟货币交易所通过互联网向我国境内居民提供服务同样属于非法金融活动。在将虚拟货币交易炒作风险上升到国家安全高度的同时，将法定货币与虚

〔1〕《中国互联网金融协会发布防范变相 ICO 活动风险提示》，载 http://www.gov.cn/xinwen/2018-01/13/content_5256205.html，最后访问日期：2022 年 11 月 10 日。

拟货币兑换业务、虚拟货币之间的兑换业务、作为中央对手方买卖虚拟货币、为虚拟货币交易提供信息中介和定价服务、代币发行融资，以及虚拟货币衍生品交易等虚拟货币相关业务活动一律取缔。至此，代币发行应用场景下面临诸多风险。

二、代币发行场景的风险来源

技术创新与互联网金融创新是社会进步的动力，区块链技术是互联网思维的重大进步与革新，技术本身并没有错误，但恶意利用区块链和数字货币技术的行为已经成为国家打击的重点。层出不穷的 ICO 违法犯罪活动使得监管机构对 ICO 行为全面叫停，针对 ICO 行为的监管法规虽还不完善，但其风险来源已经逐渐可见。

（一）证券、期货犯罪风险

《证券法》第 2 条第 1 款规定，在中华人民共和国境内，股票、公司债券、存托凭证和国务院依法认定的其他证券的发行和交易，适用本法，其对证券范围并无兜底性规定。我国《刑法》有关证券发行的犯罪，其犯罪对象也仅限于股票、债券。但《九二四通知》中明确代币发行融资等相关活动涉嫌非法发售代币票券、擅自公开发行证券，因此，在代币被认定为属于股票、债券的情形下，发行代币方可能涉及证券类犯罪。[1]有学者曾指出，一个国家不同的发展阶段应该有与之相对应的证券监管政策来调整被监管证券的种类，[2]对此也有观点指出，ICO 满足了证券的基本属性，属于广义证券的一种，在证券的应然范围之内。[3]

其一，将未经核准公开发行的代币认定为股票、债券时，可能涉嫌擅自发行股票、公司、企业债券罪。如果代币发行是为了设立公司，购买者以其持有的代币作为其股东身份及享有股东权利的凭证，则发行的代币实质上符合股票的定义。同理，如果代币发行人作为债务人向投资者发行代

〔1〕 参见朱娴：《代币发行交易中的犯罪风险》，载《国家检察官学院学报》2018 年第 6 期。
〔2〕 参见李飞：《关于如何确定〈证券法〉的调整范围问题》，载《中国法学》1999 年第 2 期。
〔3〕 孙国峰、陈实：《论 ICO 的证券属性与法律规制》，载《管理世界》2019 年第 12 期。

币，而该代币作为债务人承诺在一定时期支付利息和到期归还本金的债务凭证的，则发行的代币实质上符合债券的定义。

其二，在发行实质上构成股票、债券的代币时，存在隐瞒重要事实或虚构重大内容的，可能涉嫌欺诈发行股票、债券罪。通过互联网发行代币时，发行人可能会发布项目白皮书，但由于缺乏信息披露监管，市场上众多 ICO 存在白皮书虚假宣传行为。

其三，在代币发行过程中，发行人往往能够通过代币开发和预挖过程，大量持有待发行代币。因此，当代币发行成功并进入二级市场后，发行人可以利用持有的代币操纵代币交易，推高代币价格后兑现撤离。对于市场操纵行为，我国《刑法》仅规定有操纵证券、期货市场罪。另外，在回报型发行中，代币是请求交付商品或提供服务的请求权凭证，投资者如果将代币以集中方式进行标准化合约交易，实际上就是在进行期货交易。操纵这种具备证券、期货性质的市场，可能构成操纵证券、期货市场罪。

（二）非法集资犯罪风险

非法集资犯罪（包括非法吸收公众存款罪和集资诈骗罪）实际上已经成了非法面向不特定社会公众募集资金的兜底性罪名。除确能认定为证券发行的以外，代币发行行为符合非法集资“四性”，可能涉嫌非法吸收公众存款罪。若发行人行为符合“四性”且具备非法占有目的的，则可能涉嫌集资诈骗罪。

如上文所述，现行认定非法集资的行为要件分别为非法性、公开性、社会性与利诱性。而根据 ICO 项目流程，除某些数字货币先向特定投资者发行、后在二级市场转售这一情形外，所有的 ICO 型代币、稳定币的发行与交易均符合“公开性”“社会性”要件，因而符合“向社会不特定对象吸收资金”的要件。数字货币是否符合“非法性”与“利诱性”，要视数字货币的具体类型而定。[1]

“非法性”要件是指违反国家金融管理法律规定吸收资金，具体表现

〔1〕 柯达：《论区块链数字货币的非法集资刑法规制》，载《东北大学学报（社会科学版）》2020 年第 6 期。

为“未经有关部门依法批准吸收资金”和“借用合法经营的形式吸收资金”。〔1〕2022年2月23日，最高人民法院公布《关于修改〈最高人民法院关于审理非法集资刑事案件具体应用法律若干问题的解释〉的决定》，将第2条第8项修改为，“以网络借贷、投资入股、虚拟币交易等方式非法吸收资金的”，正式将通过虚拟币交易进行非法吸收资金的行为纳入犯罪范围。

“利诱性”要件是指集资人承诺在一定期限内以货币、实物、股权等方式还本付息或者给付回报。如果ICO项目发行人承诺所发行的代币本身未来会增值，尽管代币有类似货币的特征，但毕竟不是货币。不论认为其是虚拟商品还是金融资产，其增值与其他资产增值无本质不同，故也可能被认定为具有非法集资的利诱性特征。

（三）非法经营犯罪风险

代币交易平台的经营者，从事现实货币、代币或虚拟货币之间的兑换交易，或为代币或虚拟货币提供定价、信息中介等服务，或为这些活动提供设施，可能构成非法从事资金支付结算业务，涉嫌非法经营罪。我国支付结算监管实际上也是针对货币给付的，根据《支付结算办法》，支付结算是货币给付及其资金清算的行为。代币、虚拟货币与现实货币间的交易兑换，符合支付结算业务特征的即构成资金结算。

代币发行交易的中介机构，如果为已构成变相公开发行证券、期货的代币提供承销、经纪、投资咨询、财务顾问、资产管理等服务，属经营证券、期货业务，未经许可实施的，构成非法经营罪。例如，2008年《关于整治非法证券活动有关问题的通知》规定，中介机构非法代理买卖非上市公司股票，涉嫌犯罪的，以非法经营罪追究刑事责任。

代币交易平台为构成证券、期货的代币提供发行及集中交易场所及服务，即类似于证券交易所，可归为证券业务。若在回报型发行中，投资者不以获得商品服务为目的，而是将请求交付商品或提供服务的请求权凭

---

〔1〕刘为波：《〈关于审理非法集资刑事案件具体应用法律若干问题的解释〉的理解与适用》，载《人民司法》2011年第5期。

证——代币转卖以获利，此时交易平台为其提供以集中方式进行标准化合约交易的场所或设施，亦类似于期货交易所，可以归为期货业务。上述交易平台若未得到经营证券、期货业务的许可，即可能涉嫌非法经营证券、期货业务，继而构成非法经营罪。

（四）传销犯罪风险

由于区块链技术核心逻辑在于共识和信心，因此，只要越来越多的人对区块链运行逻辑具备信心，作为区块链价值表象的数字货币的可信度和可能性便会极大增强。而传销行为的本质就是口口相传式的洗脑，正是两者存在这种相似的“有情饮水饱”的思维逻辑，故一些不法分子打着区块链的旗号，进行传销犯罪。ICO 传销的典型模式就是，行为人形式上打着区块链的幌子，实质上是拉人头、发展下线的行为，作为营利模式。

三、司法实践案例的核心观点与处罚

（一）代币发行涉非法吸收公众存款案例——郝某声、杨某非法吸收公众存款案[1]

1. 基本案情

2017 年 11 月至 2018 年 3 月，郝某声、杨某伙同崔某等人，违反国家金融管理规定，以天易家禾公司的名义，通过会议、培训和发展下线等方式向社会公众公开销售 LCC 影视区块链虚拟货币（以下简称 LCC 币），并宣传该币只涨不跌，以高额回报为诱饵，吸引公众投资。其间，郝某声以某集团执行董事等身份参与 LCC 币宣传推广会议的讲课，杨某以天易家禾公司执行总裁“杨舜瑄”“杨明心”等名义参与 LCC 币的招商会，向社会公众进行推广宣传，并向部分投资者提供收款银行账户，以及代为收款购买 LCC 币。2018 年 3 月，多名投资人发现 LCC 币交易网站无法登录交易后，该团伙将 LCC 币转换为柏拉图 PTO 珠宝区块链虚拟货币，以期继续吸引投资。经统计，报案的 700 余名集资参与人中提供转账记录的 85 人

〔1〕（2020）粤刑终 624 号刑事判决书。

(部分为集体报案人), 所涉投资总额为 22 842 621.25 元。

基于上述案情, 一审判决被告人郝某声、杨某参与推广虚拟货币非法交易, 变相吸收公众存款, 扰乱国家金融管理秩序, 数额特别巨大, 其二人的行为均已构成非法吸收公众存款罪。二审维持原判罪名及自由刑部分。

2. 核心观点

在本案中, 法院核心观点认为, 推广虚拟货币交易的行为违反国家法律法规, 具有非法性; 宣传该虚拟货币只涨不跌的行为属于以高额回报为诱饵, 具有利诱性; 开办宣传推广会、招商会的行为属于向社会进行宣传, 具有公开性、社会性。故符合非法吸收公众存款罪的四项特征。

(二) 代币发行涉非法经营罪案例——赵某非法经营案[1]

1. 基本案情

自 2016 年起, 被告人赵某伙同其丈夫闫某某先后成立西安众茂网络科技公司、西安租宝电子商务公司, 并从事网络期货交易业务。2017 年 7 月, 二人为牟取非法利益, 购买网络服务器及第三方支付平台, 搭建虚假的"蝌蚪服务 2.0"期货交易平台作为以上两家公司的期货交易系统, 雇用员工通过网络招揽客户在其"蝌蚪服务 2.0"交易平台上以集中交易的方式进行标准化合约交易, 非法从事比特币、黄金等期货交易, 赚取交易手续费。截至 2018 年 3 月, 被告人赵某与闫某某累计违法所得 3 650 327 元。

基于上述案情, 法院认为, 被告人赵某为牟取非法利益, 未经国家有关主管部门批准, 利用电子交易平台, 以无实物交割的现货交易为幌子, 非法从事期货交易, 从中赚取交易手续费, 情节特别严重, 其行为已构成非法经营罪。

2. 核心观点

在本案中, 法院核心观点认为, 交易平台以集中方式进行标准化合约交易, 其性质类似于期货交易所, 可以归为期货业务。交易平台若未得到经营期货业务的许可, 即构成非法经营罪。

---

[1] (2021) 陕 01 刑终 131 号刑事裁定书。

（三）代币发行涉组织、领导传销活动罪案例——陈某、丁某清等组织、领导传销活动案[1]

1. 基本案情

陈某以区块链为概念策划在互联网设立 Plus Token 平台开展传销活动，并建立域名为 www. plToken. io 的网站。被告人陈某、丁某清、彭某轩、谷某江等人成立了 Plus Token 平台最高市场推广团队——盛世联盟社区，通过微信群、互联网、不定期组织会议、演唱会、旅游等方式发布 Plus Token 平台的介绍、奖金制度、运营模式等宣传资料，虚构、夸大平台实力及盈利前景进行宣传推广。Plus Token 平台没有任何实际经营活动，以互联网为媒介在我国及韩国、日本等国传播。该平台以提供数字货币增值服务为名，对外宣称拥有“智能狗搬砖”功能（同时在不同交易所进行套利交易，赚取差价），实际并不具备该功能。Plus Token 平台要求参加者通过上线的推荐取得该平台会员账号，缴纳价值 500 美元以上的数字货币作为门槛费，并开启“智能狗”，才能获得平台收益。会员间按照推荐发展的加入顺序组成上下线层级，并根据发展下线会员数量和投资资金的数量，将会员等级分为普通会员、大户、大咖、大神、创世五个等级，该平台设置智能搬砖收益、链接收益、高管收益三种主要收益方式，以此进行返利，直接或者间接以发展人员数量及缴费金额作为计酬或者返利依据。

基于上述案情，一审判决陈某、丁某清等人以经营活动为名，要求参加者缴纳一定价值的数字货币作为门槛费，会员间按照推荐发展的加入顺序组成上下线层级，直接或间接以发展会员的数量及缴费金额作为计酬或者返利依据，引诱参加者继续发展他人参加，骗取财物，扰乱经济社会秩序，情节严重，其行为均构成组织、领导传销活动罪。二审维持原判。

2. 核心观点

在本案中，法院核心观点认为，以数字货币为幌子的传销犯罪通常与区块链底层的技术特征则并无关联，其宣传的内容核心在于获利或暴富。故对于其行为只需按照组织、领导传销活动罪的构成要件进行认定。

---

[1]（2020）苏 09 刑终 488 号刑事裁定书。

第三节 数字资产交易场景下的应用风险

一、数字资产交易场景的应用逻辑

区块链通过对分布式数据存储、P2P 传输、共识机制、加密算法和智能合约等传统技术的应用，使区块链具有去中心化、匿名性、公开透明、不可篡改等特点。以区块链为技术基础的各类数字资产交易，当然地继承了区块链的特点。

（一）加密算法带来交易的隐蔽性

在区块链数字资产交易中，密码学是一项关键内容，“区块链上的价值传输需要保证参与者签名的不可复制性、与信息内容的一一对应以及对签名的身份鉴别，这些通过密码学哈希算法以及非对称加密技术共同实现”。[1]区块链采用密码学哈希算法技术（SHA-256），保证区块链账本的完整性不被破坏。首先，哈希函数计算对输入内容具有极强的敏感性，信息内容发生任何的微小变化，所得出的哈希值便发生非常大的变动，以此保证了数字签名与信息内容的绝对对应。其次，哈希算法属于一种公开函数，每个人借此得出的计算结果（哈希值）会完全相同，数字签名的可鉴别性需要非对称加密技术的介入。这种非对称加密不同于加密解密互为逆向操作的对称性加密，安全性更高，加密与解密采用私钥和公钥两种不同的密钥。其中，私钥具有私密性、专属性、唯一性，私钥持有者即为本人；公钥则具有公开性、非专属性，通过私钥加密的信息只有通过公钥才能解密，反之亦然。交易主体通过私钥对交易信息的哈希值进行加密，将此加密数据连同公钥一并发送给潜在的合作方，合作方运用收到的公钥对加密数据进行解密，将解密后的哈希值与原始信息的哈希值进行比对，如果两者完全一致，则能确保此交易信息未被篡改、系该交易主体的真实意志体现。通过这种非对称性加密技术，最大程度保证了数据传输的真实

[1] 崔志伟：《区块链金融：创新、风险及其法律规制》，载《东方法学》2019 年第 3 期。

性，交易双方便可基于此达成稳定共识。

这种密码学数字签名技术的运用很大程度上提高了交易的安全性、可信性，大大增加了交易的隐蔽性。“在比特币用户是不需要实名的，比特币希望以此来实现用户的匿名性。”[1]在区块链价值传输中，基于隐私权保护的要求，人们更关注的是交易的实际内容，而对交易内容与参与者真实身份的关联性缺乏关注，这使得数字资产的交易都是在匿名情况下完成的。一方面，从数字资产所有权转移上看，其是基于密码学原理通过一组密钥来实现，并且每次交易都会随机生成一组新的密钥，难以进行追踪和控制。尽管区块链网络中的每次交易都会向全网公开，以保证交易的安全性，但公开的内容仅是交易地址和交易数额，交易人的身份难以确定。另一方面，交易平台对账户注册的审查不够严格，由于许多加密资产在其分类账中很少或根本没有关于加密货币所有者身份的信息，因此，该工具的持有人通常被认为是其所有者，这就会造成冒用他人身份或者使用虚假身份从事不法行为的现象。

（二）分布式架构、点对点模式及共享账本带来交易的便捷性

传统的中心化交易模式跨度长、成本高，国际支付更是如此。以支付宝为例，虽然这种第三方支付方式的运用解决了电商交易中的信任难题，从而带来了交易的极大便利，但资金交易、变现过程中多节点、流程长也是一个客观事实，如果交易双方支付宝绑定的银行账户不同就更是如此。这种多节点导致的高成本在跨境支付上表现得尤为明显。如果是外汇支付，经过当地银行、中央银行、境外银行等一系列转移程序，外汇交易费、当地银行汇费及对方银行手续费等也使交易成本大大增加。

区块链技术的运用便可以将这些节点直接串联起来，能够缩短时间跨度、降低交易成本。分布式记账省略了银行间的授信、核查等流程，由先前的“多点共治”转为“线型传输”，交易的效率更高、速度更快，且交易费用几乎为零。“使用区块链，买卖双方能够通过智能合约直接实现自

---

〔1〕郭上铜、王瑞锦、张凤荔：《区块链技术原理与应用综述》，载《计算机科学》2021年第2期。

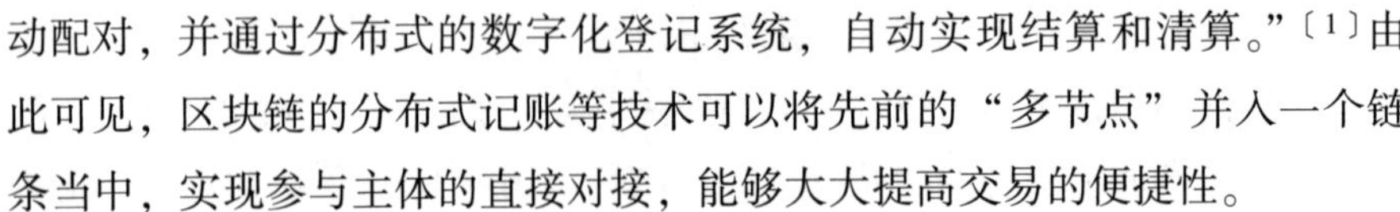

动配对，并通过分布式的数字化登记系统，自动实现结算和清算。”[1]由此可见，区块链的分布式记账等技术可以将先前的“多节点”并入一个链条当中，实现参与主体的直接对接，能够大大提高交易的便捷性。

（三）去中心化造成的其他监管难题

区块链实质是一种去中心化的分布式账本，这就意味着在区块链网络中不存在所谓的中央权威。“由于没有中心系统，很难锁定客户的多个匿名账户，除非掌握秘钥，否则很难了解资金去向，这极可能被犯罪分子利用。”[2]因此，传统的监管者在对数字货币的流通过程进行监管时，需要对整个区块链网络中的参与者进行监管，监管范围过于广泛。由于参与者人数众多，时间和空间上又具有极大的分散性，难以实现有效监管。

同时，世界各国对数字资产认知不一，采取了支持、反对，或是谨慎对待等不同的监管态度，并仍处在动态变化中。“监管政策的不一致导致了监管套利与监管真空的存在。”[3]即使在我国已经明确禁止所有数字资产交易的情况下，依然可以通过境外平台实现兑换。

二、数字资产交易应用的风险来源

如上文所述，分布式记账技术依靠节点的共同参与来维护交易信息，不再依靠中心化机构的权威性来取得信任。数字资产交易的隐蔽性、便捷性及其技术带来的监管难题，导致了相应交易行为用以实行违法犯罪现象的发生。其场景下，主要面临逃汇、洗钱等刑事风险，以及交易行为不受法律保护的民事风险。

（一）逃汇犯罪风险

我国对法定货币的跨国资金交易进行严格管制，如果要将一笔人民币

---

〔1〕 秦谊：《区块链冲击全球金融业》，载《当代金融家》2016 年第 Z1 期。

〔2〕 王硕：《区块链技术在金融领域的研究现状及创新趋势分析》，载《上海金融》2016 年第 2 期。

〔3〕 封思贤、丁佳：《数字加密货币交易活动中的洗钱风险：来源、证据与启示》，载《国际金融研究》2019 年第 7 期。

兑换成外汇汇至境外，需要先在银行进行兑换，这整个过程处于监管之下。于是，一些不法分子以数字货币作为中介，先用人民币购买数字货币，将数字货币转移至境外后再进行兑换，就完全逃避了国家对外汇的监管制度。而此种行为可能涉嫌逃汇犯罪。

逃汇罪是指公司、企业或者其他单位，违反国家规定，擅自将外汇存放在境外，或者将境内的外汇非法转移到境外，情节严重的行为。根据2008年《外汇管理条例》第3条规定，外汇是指以外币表示的可以用作国际清偿的支付手段和资产，如外币现钞、外币支付凭证或者支付工具、外币有价证券、特别提款权或者其他外汇资产。如前文所述，数字货币尽管在国内不能成为刑法意义上的“货币”，但是在某些认定其法定货币地位的国家，情节严重的则可能涉嫌逃汇罪。例如，2021年6月9日，萨尔瓦多国会以“绝对多数”（62/84）赞成票通过了比特币法币的提案，地处中美洲的小国萨尔瓦多成为世界上第一个将比特币作为法币的国家。根据该提案，比特币将被视为不受限制的法定货币进行流通与监管，在任何交易中都可无限使用，对公共或私人自然人或法人要求行使的任何所有权都不受限制。如此一来，比特币就进入了“外汇”的范围之内，具备逃汇类犯罪的实质。〔1〕

（二）洗钱犯罪风险

洗钱风险一直以来受到金融监管部门关注。2018年2月，作为国际社会最重要的全球性反洗钱国际组织，反洗钱金融行动特别工作组（Financial Action Task Force on Money Laundering，FATF）召集成员国，对全球范围内的反洗钱和打击恐怖主义融资问题进行专门研讨，并一致认为，如何对洗钱活动进行监测和打击事关金融市场稳定和国家经济安全。FATF将“洗钱风险”定义为“发生洗钱和恐怖融资活动的可能性”，而近年来，由于数字资产交易的特征，越来越受到不法分子的“青睐”，成为他们眼中“完美”的洗钱工具。“正是利用了比特币的匿名性特征，不法分子‘完

〔1〕谢杰：《区块链技术背景下金融刑法的风险与应对——以比特币交易对外汇犯罪刑法规制的冲击为视角》，载《人民检察》2017年第8期。

美’避开了监管部门通过银行卡交易记录追踪每笔钱来龙去脉的可能”,[1]尤其是2020年10月10日，国务院召开打击治理电信网络新型违法犯罪工作部际联席会议，全国范围内的“断卡”行动展开后，传统的银行卡洗钱模式不断遭受打击，也就导致了犯罪分子纷纷转向以数字资产作为工具进行洗钱。

在《九四公告》发布以前，据国家互联网金融安全技术专家委员会《“全国互联网金融阳光计划”第四周国内比特币交易情况监测报告》,[2]2017年6月1日至6月30日，国内比特币交易成交额为341.29亿元，占全球总交易量的30%。据区块链领域安全公司派盾PeckShield发布的《2020年度数字货币反洗钱报告》,[3]2020年未受监管的数字货币出境规模高达175亿美元，较2019年增长51%。

从具体方法上看，洗钱者用法币购买数字货币或向交易所个人账户充入数字货币以完成非法资金入场，然后通过币币交易分散资金，并利用币种间差价赚取利润以混合非法资金和“合法”收入，最后卖出数字货币获得法币或直接从交易所转出数字货币，完成非法资金出场。“为了隐匿行踪，其往往会进行错综复杂的入场、币币交易与出场操作，并减少大额与频繁交易”,[4]使得洗钱风险进一步加大。完整的洗钱行为往往包含三个阶段。[5]以使用比特币洗钱为例，具体表现为：(1) 放置阶段，洗钱者利用虚假的身份信息在比特币交易平台上注册并购买比特币，如一人持有多个比特币交易账户，通过这些账户将非法资金注入所要“清洗”的渠道中；(2) 培植阶段，洗钱者利用比特币的匿名性进行多层次、复杂化的交

---

[1] 《“玩家”揭露利用比特币洗钱内幕：国内买国外卖》，载 http://www.chinanews.com/cj/2017/05-17/8225929.shtml，最后访问日期：2022年3月25日。

[2] 《6月份国内比特币交易成交额341.29亿元 占全球总交易量30%》，载 https://www.sohu.com/a/155264437_114988，最后访问日期：2022年3月25日。

[3] https://m.DApptotal.com/reports/PeckShield_AML_Research_Report_final，最后访问日期：2022年3月18日。

[4] 钟增胜等:《数字货币交易所洗钱行为检测》，载《湖南大学学报（自然科学版）》2022年第10期。

[5] 徐汉明、贾济东、赵慧:《中国反洗钱立法研究》，法律出版社2005年版，第183页。

易，借此掩饰犯罪所得的性质、来源，或是通过比特币的“混合”技术，将待“洗白”的比特币与其他合法来源的比特币进行混同；（3）融合阶段，在这一阶段数字货币洗钱者往往利用比特币的国际范围内的双向可兑换性，将已“洗白”的比特币兑换为美元等世界范围内主要货币。相较于传统的纸钞，数字资产使得培植过程变得更加复杂和模糊，适用于纸币的反洗钱检测手段难以有效发挥作用。

《九四公告》对于提供代币与代币、代币与法定货币之间兑换的交易平台予以取缔，《九二四通知》进一步将虚拟货币兑换、提供中介信息等全部业务活动定义为非法金融活动，一律严格禁止。但应然层面所期望的禁止结果可能并不会完全如规制主体所期望，因此，不管我国对全球稳定币的监管态度如何，这种私人数字货币都会以各种方式对我国产生影响乃至剧烈冲击。“只有正视全球稳定币等数字货币的存在及发展趋势，切实制定相应的法律制度并提高规制能力，才能有效防范全球稳定币带来的种种洗钱风险，并从其发展中受益。”〔1〕

（三）交易行为不受法律保护的风险

与刑事领域不断加大对逃汇、洗钱等违法犯罪行为打击力度不同，民事领域对于涉币案件的法律保护呈现减弱态势。自《九二四通知》将涉币活动全面否定后，对于参与数字货币交易的主体同时明确将不予以进行法律保护，相应主体所签订的合同、实施的履约行为面临被认定为无效的风险。

《九二四通知》指出，参与虚拟货币投资交易活动存在法律风险。任何法人、非法人组织和自然人投资虚拟货币及相关衍生品，违背公序良俗的，相关民事法律行为无效，由此引发的损失由其自行承担。

三、司法实践的核心观点与处罚

（一）数字资产交易涉洗钱罪案例——陈某枝洗钱案

2021年3月19日，最高人民检察院、中国人民银行联合发布6个惩

---

〔1〕 杨东、徐信予：《数字货币的反洗钱问题研究》，载《人民检察》2021年第9期。

治洗钱犯罪典型案例，本案为其中一起。

1. 基本案情

被告人陈某枝，系陈某波（另案处理）前妻。2015 年 8 月至 2018 年 10 月，陈某波通过注册成立意某金融信息服务公司、开设数字货币交易平台发行虚拟币，实施集资诈骗犯罪，涉案金额约 1200 万元。2018 年 11 月 3 日被公安机关立案侦查后潜逃境外。2018 年 6 月，陈某波将非法集资款中的 300 万元转至陈某枝个人银行账户。2018 年 8 月，为转移财产，掩饰、隐瞒犯罪所得，陈某枝、陈某波二人离婚。2018 年 10 月底至 11 月底，陈某枝明知陈某波因涉嫌集资诈骗罪被公安机关调查、立案侦查，并逃往境外，仍将上述 300 万元转至陈某波个人银行账户，供陈某波在境外使用。另外，陈某枝按照陈某波指示，将陈某波用非法集资款购买的车辆以 90 余万元低价出售，随后在陈某波组建的微信群中联系比特币"矿工"，将卖车款全部转账给"矿工"换取比特币密钥，并将密钥发送给陈某波，供其在境外兑换使用。

基于上述案情，2019 年 12 月 23 日，上海市浦东新区人民法院作出判决，认定陈某枝以银行转账、兑换比特币等方式帮助陈某波向境外转移集资诈骗款，构成洗钱罪，判处有期徒刑 2 年，并处罚金 20 万元。

2. 核心观点

在该案中，法院的核心观点主要有以下两个方面：

首先，利用虚拟货币跨境兑换，将犯罪所得及收益转换为境外法定货币或者财产，是洗钱犯罪的新手段。虽然我国监管机关明确禁止代币发行融资和兑换活动，但由于各个国家和地区对比特币等虚拟货币采取的监管政策存在差异，通过境外虚拟货币服务商、交易所，实现虚拟货币与法定货币的自由兑换，此种行为可认定为跨境清洗资金。

其次，洗钱数额以兑换虚拟货币实际支付的资金数额计算。

（二）数字资产交易涉不当纠纷案例——刘某盼、严某斌不当得利纠纷案[1]

1. 基本案情

原告刘某盼经过论坛帖子推荐，于 2019 年 9 月 4 日至 2019 年 9 月 5 日在平安益投数字货币平台中购买数字货币 USDT，充值方式为 App 线上充值。平台客服称被告严某斌是其平台下特约商户，可在被告处购买，于是原告把 224 000 元分 8 笔通过银行卡转账方式转至被告银行账户中。原告在核实账户数字余额时发现被告并没有把等额的数字货币充值到原告的账户中，于是原告联系平安益投数字货币平台 App 客服，客服称该平台没有收到被告给原告充值的款项，仅提供被告的联系方式让原告自行处理。原告多次联系被告无果，原告请求第三方平安益投数字货币平台与被告联系说明情况也未果，后向法院提起诉讼，请求判令被告返还财产。

2021 年 12 月 31 日，浙江省兰溪市人民法院作出裁定，认为原告的起诉不属于人民法院受理民事诉讼的范围，驳回原告起诉。

2. 核心观点

在本案中，法院的核心观点认为数字货币交易活动不受法律保护，主要理由有以下两个方面：

首先，虚拟货币不具有与法定货币等同的法律地位，虚拟货币的相关业务活动属于非法金融活动，涉案活动不属于民事诉讼法律受理范围。

其次，原被告之间相关民事法律行为因违反公序良俗无效，涉案债务属于非法债务，不受法律保护，由此引发的损失由其自行承担。

第四节　分布式存储应用场景下的应用风险

一、分布式存储场景的应用逻辑

数据存储技术从早期的服务器内部存储到外挂存储再发展到今天，随

---

〔1〕（2021）浙 0781 民初 5415 号民事判决书。

着数字化转型的深入，海量数据对存储提出了新的要求，数据中心的规模冗余也势必成为一个较为显著的挑战问题。[1]自20世纪80年代以来，分布式存储先后经历了网络文件系统、共享文件系统、并行文件系统及云文件系统四个阶段。传统的数据传输与访问是基于以HTTP（超文本传输协议）为代表的互联网数据协议实现的，数据以计算机终端IP为地址进行中心化存储。其虽然有技术成熟、性能良好、可用性高等优点，但面对海量数据，其缺点也越来越明显，如需要承担巨大流量访问、数据传输压力等，“使用中央服务器来存储所有的数据导致了系统性能的瓶颈、可靠性和安全性问题，并且不能满足大型存储应用的需要”。[2]为了克服上述缺点，同时满足海量数据的存储需求，分布式存储技术应运而生。分布式存储系统，通常包括主控服务器、存储服务器，以及多个客户端组成。其本质是将大量的文件，均匀分布到多个存储节点上，并将各个节点通过网络相连，对这些节点的资源进行统一的管理，从而大大缓解带宽压力，并解决了传统的本地文件系统在文件大小、文件数量等方面的限制。

与传统中心化存储技术相比，分布式存储技术的价值体现在：

其一，灵活扩展满足海量数据存储需求。分布式存储系统，采用Scale-out扩展架构，可实现超大集群规模的部署，从3节点存储集群起步，可实现灵活的扩展至数千节点。存储容量可实现一个集群EB级数据空间。同时由于分布式架构，每一个存储节点都可以提供独立的性能支撑，在高并发的数据处理中，可以实现更高的存储性能，更高的带宽吞吐和IOPS。有效地解决海量数据高扩展和高性能的存储需求。

其二，弹性扩容与替换。由于实现了分布式存储平台，那么此平台无论多少个节点都可以看作一个资源池，每一个节点可以看作这个资源池的一个分子。一方面，通过系统预装、软件优化可直接将分子加入整个平台中，因而，在存储性能或者容量资源不够时，均可以通过添加硬件资源

〔1〕参见王为轩：《分布式存储数据技术应用探讨》，载《信息记录材料》2022年第2期。

〔2〕邵家勇：《计算机中分布式存储技术的有效应用措施探讨》，载《数码世界》2019年第2期。

来提升存储集群的相应资源。另一方面，由于硬件采用标准化 X86 服务器，并且集群内每个节点均通过软件系统进行统一管理，在硬件设备老旧或者故障时，可便捷地直接更换新硬件，加入集群中。并且，更替节点或者磁盘后，存储系统将会进行自动重建数据，平衡各节点的数据分布。[1]

其三，可视化、标准化让管理更简单。相较于传统存储黑盒子的管理方式，分布式存储实现了标准硬件的交付，因此，标准硬件服务器的运维管理会更简单。

其四，统一存储资源，实现数据共享共用。分布式存储系统通过统一硬件资源池，同时提供块、文件、对象三种存储服务。因而，数据中心的数据将统一存放到云存储资源池中。一方面，通过存储管理系统，可根据用户指令实现数据的调动与共享；另一方面，存储系统内置数据治理，数据分析等于数据强相关的数据应用系统，可实现便捷的数据处理，并将处理好的完整数据对接到大数据平台实现大数据的分析与应用。

其五，更高的可靠性。分布式存储系统在数据冗余方面，一方面，通过多副本、纠删码等技术，不仅可以容忍多磁盘的故障不影响数据可靠性，在数据重构修复方面效率也大大提高。另一方面，由于采用了无中心化设计，所有存储节点均可承载业务系统，分布式存储还能够容忍服务器故障，存储系统依然稳定可用，可靠性更优。

分布式存储协议旨在打造面向全球、点对点的分布式版本文件系统，能将所有具有相同文件系统的计算机连接在一起，其中较典型的即是 IPFS（InterPlanetary File System，星际文件系统）。在 HTTP 服务器中，查找文件须遵照 HTTP 协议，浏览器首先会查找服务器的位置（IP 地址），随后向服务器索要文件路径。这种体系下文件的位置取决于服务器管理者，而用户只能寄希望于文件没有被移动，并且服务器没有关闭。IPFS 的做法则是不再关心中心服务器的位置，也不考虑文件的名字和路径，只关注文件中

[1] 参见张岩、胡林生：《大数据分布式存储技术在中小型金融科技企业的应用与推广》，载《中国管理信息化》2021 年第 11 期。

可能出现的内容。[1]IPFS 是一个对等的分布式文件系统，其原理是将数据文件切分，分散地存储在不同的硬盘里，用基于内容的地址替代基于域名的地址，也就是用户寻找的不是某个地址而是储存在某个地方的内容，同时不需要验证发送者的身份，而只需要验证内容的哈希，通过这样可以让数据传输与读取的速度更快、更安全、更开放，同时也不用担心单一节点故障或者黑客攻击等因素导致的文件丢失、被篡改等问题。

相应地，在激励层面通过使用代币（Filecoin）让各节点有动力去存储数据。Filecoin 是一个由加密货币驱动的存储网络，矿工通过为网络提供开放的硬盘空间获得 Filecoin，用户则用 Filecoin 来支付在去中心化网络中储存加密文件的费用。

二、分布式存储场景的风险来源

根据 2021 年 4 月 24 日中国科学院云计算中心成立“分布式存储实验室”的发布会中的内容，IPFS 分布式存储行业面临以下五大风险。

（一）政策风险

国家七大新基建明确指出，国家大力支持数据中心、分布式存储技术的研究及应用，但严厉打击打着 IPFS 的名义从事非法融资、恶意敛财等一切不正规、不合法的商业模式。例如，一些公司以 Filecoin 的白皮书作为模板，随意删改后即作为自身新项目，后通过售卖自行研发的专属矿机进行牟利，可能涉嫌非法集资犯罪。又如，打着云算力、节点托管等名号，在没有任何实体的情况下，通过超过三级的奖金模式进行销售，可能涉嫌传销犯罪。

（二）资金风险

趋势性产业，尤其是新兴行业，对全球非专业人士而言都存在投资本金亏损的风险。云存储、云计算虽然已经属于成熟行业，而且国内外都有

---

〔1〕 殷龙、王宏伟：《基于 IPFS 的分布式数据共享系统的研究》，载《物联网技术》2016 年第 6 期。

一些互联网巨头公司在云领域取得了辉煌的成绩，但是对于普通投资者、实体企业家而言，云领域还是一个比较模糊的领域，存在资金风险。

（三）数据无监管风险

IPFS 虽然有效地解决了网络冗余多、传输速度慢、数据存储不安全等问题，但是目前仍处于分布式存储的第一阶段，数据如何有效过滤，存入 IDC 数据机房的数据是否存在不健康内容、消极言论、非法内容，目前各个公司并没有有效的过滤方式，存在数据无监管风险。根据《数据安全法》第 8 条、第 45 条规定，开展数据处理活动，不得危害国家安全、公共利益，对于违反国家核心数据管理制度，危害国家主权、安全和发展利益的，将面临罚款、责令停业整顿、吊销营业执照或追究刑事责任的处罚。

（四）技术风险

技术方面分为软件技术架构和硬件技术搭建。目前，针对 IPFS 这个领域，各个公司把大部分精力和研究方向放在如何获得更多的 Filecoin 奖励上，存储技术并不被重视且不成熟，存在技术风险。

（五）生态应用风险

星际文件传输系统（IPFS）与网络文件系统（NFS）、可扩展的分布式文件系统（GFS）都属于互联网的协议，已经相对成熟。但是在 IPFS 上的配套设施与超文本协议（HTTP）的配套设施还相距甚远，存在生态应用风险。

三、司法实践的核心观点与处罚

（一）“人人矿场”涉嫌违法犯罪案

1. 基本情况

“人人矿场”，又名 RRMine 或 renrenmine，成立于 2017 年，是 SuperB Grace Limited（优采有限公司）旗下的存储服务平台，主营业务是为用户提供安全透明的去中心化存储力服务。据互联网自媒体报道，2021 年 12 月 17 日，人人矿场因涉嫌违法犯罪，公司高层包括吴某在内的 21 人全部被警方在办公场地带走调查。公安机关未就本案定性作出公告，案件目前还在办理之中。

据了解，人人矿场在2017年、2018年主要提供ETH、BTC算力服务，2020年开始启动IPFS算力产品服务，并在短短的几个月时间内成为Filecoin领域的头部矿商。2017年前后，吴某融资搭建了“人人矿场”，对外以“联合挖矿”的名义公开宣传，将矿机出租给投资人，并承诺高达40%—50%的年化回报。后随着支出费用越来越高，“联合挖矿”的收益一降再降，2018年币价暴跌之后，收益下降到15%。2020年，人人矿场将目光瞄准了如今大火的IPFS项目，趁FIL还没在主网上线之际，大量购买私募币，利用人们渴求挖“头矿”的心理，提前超卖算力。不同于BTC挖矿的共识机制——工作量证明，即“做得多拿得多”，FIL挖矿的共识机制是权益证明，即“持有越多，赚得越多”，是一种“持币生息”的模式。人人矿场在此情况下采取一机多卖、超卖，除此以外，也是同样利用FIL币价的浮动套取现金，进行牟利。

2. 案件分析

除质押机制外，Filecoin项目的另一个特点在于矿工挖取的Filecoin并不会在矿工取得后一次性交付矿工。而是由Filecoin项目组根据矿机工作时间，将矿工应当收取的Filecoin的部分（如50%或70%）在6个月（或更长的时间，如12个月或15个月）内做线性释放。这就会造成：终端客户在购买矿机设备或算力时，会先行支付完整对价，并获得完整算力，但是在最终挖取的Filecoin则会按期取得，由此形成时间错配的问题。部分矿机商/节点商或代理商会利用该等时间错配绕过设备和算力的出售，直接将终端客户的资金和Filecoin数量挂钩，主要为两种手段。

（1）私建资金池。代理商会根据历史数据测算一定期间内可能的Filecoin收益，然后直接出售设备/算力所对应的Filecoin给终端客户。这样，代理商即可利用Filecoin产出的时间错配机制，先行吸收全部资金，但只交付部分Filecoin。剩余需要交付的Filecoin则待交付期到期，由其直接从二级市场或其他途径购买交付。

（2）集资诈骗。代理商以部分Filecoin的交付换取全额对价，剩余

Filecoin则在交付期到期后以各类理由不予交付。

认定非法集资的行为要件分别为非法性、公开性、社会性与利诱性。无论人人矿场采取了何种手段，其行为显然已经具备了非法性。除此以外，根据人人矿场以往所进行的宣传，其他三项特征也已经具备。至于人人矿场是否具有真实的“挖矿业务”，是否存在算力超卖及投资人的收益来源等问题还有待于后续进一步调查，才可以确定其最终的行为性质。

（二）星际联盟涉嫌组织、领导传销活动案

1. 基本情况

星驰公司创立于2019年6月，作为分布式存储综合服务商，主营Filecoin项目挖矿芯片及软硬件解决方案的研发销售，以及面向传统客户的分布式存储服务。自设立以来，“星际联盟”便受到市场和区块链业内人士的广泛青睐，迅速成为Filecoin领域的最大矿机商及节点商之一。2021年11月6日，徐州市公安局在其官网公告其代号为“2021汉风3号”的严打整治集中统一行动信息。信息显示，在本次行动中，徐州市丰县公安局先后在上海、武汉、深圳等地抓获星际联盟网络传销犯罪团伙成员31人，查获以太坊、泰达币、Filecoin币等虚拟币价值约4亿元。

据了解，星际联盟也采用了“联合挖矿”的运作模式，但其并没有自己的销售团队，而是采取代理制度，故涉及发展下线或销售层级体系。同时，由于Filecoin官方为保障存储数据而设立了“质押”机制，投资人在参与项目时需缴纳“质押币”，故而被认定为涉嫌传销。

2. 案件分析

通常情况下，出于商业分工，矿机商/节点商不涉及自建销售团队，而是采取代理制度，与市场代理商进行合作，提供相应的销售渠道。而币圈由于其定性问题本身缺少充分的行业监管，导致代理商为快速获取收益往往不顾行为后果，使矿机商/节点商的自上而下经销体系出现大量的合规问题，进而从模式上构成传销。

一般来说，经销体系内的传销同市场上常见的传销币所使用的模式相似，一般矿机商/节点商及其代理商主要以开发软件App的方式，通过社群为纽带，依托互联网的快速传播能力进行矿机设备或所对应算力的销售。具体方式为：

其一，通过 App 的邀请码机制，以（购买算力的）老用户带新用户的方式进行用户裂变。App 邀请码本身需要付费取得，且部分矿机商/节点商会要求代理商及/或其用户购买一定数量的算力作为取得 App 邀请码的前提。这往往就构成了传销行为中惯常的“入门费”。

其二，邀请码在用户传播和裂变机制中将作为计数及计酬依据，根据裂变的客户数量和购买的算力情况向邀请码传播链上的代理商/用户进行计收和返点，使参与的代理商/用户在购买到相关运算能力进行 Filecoin 挖取的同时可以进一步以其裂变的用户数量赚取进一步利润。这就构成了传销中的“拉人头”及“团队计酬”的特性。

通过以上激励机制，代理商和用户有进一步的动力发展下线用户，因此可以借该等机制迅速扩大销售规模。但是，该等模式显然存在巨大的合规风险。根据《禁止传销条例》《关于办理组织领导传销活动刑事案件适用法律若干问题的意见》，所谓“非法传销”是指组织者或者经营者发展人员，通过对被发展人员以其直接或者间接发展的人员数量或者销售业绩为依据计算和给付报酬，或者要求被发展人员以交纳一定费用为条件取得加入资格等方式牟取非法利益，扰乱经济秩序，影响社会稳定的行为。当然，并非所有的传销行为都构成非法传销，行政及刑事上所规制的传销行为主要有以下三种：

第一，组织者或者经营者通过发展人员，要求被发展人员发展其他人员加入，对发展的人员以其直接或者间接滚动发展的人员数量为依据计算和给付报酬（包括物质奖励和其他经济利益），牟取非法利益的；

第二，组织者或者经营者通过发展人员，要求被发展人员交纳费用或者以认购商品等方式变相交纳费用，取得加入或者发展其他人员加入的资格，牟取非法利益的；

第三，组织者或者经营者通过发展人员，要求被发展人员发展其他人员加入，形成上下线关系，并以下线的销售业绩为依据计算和给付上线报酬，牟取非法利益的。

归纳上述规定及司法实务的认定要点，在对组织、领导传销活动罪的入罪的客观方面，主要考察的是以下几点，这些方面也是核心的风险要点：组织层级达3级或3级以上的（需要注意的是，该层级包括组织者与一级经销主体，不包括经销主体与实际的消费者）；存在“入门费”“拉人头”“团队计酬”等行为；采取编造、扭曲国家政策，虚构、夸大经营、投资、服务项目及盈利前景等手段骗取财物。

“星际联盟”的经销体系的构筑很可能与以上所述的币圈传统销售模式相似，或为其变种，并且体现了“组织、领导传销活动罪”的关于“入门费”“拉人头”“团队计酬”的特性，邀请码传播链则超过了3级。考虑代理商为其发展下线及获取收益的急迫性，不免会在销售过程中使用一些违反国家管理政策的不实销售术语，从而满足了“组织、领导传销活动罪”的构成要件，因此遭到了司法机关的关注和调查。

第五节　智能合约场景下的应用风险

在区块链1.0时代，区块链技术主要应用于以比特币系统为典型代表的数字代币领域，因此，在该阶段出现的不法风险和相关刑事犯罪情形主要围绕“加密数字货币”展开。随着业界逐渐认识到区块链1.0时代的局限及区块链技术本身的重要价值，与智能合约相结合的区块链2.0时代随之到来，在该阶段所涉及的边界风险与红线问题也更为复杂。

一、智能合约场景的应用逻辑

（一）智能合约的历史沿革

早在区块链问世前的1994年，美国计算机科学家、密码学专家尼克·萨博（Nick Szabo）就提出了“智能合约”的概念，即“一套以数字形式定义的承诺，包括合约参与方可以在上面执行这些承诺的协议”[1]，但当时互联网尚处于发展萌芽期，智能合约缺乏技术支持条件和落地应用场景，

〔1〕欧阳丽炜等：《智能合约：架构及进展》，载《自动化学报》2019年第3期。

因此也未能引起广泛关注。直到中本聪在 2008 年发表的论文《比特币：一种点对点的电子现金系统》中首次提出比特币的概念，2009 年比特币系统正式应用，才让区块链技术正式进入公众视野。区块链技术具有的中心化、公开透明、信息不可篡改且可被追溯等特征，为智能合约的执行提供了可信平台。2013 年，以太坊创始人 Vitalik Buterin 发布以太坊白皮书，并带领团队于 2015 年发布了以太坊平台，实现了将智能合约大规模使用的可能。

（二）智能合约的应用机制

智能合约是“代码和数据的集合，其整个交易过程通过数字代码来体现，在满足交易条件的情况下便可以自动完成交易”[1]。具体而言，智能合约设计方使用代码预设合同生效时的交易条件，并预先储存一定数字货币到托管账户以保障向合同相对方支付对价，一旦合同的生效条件被触发，随即系统自动开始履行代码设定的合同条款，并完成交易和智能资产的转移。这即是“if X occurs，then Y will be triggered”的模式。[2]例如，合约设计方在以太坊智能合约上发布代码为“If，实施者在某年某月某日之前在某地制造恐怖袭击（以上传视频为证），并造成 3 人及以上死亡，10 人及以上重伤的后果（以事件发生地权威媒体报道截图为证），Then，向实施者指定地址支付 15 枚 ETH”。只要实施者上传了符合的视频与权威媒体的新闻报道，系统将自动把约定的 15 枚 ETH 报酬发送到实施者的指定账户。

在依赖互联网技术的传统履约场景下，合约双方往往需要一个中立且受信赖的第三方参与其中提供信任基础，而在智能合约应用场景下，因区块链技术能够有效解决信任问题，所以无需任何第三方介入，只要满足履约的条件出现，智能合约便能按照计算机代码预设的程序强制完成交易。智能合约的自动执行机制，消除了人为的不履约、延迟履约、履约不充分

〔1〕 胡德葳：《区块链技术下智能合约诈骗犯罪侦查》，载《中国刑警学院学报》2021 年第 6 期。

〔2〕 赵志华：《区块链技术驱动下智能合约犯罪研究》，载《中国刑事法杂志》2019 年第 4 期。

等信用隐患，但同时这种特征也为不法分子共同实施不法行为提供了更为隐蔽和安全的交易通道，也会在互联网犯罪领域创设新型犯罪模式的风险。

（三）智能合约的应用特征

1. 合约执行自动化

智能合约的自动化执行，是指在触发指定函数后能够按照代码自动执行所有操作，如果某一步操作出现错误，则自动回滚到触发前状态。传统合约主要依赖于人为操作，在合约执行的过程中如果出现突发状况，只要缔约双方另行达成合意，合约依旧能够按照重新约定的权利义务继续履行。而智能合约完全按照代码的设定运行，只有合约设定的数据代码被验证成功，合约即启动执行且能够在运行过程中排除人为的控制和干预。智能合约的自动执行机制，摆脱了传统合约履行模式下，合同一方不履行义务时相对方需要求助司法机构进行权利救济的困境，但若在执行过程中出现突发状况，智能合约仅能在程序设定的许可范畴内进行有限调整，缺乏应用上的灵活性，因此，当前智能合约尚只能适用于类似证券发行这类程式化交易。

2. 合约执行去中心化

区块链使用分布式储存技术，链上的每个节点都参与数据存储及验证其他节点记录信息的正确性，这些信息一旦经过验证并成功上链后，便被记录在区块中且难以进行修改，因此，链上的信息因其记录完整而可追溯，又因其不可篡改而具有极强的稳定性及可靠性。依托于区块链技术运行的智能合约，一旦达成即会被写入区块中并上传到链上各节点，人为想要篡改全链条节点中的合约信息几乎不可能，这种可靠的、相互的分布式信赖[1]有效解决了传统合约模式下人与人之间的信用风险问题，智能合约的自动执行也无须其他受信任第三方参与。因此，智能合约能够“在免去第三方提供信用支持的情况下进行可信交易，其依靠自动代码运行

〔1〕 盛浩、张家瑜：《区块链智能合约犯罪的刑事治理研究》，载《社会科学动态》2021 年第 3 期。

于无中央权威的分布式平台，取代法律、中介和人际关系成为信任的实现载体”〔1〕。

3. 合约双方匿名化

由于区块链技术解决了节点之间信任的问题，任意节点不需要通过其他节点的身份认证进行交易有效性的判断，因此，在区块链系统中参与主体并不需要进行账户实名制认证，交易双方也无须通过公开身份的方式让对方产生信任才能继续交易。智能合约使用者只需要将其双方的权利义务和触发执行合约的条件以代码形式写入空白的智能合约中并部署在链上，即为要约形成。此时无需验证彼此身份，只要合约实施者验证了数字代码，智能合约即成立且不受控制地执行到底。智能合约“可匿名化”的特征导致合约双方的用户信息难以与现实主体进行匹配，这种匿名主义使传统犯罪手段在区块链智能合约世界中隐匿性越来越高，为逃避监管创造了条件。〔2〕

二、智能合约的风险来源

区块链智能合约的应用，显著提高了交易效率，降低了交易成本，但其交易内容不可验证性、主体的隐蔽性和合约的不可撤销性，天然地为犯罪提供了联络便利和无监管空间，为滋生犯罪提供了肥沃的土壤，使得区块链智能合约与犯罪联系在了一起，〔3〕在不同应用场景下异化出了新型的涉刑风险。

（一）以智能合约作为犯罪对象的不法风险

以智能合约为犯罪对象主要是指，直接针对智能合约本身实施不法行为时，行为人可能涉嫌违法犯罪的场景，主要包括未经许可获取他人私钥、破坏他人私钥和未经许可修改合约内容三种情形。

---

〔1〕 赵志华：《区块链技术驱动下智能合约犯罪研究》，载《中国刑事法杂志》2019 年第 4 期。

〔2〕 杨玉晓：《区块链智能合约犯罪刑事司法应对研究》，载《法律适用》2020 年第 15 期。

〔3〕 张峻浩：《区块链金融刑法问题探析》，北方工业大学 2019 年硕士学位论文。

1. 非法获取他人私钥

在区块链智能合约的应用场景下，利用非对称加密算法生成的公钥和私钥保障了链上交易的隐蔽与安全，用户只要掌握“地址+签名+私钥”就能任意支配该地址下的加密货币。[1]私钥发挥验证数字签名和证明对地址下数字资产所有权的作用，掌握私钥即可实现支付数字货币至任意地址的操作，所以一旦不法分子未经许可掌握了智能合约链的私钥，相当于可以任意支配合约下的数字资产。私钥不可挂失且被视为链上数字资产所有权的证明，因此往往需要用户将私钥记录、储存在一个便于获取且安全可靠的位置。有些用户采用最原始手段将私钥抄写在特定的笔记本或某本书上；有些用户将其记录在手机或者电脑上，但私钥仍旧存在被他人采用抄写、拷贝、拍摄或者采用技术手段侵入用户的计算机设备的手段非法掌握，进而引发“数字资产”失控的风险。

2. 非法破坏他人私钥

由于私钥不可复原，对于保存在计算机系统中的私钥，如果用户设备被破坏性程序或病毒攻击，造成设备死机或者被技术手段侵入，导致用户私钥被非法删除，若用户没有备份私钥，则用户实际上永远失去了控制链上数字资产的可能。在区块链智能合约的应用场景下，用户私钥也存在被他人恶意破坏的风险。

3. 非法修改合约内容

区块链智能合约内容以数字代码为载体，[2]自动执行程序以数字代码为依据，在排除其他技术手段干扰的情况下，智能合约能够为合约双方提供稳定、安全且可靠的交易渠道。但一旦合约代码被篡改，智能合约便不能按照合约设计者的本意实现其交易价值。目前，受限于智能合约设计和编写者的技术水平，智能合约被攻击、被修改的安全事件频发，不法分子利用智能合约的代码漏洞恣意篡改合约内容非法获取巨额收益的现象引起

〔1〕 杨玉晓：《区块链智能合约犯罪样态及刑法应对》，载《法律适用》2020年第15期。

〔2〕 Thomas Osterland，Thomas Rose，“Model checking smart contracts for ethereum”，Pervasive and Mobile Computing，Mar. 2020，Volume 63.

了广泛的担忧。

（二）利用智能合约作为犯罪工具的不法风险

1. 利用智能合约招募合约执行方

区块链技术的应用，使得人们在互联网空间的活动发生了革命性的变化。[1]在传统的风险场景下，不法分子通过信息网络，在具有信任基础的群体中发布违法犯罪信息，针对特定被害人共同实施违法犯罪行为。在信息网络空间因有第三方信任主体参与其中，这类具有社会危害性的行为也更易被侦破和管控。而基于智能合约的“去中心化”“匿名化”“自动执行”的特征，智能合约可以被广泛用于招募实施不法行为的共犯。行为人将犯罪计划写入智能合约之中发布在公有链上等待互不相识的“共犯”验证合约数据，合约自动执行则意味着危害结果已经发生，且合约双方的交易不受人为因素中断或撤销。这种通过智能合约向全世界招揽共犯的模式，往往更难监管、更难侦破、更难取证。

2. 利用智能合约非法获取他人财物

“通过智能合约系统可以实现数字货币的提取和转移，区块链的不变性和不可逆性赋予了智能合约完整代码和执行功能，由此，智能合约系统还可能成为实施侵财犯罪的工具”[2]。在利用智能合约非法获取他人财物的不法风险场景中，行为人无法通过智能合约独立实现违法目的，虽然智能合约采用匿名交易机制，但在现实生活中交易双方未必素不相识。当行为人利用欺骗、敲诈勒索等不法手段与被害人线下达成转移财物的合意，只要具有设计智能合约技术的人员制作好智能合约，不法分子即可通过智能合约以取得数字资产的方式实现其非法获利的目的。智能合约的出现使得非法获取他人财物的手段更加智能化。

（三）使用智能合约作为犯罪空间的不法风险

利用智能合约的代码规则为不法行为创设一个完全由程序自动控制运

---

〔1〕 黄京平：《新型网络犯罪认定中的规则判断》，载《中国刑事法杂志》2017年第6期。

〔2〕 童云峰、欧阳本祺：《区块链时代智能合约刑事风险的教义学限制》，载《西安交通大学学报（社会科学版）》2022年第2期。

行的场域，是智能合约落地应用时面临的新的风险。虽然数字代码不具备价值取向，但在单一智能合约的执行场景下，不法行为人能够将实现不法目的的内容写入代码之中，导致启动智能合约便能产生社会危害性。在多个智能合约交互执行的场景下，如位于区块链技术模型中应用层的去中心化应用（Decentralized Application，DApp）〔1〕便是使用多个智能合约实现数据交互的典型场景，DApp 基于智能合约能够执行一套更加复杂且具备完整运作逻辑的规则，不法行为人可以通过设计开发 DApp 将赌博、虚拟盘诈骗等风险行为搬运到区块链上，这种应用导致智能合约系统难以避免地被利用而成为滋生犯罪的场所。

三、司法实践的核心观点及处罚

当前，运行在区块链平台上的智能合约以高效率、低风险的优势迅速席卷资本市场，包含清算结算、数字票据、证券交易等领域，〔2〕而利用区块链智能合约实施犯罪的模式虽然有限但数量同样与日俱增，现有的法律法规在应对智能合约犯罪风险存在诸多局限，〔3〕因此，总结司法实践秉持的裁判观点，把握技术发展的红线，是充分挖掘智能合约的技术价值和发展空间的应有之义。

（一）以智能合约为对象的非法获取型处罚路径

区块链智能合约依赖公钥和私钥运行，其中私钥用于证明数字货币资产的所有权。〔4〕通过非法获取他人私钥使他人遭受“数字资产”损失，是当前智能合约犯罪模式中常见的一种类型。

---

〔1〕 胡键伟、尹丰：《去中心化应用（DApp）技术原理和质量评测分析》，载《中国新通信》2018 年第 17 期。

〔2〕 北京市观韬中茂律师事务所：《基于区块链技术的智能合约的应用优势与局限》，载 https://www.pkulaw.com/lawfirmarticles/f6f94c82e6563145ba73e095cb9fff22bdfb.html，最后访问日期：2022 年 3 月 10 日。

〔3〕 任航、谢昭宇：《区块链 2.0 时代智能合约的犯罪风险及其应对——以 The DAO 黑客事件为例》，载《犯罪研究》2020 年第 3 期。

〔4〕 潘璐：《区块链智能合约风险的刑法思考》，载《检察日报》2021 年 4 月 23 日，第 3 版。

在冯某某被判非法获取计算机信息系统数据罪一案[1]中，被害人常某邀请被告人冯某某通过 QQ 远程方式帮其操作“阿希币”钱包参与空投项目，“阿希币”钱包密码是系统随机分配的毫无关联的 12 个英文单词加空格组成，常某将“阿希币”钱包密码存放在电脑桌面文档，在冯某某远程操作期间，常某多次打开密码文档，在其关闭电脑后不久，冯某某将常某钱包中的 54 868 个阿希币分批次转走后变卖，为常某造成经济损失 37 555.70 元。

在李某某被判盗窃罪一案[2]中，李某某到某科技集团公司工作，在技术部主要负责区块链业务对接和交易平台开发。李某某从公司的安全员处获取了黑客侵入工具“菜刀”的使用总结笔记，该笔记提及了植入木马的操作方式。李某某还自己编写程序，即将零散 ETH 归总至某几个账号的自动化程序使用教程和程序的具体内容。李某某掌握技术后，利用客户缪某某的向其开放服务器维护权限之机，在缪某某的数据库植入了“lastWinner user. mdf”等相关数据文件。李某某再利用服务器的特殊授权，先后 520 余次从被害人缪某某手机应用“imToken” App 的电子钱包中转走以太币共计 383.6722 个。

司法实践中，处理通过非法获取智能合约私钥转移数字代币的案件，存在两种处置观点。

一种观点认为，数字代币这类虚拟财产与金钱财物等有形财产、电力燃气等无形财产存在明显差别，虚拟财产的法律属性是计算机信息系统数据。通过窃取、骗取等非法手段非法获取他人数字钱包密码，后将该钱包中数字代币转移给他人致使他人造成经济损失的行为，构成非法获取计算机信息系统数据罪。[3]

另一种观点认为，以太币、泰达币等数字代币是网络虚拟财产，具有价值属性，但不是真实的货币，也并非虚拟商品。虚拟货币实现其价值的

[1] （2020）豫 96 刑终 7 号刑事判决书。

[2] （2021）赣 1104 刑初 185 号刑事判决书。

[3] 参见陈兴良：《虚拟财产的刑法属性及其保护路径》，载《中国法学》2017 年第 2 期。

途径，是在相关网站上与法币进行兑换交易后实现，以行为人转移数字代币时，以太币的时价计算被害人的具体损失，仅是对其价值属性的认可并非为数字代币定价。因此，非法获取他人数字钱包密码秘密转移其中的数字代币的行为，属于窃取网络虚拟财产，构成盗窃罪。[1]

2021年9月15日，中国人民银行等十部委联合发布的《九二四通知》的第1条第1项规定："虚拟货币不具有与法定货币等同的法律地位。比特币、以太币、泰达币等虚拟货币具有非货币当局发行、使用加密技术及分布式账户或类似技术、以数字化形式存在等主要特点，不具有法偿性，不应且不能作为货币在市场上流通使用。"2013年12月3日，中国人民银行等五部委发布《关于防范比特币风险的通知》的第1条规定，"……从性质上看，比特币应当是一种特定的虚拟商品，不具有与货币等同的法律地位，不能且不应作为货币在市场上流通使用"。因此当前对于具有非货币当局发行、使用加密技术、分布式账本或类似技术、以数字化形式存在等特点的数字代币，不能够被作为一般等价物进行流通，但数字代币的法律属性已被明确认定属于虚拟商品。

我们认为，数字代币由私钥控制并以数据的形式存储于计算机信息系统中，使用私钥对虚拟币进行转移、占有、使用均属于获取数据后的控制行为。在针对未经允许非法获取被害人的数字代币钱包的密码，后将钱包中的数字代币转走，给被害人造成经济损失的案件处理上，明确数字代币属于虚拟商品且本质上为一串计算机数据的基础上，以非法获取计算机信息系统数据罪进行处罚更符合罪刑法定的原则。

（二）以智能合约为空间的赌博类DApp处罚路径

由于区块链技术的去中心化，不存在第三方监管机构，[2]结合其合约代码的不可验证性，[3]对智能合约难以监管的现状使得越来越多的行为人

---

[1] 参见林国超：《互联网虚拟财产的法律性质及其保护问题研究》，载《争议解决》2023年第3期。

[2] 郭少飞：《"去中心化自治组织"的法律性质探析》，载《社会科学》2020年第3期。

[3] 盛浩、张家瑜：《区块链智能合约犯罪的刑事治理研究》，载《社会科学动态》2021年第3期。

将其作为实施犯罪的空间。同时作为区块链激励机制的数字代币数量有限，伴随数字代币市场认可度的提高与交易使用频次的增加，供求关系与对应数字币价的涨跌成正相关。基于对币价上涨的期望，加大数字代币的交易频次成为一种硬需求。智能合约的“没有庄家”“高效便捷”“公平公正”的特征与赌博这类耗资大、资金交易频次高但又需要一个具有绝对公信力的庄家坐庄的不法活动在彼此的需求性上完美贴合，因此具有赌博功能的 DApp 在当前 DApp 应用分类中占比最大。

在涂某某等开设赌场罪一案[1]中，郑某等人成立 A 公司，A 公司以非法营利为目的，开发“币得”小程序。“币得”小程序中的夺宝、PK、竞猜等游戏采用以公信币为筹码下注的方式进行赌博，A 公司以抽取手续费等形式进行抽头渔利。郑某通过同学介绍认识 B 公司实际控制人被告人黄某某，B 公司以开发去中心化公有链应用为主营业务，该公有链的底层逻辑为设计一个个人信息保护与交易终端，通过不断在链上写入公民个人信息或者是特定的个人情况，不断开发算力并产生特定数字代币。为维持数字代币的交易频次，B 公司引入其他联盟链开发者，以公有链作为基础，开发不同的智能合约以此提升数字代币可用性。郑某与黄某某协商后，决定依托 B 公司的“公信链”技术，开发“币得 DApp”，并在 B 公司开发的“布洛克城”（区块链应用商城）上架，后 B 公司对每笔经布洛克城充值到币得的公信币收取 1%的手续费。裁判认为，被告人涂某某等利用互联网开设赌场，情节严重，构成开设赌场罪。

在该案件中，币得 DApp 具有赌博的性质也具有对应的必得币，赌客通过必得币才可在 DApp 上进行竞猜、赌博交易等，币得币则必须通过公有链的数字代币进行兑换。币得 DApp 的开发商构成开设赌场罪，实际上只是利用智能合约体系架设了一个去中心化的赌博平台，并未突破传统开设赌场的犯罪构成要件。

该案件中 DApp 公有链开发商的获利基础在于，其在设计智能合约初期会持有一定量数字代币，随着赌客不断进行投注、参与赌博，必得币的

[1] （2020）浙 0106 刑初 416 号刑事判决书。

兑换公有链的数字代币的价值将会提升，公有链开发商不进行抽头渔利，没有任何的相关制度接受赌博，不接触投注，待公有链的数字币价上涨，开发商可以在二级市场进行抛售，套现赚钱。智能合约的代码内容未经验证不可获知，从而能够保障交易的隐秘与安全，因此，即便是提供空白智能合约的技术支持商，也无法获知 DApp 的具体内容。基于自动化执行机制，赌博类 DApp 一旦上线运营不受任何人控制，因此我们认为，提供中立的智能合约技术支持的区块链基础技术提供商，被认定为开设赌场的共犯存在司法处置上的争议。[1]

当前，我国并不承认数字代币具有法偿性，因此在涉及赌博类 DApp 的案件处置上，关于“赌资”与获利的金额也存在认定争议。我们认为，赌客通过挖矿机制获得或者是通过积分机制赠与获得再或从境外二级市场交易购入所得的数字代币，被认定为法律意义上的赌资存在争议空间。进一步而言，若赌客“赢了”游戏得到数字代币之后在境外将其换成法币，该部分金额能否被认定为获利金额亦存在争议空间。

智能合约的应用带来技术革新的同时还伴随未知的犯罪风险。[2]当前，我国的法律体系尚未能就诸多因智能合约的应用而产生的新型刑事犯罪类型形成统一的处置规则。要防范和应对智能合约的应用风险，一方面有赖于克制对技术的滥用，另一方面还可以就争议问题从法秩序统一角度出发在现有法律框架内进行积极解读，逐渐形成统一的争议处置思路，为智能合约技术的应用提供稳定的法治环境。

第六节　去中心化金融场景下的应用风险

区块链 2.0 时代将智能合约技术落地应用，进一步加深了区块链技术与现实生活的连接。智能合约以其高效率、低风险的优势迅速席卷资本市

〔1〕 张庆立：《区块链应用的不法风险与刑事法应对》，载《东方法学》2019 年第 3 期。

〔2〕 李猛：《智能合约的风险研判与法律规制——以智能合约运行机制为视角》，载《学术交流》2023 年第 3 期。

场，[1]去中心化金融（Decentralized Finance，DeFi）的迅猛发展被视为区块链2.0时代最为成功和典型的应用。但是去中心化金融的颠覆式应用并未摆脱区块链底层技术的程序漏洞风险，虽然我国并未制定特别法规制去中心化金融，但是DeFi项目毕竟涉及数字代币，依旧容易被视为“非法金融活动”，而目前我国针对涉数字代币的非法金融活动采取全面禁止的监管态度，因此去中心化金融带来革新的同时依旧隐藏着巨大的涉刑应用风险。

一、去中心化金融场景的应用逻辑

（一）去中心化金融之概述

1. DeFi的基本概念

“DeFi一般是指基于智能合约平台构建的加密数字资产、金融类智能合约（协议）。DeFi是第二代区块链技术（以太坊为主）在金融行业的典型应用，所有基于分布式技术、分布式网络产生的金融形式或者金融活动都可以定义为DeFi，[2]目前DeFi应用已经拓展到借贷、去中心化交易所、稳定币、银行等多种金融业务领域。

传统的中心化金融（Centralized Finance，DeFi）必然存在一个受信赖的金融机构，如保险、借贷、证券投资、期货等交易，此类处于信任中心的金融机构通过审查客户的身份信息、资金用途等交易过程中应当合规的事项，筛选出合格客户，同时干预和监管每一笔交易，从而管理和控制金融交易安全并实现其信用价值，但这也难免导致交易过程的低效率和高成本，同时难以避免金融机构中个人有意为之或无心之失所引发的交易风险。

DeFi通过分布式存储技术记载链上交易的所有动态并固定数字代币的

---

〔1〕北京市观韬中茂律师事务所：《基于区块链技术的智能合约的应用优势与局限》，载https://www.pkulaw.com/lawfirmarticles/f6f94c82e6563145ba73e095cb9fff22bdfb.html?keyword，最后访问日期：2022年3月18日。

〔2〕吴蕴赟：《分布式金融（DeFi）发展的问题和对策》，载《现代商业》2021年第27期。

状态，基于区块链技术不可逆与难以篡改的特性，DeFi 将金融交易过程中的信任基础从金融中介机构转移到区块链代码之上，使所有金融交易行为完全在智能合约设计好的交易逻辑下进行，并通过代码算法的自动化运行消除侵占、利益输送等人为可能制造的道德风险。

相较于 CeFi，DeFi 革命性的创新价值就在于其"不依赖于任何主体的管理能力和信用水平，单纯依靠投机套利、风险对冲等博弈模型构建产品的交易结构和金融逻辑"。[1]

2. DeFi 的价值与风险

DeFi 是建立在区块链上的金融生态系统，其目标是以去中心化的方式开发和运营，在透明和去信任化的区块链网络上提供所有类型的金融服务，因而无法克服区块链技术本身存在的问题，[2]也难以逃避传统的金融风险。

（1）安全性与技术风险。

在 DeFi 应用场景下，所有金融活动所产生的合约文件、现金流等交易信息均上链可查，资产管理平台、风控管理机构、第三方评估机构的服务过程透明化，能够有效规避任何环节可能发生的暗箱操作。DeFi 应用的代码完全开源，确保金融项目能够接受各类主体的监督与校验，保障金融活动参与者的知情权与数字资产安全。

但自 2019 年以来，智能合约被攻击、被修改的安全事件频发，依托于智能合约运行的应用场景的安全性有赖于合约设计与编写者的技术水平，因此 DeFi 同样面临外部技术攻击的风险。例如，著名的 The DAO 事件，黑客利用 The DAO 代码里的一个递归漏洞，总共盗走了 360 万个以太坊，Yam Finance 协议也因为存在漏洞，遭受黑客攻击导致代币增发 8 倍，价格暴跌。[3]

---

〔1〕 李力：《一文读懂 DeFi》，载 https://www.pkulaw.com/lawfirmarticles/39fa9587eeb1eebb9a33e2bfe6cdc309bdfb.html，最后访问日期：2022 年 3 月 23 日。

〔2〕 郑磊：《去中心化金融与金融创新的监管：以 DeFi 商业模式为例》，载《财经问题研究》2022 年 3 月 10 日。

〔3〕 泡沫财经：《头文字 D 之 DeFi 去中心化金融》，载 https://t.cj.sina.com.cn/articles/view/6487081523/182a9023302000t42c？from=tech，最后访问日期：2022 年 3 月 21 日。

（2）去中心化与金融风险。

DeFi 的去中心化价值，虽然能够让金融活动参与方在一定程度上摆脱传统金融资产管理行业中的暗箱操作和道德风险，但 DeFi 应用也缺乏适用的（链上）风控与监管体系。首先，就去中心化借贷应用而言，平台风控主要依靠基于开放协议或点对点协议（如 dYdXhe、Compound）的加密资产抵押借贷合约，但用户仍旧需要提供数字代币作为资产背书抵御信用风险。[1]其次，在资产 Token 化的 DeFi 场景下，若数字代币的市场价格在短时间内疯狂下跌，DeFi 项目很可能会因为清算不及时，从而面临资不抵债的困境，这类黑天鹅事件并不会因为去中心化的技术创新而消失。再次，DeFi 的技术特征不仅要求金融活动参与者需要具备相应的金融活动交易经验和抗风险能力，更对其在理解 DeFi 项目的金融逻辑和链上交易方式方面提出了更高要求，否则参与主体亦容易遭受因操作不当而造成的经济损失。最后，DeFi 的去中心化价值实际上无法完全避免传统的信用风险，在一些需要人为输入的外部信息上，由于这类信息的真伪难以辨别，匿名市场环境使得这类操纵行为更加难以被监测。

（二）DeFi 的主要应用场景

DeFi 在近年取得了长足发展，也探索出了几块普及度较高且相对成熟的应用场景，如去中心化借贷、稳定币、去中心化交易所等。

1. 去中心化借贷

对等借贷是 DeFi 生态系统中使用最广泛的应用程序。[2]在去中心化借贷模式下，通常先由开发者在以太坊上搭建好“通过借贷业务赚取利差”为金融目的的 DApp。用户在使用 DApp 平台的借贷功能时，通常须先将持有的数字代币抵押给平台作为借款的担保，后平台将根据智能合约中设定的抵押率向用户提供相应的数字代币，随后用户可将借出的数字代币在二级市场变现或进行其他项目投资，待借款期限届满，用户根据智能合

〔1〕 吴蕴赟：《分布式金融（DeFi）发展的问题和对策》，载《现代商业》2021 年第 27 期。

〔2〕 区块链研究实验室：《关于去中心化金融（DeFi）的主要应用》，载 https://new.qq.com/omn/20210204/20210204A0FFPX00.html，最后访问日期：2022 年 3 月 24 日。

约设定的利率向 DApp 支付借出的数字代币与利息，并赎回担保物。

Compound 协议便被视为去中心化借贷项目的代表。在 Compound 的治理模式下，用户可以作为流动性资产提供者赚取利息，也可以作为借款人借出其他种类数字代币，Compound 支持用户使用 11 种主流数字代币参与借贷并根据币种不同在智能合约下设立资金池。在借款前，借款人需要先将数字代币存入智能合约的资金池地址下作为抵押，之后在其他币种的资金池中借款。为了防范坏账风险，Compound 要求借款人提供超额抵押，用户借款不设到期日，用户还款金额由借款本金和浮动利率决定。Compound 利用一种基于供求关系的利率模型均衡利率，资金利用率越高的币种借款利率越高，而利率升高则会压制用户对该币种的需求，从而达到利率的动态平衡，这种利率模型实现了借贷市场完全地由利率决定的经济模型。〔1〕而当发生市场波动借款人的抵押品价值不足时，系统会自动触发清算机制保护债权人利益。Compound 协议还设立了激励机制，即用户发生借贷交易便可获得代币 COMP，该代币可被视为治理凭证，参与 Compound 的治理活动。

传统借贷业务，借款人需要通过严格地了解客户（Know-Your-Customer，KYC）及反洗钱（Anti-Money Laundering，AML）等流程审核获得适格借款人的身份，才能够获取与信用评级对应的贷款额度，〔2〕但去中心化借贷通过释放权利凭证绑定用户利益，通过币种资金池提高借贷效率，通过智能合约的自动执行提升清算效率降低信任成本，使得借款活动更加平等、高效、便利和透明。

2. 稳定币

稳定币通常是指能够与某种法币币值锚定的数字代币。在去中心化借贷模式中，借款人需要向平台提供其所能够接纳的具有价值的数字代币作为抵押，该类数字代币中除热门且行情在一段时间内持续上涨的数字代币

〔1〕 李红俊：《去中心化金融组织治理研究——以 Compound 为例》，载《电脑知识与技术》2021 年第 21 期。

〔2〕 范利宁、曹国栋：《DeFi——去中心化金融初识》，载微信公众号“企航商事”，2022 年 3 月 19 日。

（如 BTC）外，还包含法定资产抵押型（如 USDT）和加密资产抵押型（如 DAI）两类稳定币。

法定资产抵押型稳定币的发行数量与发行方的法币储备直接相关，因其法币储备账户存在 CeFi 体系下，本质上不具备“去中心化”的核心特征，不属于 DeFi 生态下的应用。

目前，在 DeFi 生态中最主流的加密资产抵押型稳定币是 DAI，Maker DAO 使用质押机制保持 DAI 价格在 1∶1 美元左右浮动。MakerDAO 体系中存在两种数字代币，一种是稳定币 DAI，另一种是可以被视为治理权限凭证的代币 MKR。在 Maker DAO 的运作机制下，举例以明之：借款人需要先建立一个抵押债仓（CDP）智能合约，借款人将自己持有的 ETH 打入以太池作为抵押品后平台随即会向其发送相应比例的 ETH 兑换凭证 PETH，借款人再将 PETH 存入 CDP 中获取相应的 DAI。在借款人准备还款时，其需要将借出的 DAI 和根据锚定稳定模块（PSM）产生的稳定费用（需要使用 MKR 支付）存入 CDP 下的地址，直接赎回 ETH。Maker DAO 设定的抵押率不小于 150%，这意味着价值 1 美元的 DAI 背后有价值 1.5 美元的 ETH 作担保，若 ETH 价值下跌导致借款的抵押率不足 150%则会自动触发清算机制用以偿还借出的 DAI 与稳定费。

MakerDAO 设计了目标价格变化率反馈机制（TRFM）来保障 DAI 的价格与美元保持在一个稳定的范围，即当 DAI 价格低于 1 美元时将减少市场上的 DAI 数量并增加稳定费用，从而推动 DAI 价格回升，当 DAI 价格超过 1 美元时会激励人们生成 DAI，使其美元价格相对回落。

稳定币 DAI 这种链上超额抵押的创造方式，为数字代币市场提供了可随需求调整的流动性同时，消除了“凭空印钞”的风险，每一枚数字代币的创造背后都有足额的资产，但 DAI 依旧面临技术和金融系统风险，这也对 Maker DAO 的治理机制提出了更高要求。

3. 去中心化交易所

去中心化交易所（Decentraliazed Exchange，DEX），是指使用智能合约技术部署在区块链网络上，用户无需将个人资产与数据储存在服务器中，也无需向进行资产托管，无需进行 KYC 审核即可交易的交易所。DeFi 的去中心化交易所场景下 Uniswap 被视为其中的支柱性项目。

Uniswap 是部署在以太坊上，引入自动化做市商（Automated Market Maker，AMM）模式，允许任何用户方便快捷地提供流动性，并进行 ETH 和 ERC20 代币之间自由兑换的去中心化交易所，用户既可以是流动性提供者也可以是交易者。Uniswap 采用“恒定乘积”（Constant Function）的 AMM 算法进行做市交易，也称 CFMM 模式。“恒定乘积”公式类似于反比例函数“X×Y＝Z”，无论 X 和 Y 怎么改变，Z 始终是一个定值，在 Uniswap 的 AMM 交易系统中是指某次交易前后，流动性资金池中的两种代币数量的乘积是恒定的。在 CFMM 机制下进行交易，首先，需要由流动性提供者（LP）注入等值代币到创建交易所需的流动性资金池，此时流动性提供者将收到相应的 LP 代币作为其资金池份额凭证。其次，交易者若需要进行币币兑换，必须先向流动性资金池注入 X 个 A 代币，接着 Uniswap 再根据恒定乘积公式从流动性资金池中直接向交易者支付 Y 个 B 代币。

Uniswap 的资金池中每种代币的价格主要根据流动池中代币的数量进行调整。因此，CFMM 的缺陷便在于在 Uniswap 中的某一种类代币价格与其市场价格可能存在偏差，此时便存在投机套利空间，而流动性提供者也会因此遭受无常损失，从而降低为 DEX 提供流动性的热情，最终影响 AMM 类 DEX 的正常运营。

二、去中心化金融应用的风险来源

（一）全面禁止下的非法经营风险

我国目前尚未出台特别法专门规制去中心化金融，但是 DeFi 应用中的资产 Token 化，使得 DeFi 与数字代币密不可分。从 2017 年 9 月 4 日的《九四公告》到 2021 年 9 月 15 日的《九二四通知》可以看出，我国对于与数字代币相关的全链条行为的监管十分强硬。

《九二四通知》第 1 条第 2 项，对于有数字代币参与的商业活动，包括经营 OTC 业务、币币兑换业务、AMM 业务，为数字代币提供信息中介和定价服务等，都定义为非法金融活动，[1]这意味着 DeFi 的核心应用场景中的去中心化交易所、去中心化借贷业务等涵盖数字代币交易、衍生品投资环节的业务均属于非法金融活动，监管部门可以通过非法提供支付结算业务、非法买卖外汇、非法经营期货业务、非法开设金融产品交易的交易场所的思路，认定构成非法经营罪。

为了防止国内政策波动给经营带来的影响，很多 DeFi 应用的经营主体本就设置在境外，但这类平台依旧存在经营风险。根据属人管辖原则，若平台的经营管理者是中国国籍，对其也可适用中国刑法。若 DeFi 应用面向中国用户提供服务，则根据保护管辖原则，我国刑法亦有管辖权。

（二）通过 DeFi 应用的新型传销风险

在 DeFi 应用场景下开展新型传销，传销方主要使用 DApp 引流，传销层级结构通过行为人提供的推荐链接进行关联，利用智能合约操控业务逻辑，并根据链上数据确认层级或团队计酬金额。目前已有公安机关打击利用 DeFi 实施传销行为的案例。

江苏省盐城市公安局亭湖分局抓获彭某某、赵某某、倪某某等人，并指控其犯组织、领导传销活动罪。根据公安机关侦查，2020 年 5 月，彭某某、赵某某等人通过刘某某与北京 A 信息技术有限公司签订《技术开发合同》，委托该公司研发××智能合约，后由成都 B 信息技术有限公司技术部具体负责。2021 年 2 月 7 日，彭某某、赵某某等人将××智能合约代码部署至区块链——波场链——上线自动运行，彭某某通过 Twitter、Facebook 等社交软件对该项目进行宣传推广，宣称××智能合约通过程序代码逻辑自动执行合约设定的层级及奖金分配制度实现去中心化，没有“后门”可信度高。在该项目下，投资人使用“Token Pocket”“Im Token”等数字货币数字钱包，从推荐人处获取推荐链接，点击钱包中的 DApp，输入链接即可进入××项目页面，使用数字代币钱包地址进行注册即可成为会员，最低“捐助”50 个泰达币即可激活成为有效会员。会员间按照推荐发展的顺序

---

[1] 参见 Benson Mawira：《去中心化金融（DEFI）协议被提议作为监管的“关键基础设施”》，载 https://www.cryptopolitan.com/zh-cn/，最后访问日期：2024 年 3 月 24 日。

组成上下层级关系，以直接或间接发展下线会员的“捐助”提成作为主要收益方式。盐城市亭湖区检察院指控彭某某、赵某某创设××智能合约平台并利用区块链去中心化智能合约，组织领导参加者以缴纳费用方式获得加入资格，并按照一定顺序组成层级，直接或间接以发展人员的数量作为计酬或者返利的依据，引诱参加者继续发展他人参加，骗取财物，扰乱经济社会秩序，已构成组织、领导传销活动罪。

由此可见，只要是通过发展人头收取人头费或者以销售业绩作为计酬的方式牟利，即便是通过 DeFi 应用场景自动记录数据分配收益，或是使用境外社交软件拉拢人头，但行为性质仍旧无法脱离传销活动的本质，在国内依旧会被打击。

（三）利用匿名化的洗钱风险

DeFi 应用场景不对使用方进行 KYC 审核，弱监管环境也导致资金的来源与去向无法追踪，导致 DeFi 无形之中成为不法分子洗钱的热门工具。[1] 当诸多 DeFi 应用支持跨链运行，不少不法分子开始利用跨链去中心化借贷平台洗钱。例如，不法分子将电信诈骗所得款项兑换成 BTC，其可以通过 DeFi 借贷应用先将 BTC 质押锁定得 P-BTC，再选择另一智能合约抵押 P-BTC 并借贷得到稳定币 A。不法分子可以使用该稳定币 A 购买可与 ETH 置换的 B 币，在将 B 币转化为 ETH，如此，该笔违法所得即可从 BTC 转化成 ETH。这类洗钱过程由智能合约自动执行，不法分子完全可以通过跨链质押的方式，将黑钱洗白。

根据权威区块链数据分析咨询公司 Chainalysis 发布的《2022 年加密犯罪报告——原始数据和基于加密货币的犯罪研究》，DeFi 项目在 2021 年接收的非法资金与上一年度相比显著增长，占所有被监测到的非法资金的 17%（价值约 14.6 亿美元），这一数据在 2020 年仅为 2%，同比增长约 1900%。DeFi 项目为不法分子提供了高效便利的洗钱通道，目前国内虽尚未出现利用 DeFi 应用洗钱的案例，但使用 DeFi 洗钱已经成为加密货币应用领域的

〔1〕 参见《2024 年监管展望：这将是 DeFi 的决定性一年》，载 https://new.qq.com/rain/a/20240304A04RMG00，最后访问日期：2024 年 3 月 26 日。

心头大患，也对我国司法机关在识别、冻结、罚没非法资金上创造了更大阻碍，对司法机关在面对和处置利用加密货币掩饰隐瞒犯罪所得和洗钱的案件时提出了更高要求。

当前全球各国针对 DeFi 监管的缺陷，导致投资者在面对不法分子利用智能合约漏洞攻击和窃取数字代币的准犯罪行为时投告无门，这也使得 DeFi 的口碑受损，因此 DeFi 项目的参与者在面对区块链的新型侵财技术时应当保持高度警惕。但 DeFi 作为区块链技术的新兴应用领域，消除了参与方的身份壁垒，丰富了金融产品，提高了金融活动效率，能够为金融市场注入新鲜的血液，因此监管者应当加强国际合作，规范 DeFi 发展路程上的红线边界，充分发挥好监管部门在金融领域的引导作用。

第七节　数字艺术品应用场景下的应用风险

根据《柯林斯词典》解释，非同质化通证（Non-fungible Token，NFT）指“在区块链中注册的唯一数字证书，用于记录艺术品或收藏品等资产的所有权”，也是智能合约的另一大创新应用场景。2021 年年末《柯林斯词典》统计显示“NFT”一词在 2021 年的使用率增长了 110 000%，超过“元宇宙”“混合办公”“疫苗”等其他词汇。

令非同质化通证声名大噪的表现形式是“数字艺术品”，其通过超高价格的买卖吸引目光。例如，美国职业男子篮球联赛运动员库里花了 18 万美元买了第 7990 号猿猴头像；Beeple 所创作的数字艺术作品《每一天：前 5000 天》在佳士得拍卖行以 69 346 250 美元拍出；[1] CryptoPunk#9998 号作品由地址 0x9b5a5c 从地址 0x8e3983 处以 532 414 877.01 美元的价格买入。

〔1〕 参见陈家琦：《NFT 作品〈每一天：前 5000 天〉拍出 6900 万美元高价：NFT 为何如此火爆?》，载微信公众号“新京报书评周刊”，2021 年 3 月 28 日 。

一、数字艺术品场景的应用逻辑

（一）从实物到数字艺术品方式

从实物生成数字艺术品是数字艺术品最初诞生时的形式。2014 年 3 月，一个名为 cryptoart. com 的网站，专门出售结合了纸钱包的艺术品，每件画作都是由艺术家设计，手工组装而成，且限量发售。画作正面左下角有一个二维码，这是纸钱包的公钥。用户只要扫描二维码就可以往纸钱包中转账，纸钱包私钥则隐藏在画作背面 。

NFT 的核心思想是将实物与数字货币结合，使实物具有稀缺性甚至唯一性，继而提升实物艺术品的价值，吸引市场流量。同时，因为链上钱包的交易记录是唯一的且不可篡改，交易记录与实物的占有之间便能够建立不可分割的联系，拥有链上记录便可视为拥有实物的证明。此举强化了物权的公示效果，排除了盗窃、仿冒实物艺术品给原作拥有者带来的艺术品价值的损失的可能。

从实物到数字艺术品的另一种利用方式，是将公认具有高价值和稀缺性的实物转化为数字艺术品，在元宇宙世界创造出一个具有等价值的数字资产。示例之一是游戏开发商 DApper Labs 在 2020 年 10 月推出的“NBA Top Shot”（美国职业男子篮球联赛精彩进球）球星卡，[1]它将美国职业男子篮球联赛中的精彩进球制作为限量的数字艺术品并进行发售，因精彩进球本身存在不可复制的特征，则获得唯一授权的对应数字艺术品亦具有不可复制的唯一性。杭州亚运会期间拟发行的杭州亚运会奖牌的数字艺术品，也是利用特定实物的稀缺性保证对应数字艺术品稀缺性的典型。

（二）原生数字艺术品方式

2017 年第一个原生数字艺术品项目 CryptoPunks 诞生，并最早启发了 ERC721 标准。它通过改造 ERC20 合约发行通证，生成一万多个完全不同

---

〔1〕 参见邱思睿：《NBA Top Shot：记录篮球赛精彩时刻的 NFT 市场》，载 https://www.toutiao. com/article/7142675714687697444/? upstream_ biz=toutiao_ pc&source=m_ redirect，最后访问日期：2022 年 5 月 3 日。

的猿猴艺术形象，开创性地将图像作为加密资产引入数字货币领域。前述球星库里所高价购买的就是其中之一，购得后他将其用作自己社交媒体的头像。

原生数字艺术品不依赖于实物的艺术性或稀缺性，其价值由数字艺术品本身决定。与现实中的艺术品一样，作者、创作技法、艺术高度等是其价值的来源。不过，由于数字艺术品与动画、游戏等创作形象具有天然的兼容性，借由文化知识产权创造有价值的原生数字艺术品，也成为一条常见的路径。典型形式即利用知名动画形象的授权衍生创作数字艺术品。这些数字艺术品既可以单独投入市场，也可以将其再投入其他应用（如区块链游戏）中使用。

（三）从数字艺术品到实物方式

将原生数字艺术品铸造为实物是一种新的尝试，其主要作用在于使数字艺术品的价值更易于被承认和接受。自 2020 年末始，数字艺术品市场吸引了大量投资和关注，但是新兴事物在社会和法律层面都需要一个接受的过程。尤其在一些较为保守或法律认定较为严格的地区，数字艺术品的性质和价值受到持续质疑。

于是，将数字艺术品视为铸造实物的授权方式被开发出来，即将原生数字艺术品自身的价值转化为知识产权的形式，进而易于与当时当地的法律兼容，使数字艺术品的价值能够得到呈现、承认和固定。例如，中国社交移动应用“小红书”在推出数字艺术藏品时就采取了同步附赠一个实物的方式。

二、数字艺术品应用的风险来源

（一）数字艺术品生成环节的法律风险

对于从实物到数字艺术品的生成途径来说，我国《著作权法》将“数字化”规定为复制权行使的一种方式。该法第 10 条第 1 款第 5 项规定复制权，即以印刷、复印、拓印、录音、录像、翻录、翻拍、数字化等方式将作品制作一份或者多份的权利。用这里的“数字化”一词涵括由实物到数字艺术品的生成过程是既符合法条的文义，也是遵循立法精神的。目前实践中，实物的知识产权权利人经常与数字艺术品的生成者为同一主体。如此，生成的数字艺术品的所有权和知识产权（非有特别约定）则也统一于同一主体。但是，当二者分离时，就存在知识产权侵权的可能。在权利归属上，对数字艺术品作为独一无二的通证享有所有权，并不等于直接享有该数字艺术品所指向的内容或者作品的著作权。无论假冒盗版，还是未经同意擅自数字艺术品化，都是著作权法上规定的侵害著作权人权利的侵权行为 。2022 年 4 月 22 日，由杭州互联网法院审理的 NFT 侵权第一案审理完结，（2022）浙 0192 民初 1008 号民事判决书认为，某科技公司经营的“元宇宙”平台作为 NFT 数字作品交易服务平台，对于 NFT 是否侵权具有审查义务，若用户上传了侵权作品而平台方未尽审查义务，则构成帮助侵权。法院判决被告某科技公司立即删除涉案平台上发布的“胖虎打疫苗”NFT 作品，并赔偿原告公司经济损失。这也意味着当 NFT 的所有权与知识产权相分离，铸造 NFT 必须取得知识产权主体的许可。

对于原生数字艺术品来说，《伯尔尼公约》第 2 条指出“文学和艺术作品”一词包括文学、科学和艺术领域内的一切成果，不论其表现形式或方式如何。我国《著作权法》和司法实践也从未拒绝将数字创作的动画形象等作为美术作品保护。由此观之，原生数字艺术品作为知识产权的载体，其上的无形权利受我国法律和国际公约保护是不存在障碍的。因此，在对数字艺术品进行衍生创作时，仍需要原生数字艺术品权利人的授权。

对于从数字艺术品到实物的生成方式来说，应该认为这是一种表现维度的转换。1990 年公布的《著作权法》第 52 条规定，“本法所称的复制，指以印刷、复印、临摹、拓印、录音、录像、翻录、翻拍等方式将作品制作一份或者多份的行为。按照工程设计、产品设计图纸及其说明进行施工、生产工业品，不属于本法所称的复制”。即在早年的著作权法中，将根据工程设计图和产品设计图施工、生成工业品的行为排除在复制行为之外。其原因在于著作权保护表达而不保护思想，将工程设计图或产品设计图施工，或生产为工业产品的行为，是对功能、技术效果的实施，实质为技术思想的实现而非表达的再现。现行的经历三次修正的《著作权法》已删除了相关表述。况且与数字艺术品对应的实物，其艺术鉴赏价值和实用价值是明显分离的。〔1〕数字艺术品并非其对应实物的工程设计图，其仿制过程并非实现技术功能的“实施”行为，而是重复表达的“复制”行为。〔2〕2016 年，在长春市中级人民法院审理的深圳某公司与长春某建材超市著作权纠纷案中，主审法官认为“判断某种行为是否构成对受保护作品的复制，关键在于判断新的载体中是否保留了原作品的基本表达，同时没有通过发展原作品的表达而形成新作品，如果最终表达载体再现了被保护作品或其具有独创性的特征并加以固定，且没有形成新的作品，就应当属于著作权法规定的复制”。此见解殊值赞同。2018 年，上海知识产权法院审理的某县政府与北京的两家公司侵害作品复制权纠纷案、（2013）深中法知民终字第 729 号案、（2015）鲁民三终字第 39 号案、（2015）深中法知民终字第 1486 号案等均认可不同维度的“再现”可能侵犯著作权。

（二）数字艺术品交易环节的法律风险

1. 非法经营罪风险

目前，中国大陆主要的数字艺术品收藏品平台为了应对不确定的监管和法律风险，基本采取禁止二次交易，屏蔽二级市场的方式，仅由少数平台尝试在一定的锁定期后允许二次交易。不过，过热的投资需求难免刺激个别行为人铤而走险，为境外的交易平台提供支付和结算渠道，由此可能产生非法经营罪的刑事风险。〔3〕

《九二四通知》第 1 条第 2 项规定，虚拟货币相关业务活动属于非法金融活动，一律严格禁止，坚决依法取缔。2022 年 4 月 13 日，中国互联网金融协会、中国银行业协会、中国证券业协会发布《关于防范 NFT 相关

〔1〕 参见孟晨阳、仲夏、徐鹏：《数字藏品的现状与未来发展的思考》，载 http://www.iii.tsinghua.edu.cn/info/1121/3221.htm，最后访问日期：2024 年 2 月 15 日。

〔2〕 参见潘雨欣、逄晓枫：《非法获取数字藏品行为的刑法定性分析》，载 https://www.thepaper.cn/newsDetail_forward_25153780，最后访问日期：2024 年 2 月 15 日。

〔3〕 参见程啸、王苑：《数字艺术品法律风险如何规制》，载《光明日报》2022 年 6 月 11 日，第 5 版。

金融风险的倡议》，坚决遏制 NFT 金融化证券化倾向，从严防范非法金融活动风险，要求行业企业自觉遵守六项规范：不在 NFT 底层商品中包含证券、保险、信贷、贵金属等金融资产，变相发行交易金融产品；不通过分割所有权或者批量创设等方式削弱 NFT 非同质化特征，变相开展代币发行融资（ICO）；不为 NFT 交易提供集中交易（集中竞价、电子撮合、匿名交易、做市商等）、持续挂牌交易、标准化合约交易等服务，变相违规设立交易场所；不以比特币、以太币、泰达币等虚拟货币作为 NFT 发行交易的计价和结算工具；对发行、售卖、购买主体进行实名认证，妥善保存客户身份资料和发行交易记录，积极配合反洗钱工作；不直接或间接投资 NFT，不为投资 NFT 提供融资支持。

这意味着若向金融产品方向经营 NFT，并对涉案数字艺术品进行金融化认定，相应行为极易被认定为系开展相关非法金融活动，并适用《刑法》第 225 条第 3 项规定，对构成犯罪的非法经营证券、期货业务进行刑事制裁。

2. 组织、领导传销活动罪风险

数字艺术品交易的组织、领导传销活动罪风险主要来源于数字艺术品自身的特征和交易技术的新发展两个方面。

从数字艺术品自身特征来说，作为一种虚拟财产，在我国的法律地位一直未能得到明确。[1]在过去十余年，文化知识产权也已经形成规模市场并受到立法、司法的重点保护。而随着电子游戏行业的蓬勃发展，司法实践中越来越倾向于对游戏账号、角色、装备等凝结着无差别的人类劳动的电子数据给予财产权的保护。[2]但是，对于新生的数字货币，因其带有金融产品的属性，受到了特别谨慎的对待。同时，数字艺术品市场在当下投资热度过高，虚高价格、名不副实的交易时常发生，存在侵害人民群众财产权益的高度风险。为此，司法机关和行政管理机关采取了更加严厉的态度，准备应对数字货币的风险挑战。在这种特殊情形下，作为交易标的的

〔1〕 参见陈瑜：《民法典迈出依法全面保护虚拟财产第一步》，载 http://it.people.com.cn/n1/2021/0119/c1009-32003804.html，最后访问日期：2024 年 2 月 15 日。

〔2〕 参见张楷欣：《游戏账号属于网络虚拟财产应受保护》，载《法治日报》2021 年 8 月 1 日，第 6 版。

数字艺术品被认为价格与价值严重不符，甚至价值被完全否定，将交易价格认定为“人头费”“门票费”的可能性很高。〔1〕

从交易技术的新发展来说，在数字艺术品交易中使用智能合约，可以设置将二次和后续多次交易的利润按照某个比例自动打入前手的钱包。如果每次交易都将给复数的前手支付一定比例的利润，就很容易形成传销组织的层级。当然，通过传统的线下渠道进行分润也同样会满足组织、领导传销活动罪的特征。

3. 非法吸收公众存款罪风险

数字艺术品交易中存在两种非法吸收公众存款罪风险集中的形式。一种是集资购买数字艺术品。作为非同质化通证的数字艺术品本来具有不可分割的属性，但是市场上部分数字艺术品高昂的价格令将其碎片化为权益份额的现象不可避免地出现。〔2〕此类集资投资项目的组织、发起人，是具备非法吸收公众存款罪的主体条件的。不过，此类集资项目以募集数字货币为主，是否符合非法吸收公众存款罪的客体条件，值得商榷。至于“非法性”“公开性”“利诱性”“社会性”的认定和否定，则与一般非法吸收公众存款案件没有根本差别。

另一种高风险行为是数字艺术品的发行平台提供数字艺术品的委托代售服务，即买家在平台购买数字艺术品后，委托平台代为展示、销售，平台提取部分服务费后将新买家的剩余货款交付原买家。从资金流上看：买家向数字艺术品发行企业支付了一笔“货款”，一段时间后，发行企业向买家支付了一笔数额高于“货款”的钱款。从货物流上看：所谓交易的“货物”（标的数字艺术品）始终处于发行企业的实际控制下，该物品从未受买家实际控制、使用。那么，这究竟是数字艺术品流转的行为，还是以买卖合同掩盖的借贷合同？买家所获收益究竟是数字艺术品

---

〔1〕 参见张志元、孙庆麟、马永凡：《数字艺术资产的风险特征及其治理研究——第九届艺术金融年会论文》，载 https://www. sohu. com/a/733018774_ 121124733，最后访问日期：2024 年 2 月 15 日。

〔2〕 参见邓建鹏、李嘉宁：《数字艺术品的权利凭证——NFT 的价值来源、权利困境与应对方案》，载《探索与争鸣》2022 年第 6 期。

升值的部分，还是资金占有、使用的对价？一旦被认为是后者，那么非法吸收公众存款甚至集资诈骗的阴影，就会笼罩在数字艺术品发行企业的头上。

4. 诈骗罪与集资诈骗罪风险

数字艺术品方兴未艾，投资者热情高涨却对其认识不深。在这种现状下，不法分子利用“元宇宙”“区块链”等概念包装进行炒作宣传，打造没有价值支撑的“空气数字艺术品”项目，夸大收益骗取投资，甚至虚构根本不存在的数字艺术品项目进行诈骗，是极易发生的。[1]

但是，在使用智能合约进行数字艺术品投资的去中心化自组织中，通过“联合坐庄”甚至利用“闪电贷”不正当地夺取投票权后做出损害组织其他成员财产权益的行为，也可能涉嫌诈骗犯罪或集资诈骗犯罪。[2]辨别的要点主要在“联合坐庄”的发起人或发起团队的架构、团队成员的责任分工、宣传方式和宣传内容、发起人或发起团队“变现获利”的时机和情况等。其核心思路是观察所谓“联合坐庄”的成员，是否真的是利益、风险共担的“类一致行动人”，还是部分具有非法占有目的的成员以一致行动为诱饵，诱骗他人投入财产后对这些财产进行非法占有。

（三）数字艺术品交易公示的侵犯公民个人信息罪风险

数字艺术品的链上交易记录公示是其确权的核心。例如，我们在 opensea 的网站上可以公开查询到下述记录：库里花费价值 18 万美元的加密数字货币买了第 7990 号猿猴，同时还能看到他购买的其他藏品，用同样的方法可知余某乐的以太坊地址及他拥有第 8787 号猿猴。根据这个头像，又可以发现他的其他数字艺术品交易信息。

但这种公示是否涉及公民个人信息保护风险？主要考虑两点：第一，数字艺术品交易过程是否属于公民个人信息？第二，查询甚至公布交易过程或另作他用是否涉嫌侵犯公民个人信息？

---

〔1〕 See Holcombe, Maria L. C., Joshua R. Becker, “The NFT market and the role of blockchain in art: A Legal Perspective.” ResearchGate, 2021.

〔2〕 焦经川：《区块链与法律的互动：挑战、规制与融合》，载《云南大学学报（社会科学版）》2020 年第 3 期。

就第一个问题，我们认为，钱包地址是一个无意义的字符串，仅作为区块链上的标识之用，不与任何自然人存在对应关系。[1]从这个层面上说，即使普通用户也可以查询该地址的交易记录，反映出改地址控制人的财产甚至生活状况，但因为钱包地址不具有最基本的识别自然人的能力，显然不是公民个人信息。但是，钱包地址与自然人发生关联的实际场景诸多，如上所述，库里和余某乐就与某个特定的钱包地址建立起了联系，因此，该地址的交易记录即成为库里或余某乐的交易记录，这种因使用者的知名度结合钱包地址，仍可能被认定为公民个人信息。[2]

就第二个问题，我们认为，数字艺术品交易记录是区块链上数字资产确权的核心，正是通过交易记录，数字艺术品的权属得以确定和公示。因此，即便钱包地址已与特定自然人关联，作为用户的该自然人必定已经同意了授权条款，令其钱包交易记录可被不特定人士查询。因此，交易记录可谓一种公开信息。这里具有显著的法律疑难：对公开信息的收集、使用、提供是否可能侵犯公民个人信息罪。我们认为，需要结合信息主体公开数据的目的和收集、使用、提供者是否合理使用两个方面来判断。《通用数据保护条例》第 6.4 条规定："当处理的目的并非建立在个人数据被收集时数据主体所同意的基础上，为确定个人数据进一步处理目的是否与收集个人数据的最初目的相一致，判断数据处理行为是否合理时应当特别考虑以下因素：个人数据被收集时的目的和预期进一步处理的目的之间的联系；个人数据被收集的场景，特别是数据主体基于其和数据控制者的关系就其进一步使用的合理期待；个人数据的性质，进一步处理给数据主体可能造成的后果。"例如，库里将其高价收购的第 7990 号猿猴作为社交媒体账号头像，致其钱包地址与本人相互关联。公众通过区块链平台查得其钱包地址内的数字艺术品买卖情况，这种查询与经库里授权的数据处理通常目的一致，即获知有多少数字艺术品为库里所有或曾经所有。虽系通信

---

〔1〕 参见刘笛、王文文：《NFT 数字艺术品交易环节涉刑风险与合规》，载微信公众号"律新 V 品"，2022 年 1 月 11 日 。

〔2〕 刘敏：《区块链技术下的个人信息保护路径》，载《网络安全技术与应用》2023 年第 3 期。

内容或财产信息，仍因数据主体主动公开阻却违法性，不构成犯罪。所谓“合理利用”，这要考察数据控制者的利用这些数据的商业模式本身是否合法，以及最小必要原则等数据法原则的规制。

第八节 区块链游戏场景下的应用风险

区块链游戏是元宇宙应用的最初形式，也是加密货币、智能合约、数字资产、数字艺术品等应用发挥效能的综合场景，具有特别的地位。〔1〕正因如此，前述各节法律风险在区块链游戏场景中也均会存在，甚至交叉衍生出更复杂的违法、犯罪形态。同时，区块链游戏也有独立于前述各种场景的特有法律风险和专门合规措施。

一、区块链游戏场景的应用逻辑

（一）区块链游戏的卖点和企图

1. 以数字艺术品收藏和交易为核心的区块链游戏

2017 年，ERC721 标准形成，彻底摆脱了 ECR720 标准的限制，使得非同质化通证的生成变得简便易行。在此基础上，第一款真正引发高度关注的区块链游戏 *CryptoKitties* 诞生。该款游戏体现出两个突出的应用特征，在后来的区块链游戏发展中持续演变。〔2〕

一是对非同质化通证的“收藏”。虽然名为区块链“游戏”，但其实并无“可玩性”可言。*CryptoKitties* 仅有一种玩法：选择两只“猫”（均为符合 ERC721 标准的数字艺术形象），等待一段时间后产生一只既与亲代猫特征有关，又混有随机选择的新特征的子代猫。就“游戏”本身而言，吸引力只在于随机生成稀有程度不同的特性的“刺激感”和收藏和展示稀有猫的“炫耀”功能。

〔1〕 杨柯：《“元宇宙”爆发，游戏之外的“元宇宙”能带来什么》，载《财富时代》2021 年第 10 期。

〔2〕 李华林：《非同质化代币为何成“网红”》，载《经济日报》2021 年 4 月 22 日，第 8 版。

二是“投机”，区块链游戏从业者甚至取了个直白的名词叫“边玩边赚”（Play to Earn）。这其实才是早期甚至迄今为止的区块链游戏的核心吸引力所在。*CryptoKitties* 运营之初，稀有猫的交易价格急速蹿升。上线 4 天，一只猫卖出了 11.4 万美元；上线一周，交易额超过 600 万美元，公开市场上售卖的猫形象数量超过 10 万只。上线两年，总计超过 9 万个以太坊地址参与了该游戏，累计有超过 62 万次记录在链上的猫形象交易。

继承和发扬了上述两项特征的后继者是由 *CryptoKitties* 相同的开发团队推出的“*NBA Top Shot*”。依托美国职业男子篮球联赛的知识产权作为支撑，“*NBA Top Shot*”所发行的精彩进球数字艺术品具有更好的价值基础。同时采取了“盲盒”方式刺激销售。公开测试半年，“*NBA Top Shot*”的总销售额超过了 *Cryp to Kitties*。截至 2022 年 2 月 10 日，*NBA Top Shot* 交易总额突破 9 亿美元，为 905 990 929 美元，交易总量为 15 969 673 笔。在数字艺术品收藏品类交易额排名中位列第五，前四名分别为 *Axie Infinity*（3 960 067 728 美元）、*Cryp to Punks*（2 018 969 476 美元）、“无聊猿”BAYC（1 319 659 690 美元）、*Art Blocks*（1 186 432 490 美元）[1]。

2. 更加纯粹的“投机”区块链游戏

随后，更加赤裸裸地进行投机的资金盘游戏出现，代表作是 *Fomo 3D*，一局游戏的时间被设定为 24 小时的倒计时，玩家通过用 ETH 购买该游戏中的通证，每当有玩家买入通证，游戏的倒计时就会增加 30 秒。倒计时结束时，最后一个投入通证的玩家会获得奖池中 48% 的奖金额，还有 2% 会分配给社区基金会，其余 50% 分配给本局其他参与的玩家。

更为极端的是比 *Fomo 3D* 出现稍早，以 *PoWH 3D* 为代表的类“庞氏骗局”游戏。规则简单粗暴，入场玩家用 ETH 购买游戏中的代币，买入或者卖出都必须支付给游戏资金库 10%的手续费。这些手续费的总量会根据每个入场玩家的代币持有量按比例分配。也就是说，先入场的玩家及整个游戏的收入，完全来自后入场玩家的“门票费”。

---

〔1〕 欧易交易所“区块链动态 2022 年 2 月 10 日早参考”，载 https://www.bitebiren.com/New/4817.html，最后访问日期：2022 年 4 月 6 日。

3. 更加注重“游戏性”的区块链游戏

在资金盘游戏受到追捧的同时，对区块链游戏的可玩性进行提升的尝试没有完全停止。在波场 TRON 上，先后出现了解密类游戏 *Last Trip*，多人对战加密游戏 *Tronman*、像素类游戏 *Tronfun* 等。至于将炸弹人搬上区块链的 *Bomb Crypto* 及新近出现的 *Titan Hunters* 等游戏，其可玩性已经接近一些传统游戏市场的小型游戏。不过，与类似的传统游戏相比，区块链上的版本明显需要更多的资金投入（游戏圈术语“氪金”）。同时，这类游戏也没有放弃数字艺术品形象收藏及交易的“边玩边赚”核心卖点。只是在游戏的方向进行了一些正向的努力，稍微分摊一些金融产品的色彩。

另一项分支是强化“自由创造”的属性，代表作为 *The Sandbox* 和 *Decentraland*，两款游戏玩法类似，均为通过 ETH 购买游戏内的“土地”后可以自由建模、开发——这体现出一些“元宇宙”最初设想的概念。

4. 公有链上的游戏群

区块链游戏除从游戏自身中挖掘价值和寻找商业机会之外，一种更宏观视角的企图也开始展现出来。其中心思想是通过同一公有链上不同游戏间的互联互通、交叉渗透形成合力，共同提升某种同质或某类非同质化通证的价值，甚至拉升整个公有链的活跃度、接受度、认可度，从而拉抬公有链的服务能力和整体价值。

这种方式的思路是将区块链游戏作为某种同质或非同质化通证的价值支撑，[1]通过数字艺术品、文化知识产权、游戏内充值，以及游玩的时间、精力等投入，丰富通证的使用场景，提升使用价值，从而支持通证在二级市场上的价格。可谓区块链游戏群的金融化。

（二）区块链游戏的技术优势

虽然目前来说，区块链游戏在“可玩性”方面与传统的精品大制作游戏尚有极大差距，但即使从“游戏”的角度来评价，区块链游戏也不能说没有任何优势。其在三个方面对于传统游戏中存在的一些顽疾是有一定解决力。

---

〔1〕闫勇：《多国学者审慎关注“元宇宙”发展趋势》，载《中国社会科学报》2021 年 11 月 5 日，第 3 版。

1. 游戏账号等虚拟财产的确权和保护

在传统游戏中，盗取账号、窃取装备道具等时有发生，尤其是一些具有较高认可度、接受度的知名游戏，甚至有稳定的二级市场，因此，更容易发生引发上述违法犯罪现象。对于交易平台和买受方来说，确认待售游戏内资产的所有权和处分权都是非常困难的。而区块链游戏由于天生的链上记录、链上公开特征，游戏内资产的权属及其变化过程是清晰的、易获知的及易证明的。[1]

2. 游戏规则的公开、透明

在传统游戏中，大量涉及玩家体验甚至与充值付费有关的游戏内容、计算机制是秘密的，仅由游戏开发运营企业掌握，如取得巨大商业成功"盲盒抽卡"模式。最初盲盒中稀有款式的概率、是否有"保底"机制（以特定方法或满足特定条件必然能够得到稀有款式）及"保底"机制如何运作，都是秘密的。是否公布及如何公布均由游戏开发运营企业自决。即使游戏开发运营企业故意公布虚假的数据对玩家进行欺诈，也无从考证。我国在2016年12月发布了《文化部关于规范网络游戏运营加强事中事后监管工作的通知》，其规定网络游戏运营企业采取随机抽取方式提供虚拟道具和增值服务的，不得要求用户以直接投入法定货币或者网络游戏虚拟货币的方式参与。网络游戏运营企业应当及时在该游戏的官方网站或者随机抽取页面公示可能抽取或者合成的所有虚拟道具和增值服务的名称、性能、内容、数量及抽取或者合成概率。公示的随机抽取相关信息应当真实有效。该要求随着2019年《网络游戏管理暂行办法》的废止而失效。但是游戏市场已经形成自觉，现仍予以公布。对于区块链游戏，则几乎不存在这样的"黑箱"问题，链上的规则公开且任何人未经共识程序都无法更改，提高了游戏规则的透明度。

3. 进一步促进游戏开发运营企业与玩家的平等

在传统游戏中，对游戏本体进行调整、升级、迭代等权利由游戏开发

---

〔1〕 徐十珍、李伟:《基于区块链的游戏资产交易平台研究》，载《计算技术与自动化》2019年第2期。

运营企业独占。如果玩家感到对一些调整的不适或不满，至多只能“用脚投票”不再游玩。而对于开发运营企业来说，连“终止运营”这样具有根本意义的决策权力，也是单方面垄断的。但在区块链游戏中，其去中心化特征要求运营开发平台与玩家进一步平等，玩家甚至存在通过共识机制克服开发者、运营者意志，自行掌握游戏的规则和发展的可能，这是传统游戏无法做到的。

二、区块链游戏应用的风险来源

区块链游戏是元宇宙应用的最初形式，也是加密货币、数字资产、数字艺术品等应用发挥效能的综合场景，具有特别的地位。正因如此，前述各节法律风险在区块链游戏场景中也均会存在，甚至交叉衍生出更复杂的违法、犯罪形态。同时，区块链游戏也有独立于前述各种场景的特有法律风险和专门合规措施。

（一）游戏内容和模式的不法风险

这一部分风险来源并非区块链游戏所特有，而是所有游戏应用共通的，故此仅作简述。

从游戏内容方面讲，主要是涉及：(1) 违反宪法确定的基本原则的；(2) 危害国家统一、主权和领土完整的；(3) 泄露国家秘密、危害国家安全或者损害国家荣誉和利益的；(4) 煽动民族仇恨、民族歧视，破坏民族团结，或者侵害民族风俗、习惯的；(5) 宣扬邪教、迷信的；(6) 散布谣言，扰乱社会秩序，破坏社会稳定的；(7) 宣扬淫秽、色情、赌博、暴力，或者教唆犯罪的；(8) 侮辱、诽谤他人，侵害他人合法权益的；(9) 违背社会公德的；(10) 有法律、行政法规和国家规定禁止的其他内容的。

根据内容不同可能涉及的法律责任也各不相同，仅从刑事责任角度讲，就有宣扬恐怖主义、极端主义、煽动实施恐怖活动罪，出版歧视、侮辱少数民族作品罪，组织、利用会道门、邪教组织、利用迷信破坏法律实施罪，制作、复制、出版、贩卖、传播淫秽物品牟利罪，侮辱、诽谤罪和一些涉及国家安全的罪名等。值得一提的是，如果仅从内容方面认定构成上述特定罪名比较困难（特别是一些涉及国家安全的犯罪），仍然可以通过经省级文化或市场监督部门认定为“非法出版物”，继而以非法经营罪处理的方式进行处理。〔1〕

从游戏模式上讲，最易出现的是涉赌、涉传销和涉诈骗的风险。单纯“以小博大”“赌博射幸”的，会涉嫌开设赌场罪等的违法犯罪。〔2〕没有真实的价值交换，收取“门票费”“人头费”并形成“团队计酬”、三层以上“层级结构”的，会涉嫌组织、领导传销活动罪等违法犯罪。例如，上述 *PoWH 3D* 的开发和运营企业，如果在中国大陆，几乎可以说肯定构成犯罪。至于虚构游戏项目或者游戏内资产，或者“名赌实骗”操纵游戏内射幸概率、资产价值涨跌等行为则可能涉嫌欺诈或诈骗。〔3〕

（二）游戏运营过程中的不法风险

游戏运营过程中的不法风险是具有区块链游戏特征的部分。我们考虑两种不同类型，即有运营企业的类型和外观上没有运营主体，完全由玩家通过共识机制自决的游戏类型。

第一种类型以 *Axie Infinity* 为例，其背后的运营推手是菲律宾的 YGG 公会。由菲律宾的资深游戏开发专家 Gabby Dizon 创立，组织有上万名玩家，公会的收入主要来自投资游戏及游戏内资产、广告赞助等。通证持有者有权管理社区及分享社区利润。

YGG 公会以“YGG 奖学金”为名向一些玩家（来自菲律宾、印度尼西亚、委内瑞拉、巴西等第三世界的贫困大学生）“出借”区块链游戏入门资产（如 *Axie Infinity* 的初始游戏角色），再由玩家游玩产生的游戏内资产及高游戏活跃度带来的金融资产升值提供利润。〔4〕不过，这种方式如果

---

〔1〕 邓凯、刘程：《网络非法经营案件审理中“兜底条款”的适用分析》，载《法治论坛》2023 年第 3 期。

〔2〕 高孟阳：《区块链游戏 GameFi 创业，这两个刑事风险要避雷》，载微信公众号“曼昆区块链法律服务”，2023 年 11 月 1 日。

〔3〕 谢子仟、王韧：《一文读懂区块链游戏（GameFi）常见的刑事风险》，载微信公众号“兰迪律师”，2023 年 10 月 31 日。

〔4〕 沈小冉：《揭秘 YGG：Axie Infinity 背后的流量推手》，载 https://www.tuoniaox.com/news/p-510559.html，最后访问日期：2022 年 4 月 10 日。

在中国大陆现行法下则蕴藏复杂的法律风险。

例如，*Axie Infinity* 中具有“对战”功能，但 YGG 公会支持的玩家与普通玩家在参与对战的成本、条件准备等方面是不公平的。我们将情况稍做变形，如果类似“对战”胜负与游戏内资产增减值挂钩，而游戏内资产又与法币具有兑换关系或者被司法实践承认具有财产价值，那么这种不公平竞争就有违法甚至犯罪风险。类比中国大陆较为常见的直播平台“杀猪盘”案件，两名主播限时“对战”比拼打赏金额，但其实其中一方受直播运营企业背后支持，另一方的真实“粉丝”无论如何努力投入资金为主播充值，都不能拉开差距或最终取胜。这样的案件已被定性为诈骗罪。[1]

首先，区块链游戏运营企业通过工会运作呈现虚假繁荣，拉高游戏内资产的价格，甚至直接炒作资产价格、进行虚假宣传，然后抛售砸盘的，同样可能涉嫌诈骗犯罪。

其次，YGG 公会使用原生通证 YGG 币作为组织运作的权益凭证。用户质押 YGG 币可以按照数量获得社区的投票和治理权、获得游戏教程或提高技能等内容、获得特殊物件、获取公会奖励等。如此一来，掌握大量代币并能够提供代币“贷款”的公会在其投资的不同游戏中就都有了影响游戏内生态甚至修改游戏规则的能力，而这对于遵守公会和公会“资金”介入前的其他区块链游戏玩家是明显不公平的。依据“非法占有目的”的有无，可能产生财产犯罪或是民事上的退还、赔偿责任。

然后我们考虑外观上没有运营主体，仅由玩家通过共识机制控制的游戏。这是区块链游戏彻底区别于传统游戏的“终极形态”。当游戏中的权利凭证分布非常分散，没有拥有决定性投票权的“庄家”时，游戏可能进入这种形态。

这种类型的独特风险来源是对投票权的不正当获取。其最直白和最极端形态是“闪电贷”攻击，即不法行为人低息借入大量权利凭证后瞬间获取具有决定性的投票权，立即触发共识机制通过对自己有利的动议（如超

---

〔1〕 王瀚宇、郝英兵：《犯罪场视域下网络交友诈骗犯罪的防控对策》，载《犯罪与改造研究》2024 年第 3 期。

高价格的数字资产自买自卖)，随后用获利偿还“贷款”并攫取剩余部分。

为了对抗这种风险，部分运营规则中开始采取非同质化通证作为玩家的信誉凭证，然后为不同的信誉凭证赋予不同权力。[1]但是，类似我们在电子商务平台经常看到的，“刷单”“炒信”的存在又时时威胁着这种赋权方式的可靠性。当链上信用成为游戏决策的依据或关键影响因素，而游戏玩家是在对炒信者的资信具有明显错误认识的情况下，做出令炒信者不正当地获得财产性利益时，“炒信”行为能否评价为虚构事实的行为，事先炒信再发起投票动议以获利，是否表明炒信者本具有非法占有目的，是可以纳入刑法视野审视的。

最后是所谓“联合坐庄”，即通过串通、串联，形成类似证券市场的“一致行动人”，则可能对游戏决策产生决定性影响。由于区块链游戏的形式没有作为金融业务被监管，更不受证券管理相关法律法规的规制，这种“类一致行动人”的不正当行为本难以被追究刑事责任。但是，现实中对于这种所谓“联合坐庄”的实现，却可能作为诈骗类犯罪打击。核心是观察所谓“联合坐庄”的成员，是否真的是利益、风险共担的“类一致行动人”，还是部分具有非法占有目的的成员以一致行动为诱饵，诱骗他人投入财产后对这些财产进行非法占有。

[1] 邓建鹏:《元宇宙经济的法律风险及其规制》，载《电子政务》2023年第1期。

第五章
区块链技术及应用的风险防范治理模式

第一节　区块链技术的伦理规范化治理

一、区块链视角下的技术伦理的讨论必要

从本质上讲，技术不仅是人类知识积累和传递的手段和载体，更是催生新的社会秩序的重要影响因素。[1]基于普遍的认识和理解，技术的发展是客观存在的，并不应当赋予价值判断。然而，随着技术的不断进步，尤其是在“二战”过后，人们逐渐意识到“技术中立”的论调并不能改变技术这把“双刃剑”给社会带来的影响，设计或创造一项技术的指导思想很大程度上影响技术的伦理方向。因此，关于技术伦理的公共讨论和技术伦理学逐步获得了重视。事实上，技术伦理的讨论不仅是理论上所进行的空泛研究，其也实实在在地影响社会层面对于技术发展和技术应用的监管态度，典型例子如克隆技术、基因技术等。区块链技术也同样面临技术伦理的考察与合规。

长期以来，区块链都被视为加密货币和金融应用程序的代名词。但由于比特币这一典型区块链应用是以互信构筑其价值，在客观上并无对应财产，因此区块链的价值颇受争议。著名诺贝尔经济学奖得主约瑟夫·斯蒂格利茨（Joseph Eugene Stiglitz）和保罗·克鲁格曼（Paul R. Krugman）就曾提到：“整个比特币生态系统要么是无用的，要么是不道德的。”[2]这就从技术背后延伸的指导思想、逻辑以及伦理道德层面，对区块链技术及其应用提出了分析和考察的要求，拉开了区块链技术应用的伦理合规序幕。

斯蒂格利茨认为，比特币的唯一真正优势是它的保密性。他进一步认为，保密肯定是出于邪恶的原因，如洗钱或雇用杀手。随着比特币变得越来越主流，滥用行为成为监管的目标，斯蒂格利茨得出结论，比特币的附

〔1〕 李建中：《他在的公共性：智能技术公共治理的伦理框架》，载《学习与实践》2022 年第 8 期。

〔2〕 Crystal Yan：《诺贝尔经济学家约瑟夫·斯蒂格利茨：美国需要数字货币系统，但不是比特币》，载 https://mp.weixin.qq.com/s/Qhu9LnsljkZ7ed9Qu-F2Ng，最后访问日期：2025 年 7 月 7 日。

加值将因监管而不复存在。

克鲁格曼则在《纽约时报》上撰文，首先列出了一些关于比特币的常见经济疑虑：它的波动性，以及缺乏像金本位或美联储这样的担保人。其次，他将比特币与美元比较：受到小偷、毒贩和逃税者的欢迎。他预言，比特币是一个巨大的泡沫，它将以悲伤告终，而且越早结束越好。他评论："比特币是邪恶的。"

称一项技术或某一技术应用的结果是"邪恶的"，无疑是对该技术的伦理提出了重大的质疑。鉴于克鲁格曼的观点，即比特币的技术体系专门用于道德上不好的行为，因此，比特币本身就是邪恶的。该等思维模式——比特币是邪恶的，因为它会带来不良后果——这是一种从结果主义探寻的技术伦理，但这也忽视了区块链作为一项技术用于社会公益的例子。以比特币为起点，对于区块链技术伦理的论战也逐步上升为监管层面对区块链技术应用的态度。

诚然，科学技术在增强社会可预测性的同时，也带来了许多无法用过往经验应对的新的不确定性，[1]但伦理治理的分析也为技术的规范提出了新的出路与方向，发挥技术的正向作用是社会发展不可避免的重要课题。对于区块链技术而言，既然存在观点的争议，就需要从技术伦理的角度分析和确认区块链技术的合规方向。

二、区块链技术的伦理风险

技术伦理的定义与衡量标准素有争议，一般认为，所谓"技术伦理"，指围绕技术本身所产生的伦理关系中的道德现象和道德关系，是人们在技术发生的伦理关系中所应该具有的道德品质、应该遵守的道德规则和应该尽到的道德职责，它是对技术正面价值的维护或扩展和对其负面价值的制约或控制。在技术伦理讨论范畴中，所谓的道德并非传统意义中的"生活

---

〔1〕 参见［英］安东尼·吉登斯：《现代性的后果》，田禾译，译林出版社2000年版，第115页。

道德”，其更多锚定于基本人权与社会层面的公平公正。[1]

目前，对于技术伦理的讨论，可区分为传统技术伦理与新兴技术伦理。传统技术伦理以技术应用后果的反思与批判作为技术伦理的重要研究范式，核心基于笛卡尔式二元本体论。然而，从技术应用结果去评价技术伦理的分析框架遭遇新兴技术的不可预知性时，则显得无法入手。随着过去半个世纪的技术革命的刺激，新兴技术的伦理研究也逐步获得重视。新兴技术伦理的研究不再以结果作为重要导向，而是试图从技术设计本身的发展与机制出发，分析技术伦理的边界与规范，并通过伦理规则调解技术的动态发展，以匡正技术在研究与社会应用层面的实际价值及风险防范。[2]

区块链技术作为重要的新兴技术，其出现之初的伦理“风评”并不好。大多学者出于对比特币等区块链技术主要应用场景的担忧与怀疑提出了对区块链技术在伦理价值判断中的否定性结论。如前文所提到的经济学奖得主约瑟夫·斯蒂格利茨和保罗·克鲁格曼。对于区块链技术质疑的声浪在 2016 年 Dao（Decentralized Autonomous Organization）被攻击事件发生后推向高潮，导致了以太币的硬分叉，以及社区成员产生共识分歧。

事实上，单纯以比特币的“恶”或安全事件的发生来批判区块链技术伦理价值的分析路径并未脱离传统技术伦理的框架。无论如何论述区块链技术存在的应用风险，区块链技术对社会进步的正向价值是无法否定的。[3]因此，越来越多的学者开始讨论区块链技术本身所存在的伦理风险及规则方式。

我们认为，区块链技术本质是数据管理技术，其独特的共识算法下的数据存储方案与当下科学技术发展趋势相匹配。对于传统技术所带来的伦理问题而言，区块链技术提供了具有价值的新思路。例如，数据权利向个

[1] 参见田海平：《伦理治理何以可能——治理什么与如何治理》，载《哲学动态》2017 年第 12 期。

[2] 参见陈凡彭、康宁：《论新兴技术实践伦理及其中国进路》，载《自然辩证法研究》2021 年第 10 期。

[3] 参见帅文明：《区块链技术创新发展的内在逻辑与推动策略》，载《探求》2021 年第 5 期。

人的回归，是数据的实际权利人掌握数据的流动及获利途径；复杂交易中的全新信任机制，以人与机器的信任取代人与人信任的难题。[1]在解决伦理问题的同时，区块链技术同样产生新的伦理问题，而这类伦理问题所带来的风险，以及合规路径是实务领域所需真正注意并重视的。

依据新兴技术伦理的分析框架，区块链技术的伦理问题表现为以下三个方面。

（一）去中心化下内生的无政府主义及监管难题

去中心化是区块链重要的技术特征与逻辑。在区块链中，所有的交易对所有的节点都是公开透明的，交易的确认与进行在所有节点上的一致性由共识算法保障。而事实上，去中心化所带来的影响不仅在于数据管理方式上的改变，更在于其提出了全新的社会协作模式。

历史发展至今，人类社会的大多数协作模式是中心化的。在各交易主体或各组织之间，存在一个“中央节点”，该中央节点负责数据的整合与发放，管理整个项目中所有交易的运行，具有绝对的话语权。中心化的运作模式体现在生活的方方面面：政府运行是中心化的，有一套从上而下的体系；社会活动是中心化的，从中央机构派生到各个具体的分支机构；数据系统也是中心化的，从处理器到运动模式都有中心程式主管。中心化模式的缺点是显而易见的，“中央节点”的正常运行及其运行效率决定整个网络协作的运行，一旦出现延迟和故障，整个网络的协作便会停止，也间接影响协作效率。[2]此外，由于中央节点掌握了绝对的话语权，一旦其滥用自己的地位，则可能为整个体系带来较高的成本与风险。然而，中心化模式却是契合当下社会治理模式的。由于中央节点的存在，对内系统的监督与管理有了天然的执行者；对外国家对系统的监督与管理有了很好的抓手。换言之，社会能够基于中央节点的存在实现对具体系统内部的约束与管理，进而实现整个社会的协作。

---

〔1〕 参见吴江等：《数据要素交易多边平台研究：现状、进路与框架》，载《信息资源管理学报》2024年第3期。

〔2〕 参见黄莉：《区块链思维视角下基层新特征和治理新路径》，载《社会科学研究》2021年第5期。

进一步而言，政府的存在本身就需要中心化运作模式。政府对于每个国家而言便是最大的中央节点，在某种程度上，其基础与机制来源于中心化的正确适用及正当性。货币发行权便是政府中心化管理社会的典型案例。〔1〕

然而，区块链技术则以技术及算法试图重新搭建信任体系，从而形成去中心的运行模式。〔2〕比特币作为区块链技术应用得最为经典的案例，无论其有意抑或无心，都容易被视为无政府主义的货币发行行为，挑战的是现代国家存在的伦理基础。因此，以中心化为基础的现代国家运行伦理，无论在东方、西方国家都必然对比特币时刻提防，甚至于完全禁止。虽然，比特币只是区块链技术的一种应用，不能也不应同区块链画等号，但其深刻阐明了区块链技术的特征。在极端自由主义者眼里，区块链是结束政府治下的社会管理，实现完全自由的重要渠道。而事实上，这种自由主义与无政府主义的论调，是潜藏在去中心化技术之下的危险导向和演化方向。

即便剥离大叙事下区块链技术的伦理危机，在落地层面，去中心化也面临“反监管”的原罪。具体而言，在去中心化的区块链应用中，整个网络节点的权利与义务相同，系统中数据本质上为全网节点所共同维护，区块链不再依靠于中央处理节点实现数据的存储、记录与更新。因此，可以认为，去中心化的关键便在于简化了传统的信任机制，不依靠第三方提供中介、管理与担保。在技术的加持下，人们既是管理者，也是被管理者，实现体系内的形式平等。但去中心化体系在进入以中心化为主的社会管理制度之中，问题与风险便随着浮现。过去通过中央节点对系统的监管难以实现。这也就意味着，当下社会的治理无法触达去中心化的区块链系统之中，在系统内形成了有序的“法外之地”。〔3〕而这无疑给社会治理及社会秩序带来了重大挑战。

---

〔1〕 参见李翀、冯冠霖：《“现代货币理论”政府发行货币支出思想分析》，载《经济思想史学刊》2021 年第 4 期。

〔2〕 张永奇、单德朋：《数字经济、社会信任与全国统一大市场》，载《当代经济管理》2024 年第 7 期。

〔3〕 David A. Katz & Laura McIntosh, Director onboarding and the foundations of respect, Harv. L. Sch. F. on Corp. Governance (Mar. 29, 2019).

（二）责任主体确认的伦理困境

对于技术的规制与约束，责任主体的确定是重要的环节。在技术应用中所谓的责任是指某一主体在进行或参与技术的生产过程中，其行为活动对技术的产生及应用结果产生影响，并对该影响负责。

传统的中心化架构中，负有管理职责的人员一般作为责任主体，其在被赋予相应管理权力的同时，便具有管理不当或管理失职的责任，这也是当下责任认定的常见方式。然而，区块链技术下的组织框架则无法按照此类模式进行认定。[1]在去中心化的组织框架下，中央节点的权威被打散，赋予每个组织中的个人。每个节点都参与管理区块链社区的运行。因此，若基于责任认定的一般逻辑，区块链系统中，责任承担主体则变更为所有参与区块链社区管理或参与某一决策的节点，这与法律责任需要避免"责众"的重要考虑相背离。不仅如此，由于区块链系统内参与用户众多，且用户匿名的情况普遍，因此责任主体的确认与落实更加艰难。[2]

进一步而言，区块链应用的去中心化虚拟自治社区中，决策的作出往往通过共识机制下的少数服从多数，或既定的智能合约中的相关方式或标准。在该组织内部，复杂的决策程序为既定的机制或代码规则所取代，在其中的每一个用户只需要机械性地服从这样的规则模式，便能够输出既定的结果，维持社区的正常运作。[3]而同时，由于当下区块链技术应用中的责任主体难以确定，责任的承担也因去中心化的组织架构而被打散，由此，导致参与区块链社区管理的节点对责任的忽视，甚至刻意地利用此种情况转嫁风险，逃避责任。进而演变为将虚拟的组织作为避险的工具，有组织地逃避责任的承担，造成伦理上的风险。

（三）区块链技术对于隐私的挑战

隐私是技术伦理中的一个重要问题。区块链技术具有匿名化的特征，

---

〔1〕参见［德］汉斯·兰克、唐莣娟：《什么是责任?》，载《西安交通大学学报（社会科学版）》2011 年第 3 期。

〔2〕参见沈传年：《区块链安全问题研究综述》，载《计算机工程与科学》2024 年第 1 期。

〔3〕参见赵小勇：《法律与技术如何相处：区块链时代犯罪治理模式的双重重构》，载《探索与争鸣》2020 年第 9 期。

但匿名化并不能完全掩盖区块链技术对个人隐私所造成的困扰。

首先，隐私安全问题。在区块链中并非所有原始数据都由所有各方共享。参与者的身份由电子钱包提供商保护。公开披露的身份是钱包地址。如果电子钱包提供商或交换服务提供商受到攻击，参与者的身份将被泄露并处于危险之中。[1]因此，区块链并非完全匿名，或可以称为是伪匿名化的。当然，匿名化的特征实际上不符合对区块链技术应用的监管要求。需要厘清的是，为合法合规目的去匿名化与被攻击而被迫去匿名化的区别，后者则显然造成了对个人隐私的侵扰。

其次，区块链对于“被遗忘权”的抛弃。区块链“共识机制”形成的强大算力能有效保障链上数据无法篡改。虽然，从理论上来说，“任一拥有51%及以上算力的节点都拥有操纵整个区块链的能力”，但事实上，随着参与的主体增多，节点的不断扩大，区块链上数据遭到篡改概率并不大。然而，区块链数据的不可篡改所带来的另一个问题便是，区块链上的数据将被永久保存。由于区块链上的数据所表达的是各节点的活动，因此，可以认为，区块链技术本身便否定了个人隐私中的“被遗忘权”，形成个人隐私的困扰。

三、区块链技术的伦理规范路径

从上述分析中可以发现，区块链技术应用所遭受的伦理风险均来源于其技术本身“无约束的自由”的特性，即区块链的伦理危机在于其内生技术中逃避政府治理、逃避监管、逃避责任承担的逻辑。[2]具体而言，由于去中心化的架构及组织形式与当下的社会治理模式及社会责任模式的不相匹配，导致区块链技术在社会应用中存在许多风险，也容易演变为行使“恶”的工具。一方面，其难以监管；另一方面，即使监管了，其责任难以确定。此外，区块链技术应用还存在对于隐私的挑战等问题。因此，限

---

〔1〕 参见沈伟：《数字经济时代的区块链金融监管：现状、风险与应对》，载《人民论坛·学术前沿》2022 年第 18 期。

〔2〕 参见温凤鸣、解学芳：《欧美社会治理中算法应用的伦理风险与规制路径研究》，载《西南民族大学学报（人文社会科学版）》2023 年第 9 期。

制自由边界，有效约束技术应用是区块链伦理合规的关键所在。

然而，同时也应当看到，去中心化是区块链技术的重要特征，也是许多应用场景中，区块链技术发挥价值的关键所在。这便是区块链技术伦理困境的重点。可以认为，监管是悬在区块链技术应用头上的“达摩克利斯之剑”。因此，对于区块链技术应用的伦理合规，真正所要解决的问题是如何在接受监管的前提下，发挥区块链技术的价值，实现区块链技术的应用。

对监管者而言，需要进行新兴技术监管模式的积极探索。追根溯源，区块链技术应用的伦理规范在于监管，因此，监管技术与方式的更新与加强无疑是重要的社会层面合规方案。〔1〕为此，可以进一步加大对区块链技术本质的研究及区块链技术的发展，同时也正逐步的探究对区块链技术应用的穿透式管理。

对区块链技术项目方而言，拥抱监管，主动迎合监管是主要的伦理合规路径。首先，积极拓展多中心的区块链应用。相较于完全去中心化的区块链应用，多中心为区块链项目的监管提供的可能性与可行性，也能更好为项目方对链上活动进行管理和约束，以使区块链技术能够进入正常的社会治理轨道；其次，可通过接入国家级公有链等方式，主要接受监管。〔2〕我国正大力发展区块链基础设施建设，意在为区块链技术应用提供便利的同时，能够形成较好的区块链监管条件。因此，对于公有链或联盟链项目，可以主动接入国家级公有链，以表明接受监管的态度。最后，落实区块链技术应用的监管要求，配合进行区块链备案，积极的进行区块链项目安全性、合规性检查。《区块链信息服务管理规定》第 9 条及第 11 条，便明确提到了区块链信息服务提供者开发上线新产品、新应用、新功能的，应当按照有关规定报国家和省、自治区、直辖市互联网信息办公室进行安全评估，履行备案手续。

---

〔1〕 参见蔡莉妍：《数字经济时代数据安全风险防范体系之构建与优化》，载《大连理工大学学报（社会科学版）》2024 年第 3 期。

〔2〕 闫会娟：《“大数据+区块链”在社会治理中的创新应用研究》，载《国际公关》2023 年第 22 期。

综上分析，无政府主义和逃避监管的技术本性是区块链技术伦理之“原罪”，与当下的社会治理模式及社会协作模式有重大冲突。技术中立与“避风港”制度并不能为区块链应用的伦理风险提供可行的合规路径。事实上，对于区块链技术应用的伦理合规，一方面需要一定程度上消减应用过程中的去中心化程度，能够为“监管”提供可能；另一方面需要积极主动的履行乃至于迎合监管要求，拥抱当下的监管模式，将“去中心化”关在约束的“笼子”里，发挥技术价值的同时实现对技术的管理，这便是伦理合规之要旨。

第二节 区块链技术的规范化治理

一、区块链技术的治理现状

区块链治理是区块链技术应用中的重要环节。所谓治理，是指决策者或参与决策的群体通过一定的决策机制或既定的管理模式，对区块链系统进行调整、更新，以完成对区块链的管理。〔1〕需要厘清的是，此处所讨论的区块链技术应用的治理是指区块链的内部治理，区块链网络的底层协议及共识机制设计的问题，而并非将区块链作为工具，改善其他组织模式的外部治理。

在区块链 1.0 时代，区块链基本服务于比特币等数字货币场景，因此，区块链治理强调的是修复错误和漏洞、升级底层技术、防止攻击保障安全等技术层面的治理。而区块链 2.0 时代，区块链技术在更多的实务领域得到应用，因而，区块链治理则并不限于技术方面的问题，还涉及链上活动的管理、共识机制的维护等，因此，区块链系统的治理问题是区块链技术应用合规的重要面向。

通常，对于治理问题，所需解决的无非是治理主体，治理方式与治理执行的问题。但正如上文提到的，区块链系统是一个去中心化的自治社

〔1〕 Liu Y., Li W., & Li X. (2020), On geometric and algebraic transience for block-structured Markov chains. Journal of Applied Probability, 57 (4), 1313-1338. doi: 10.1017/jpr.2020.69.

区，因此区块链的治理与一般的中心化社区的治理有着明显的差异。区块链中每个节点都参与区块链社区的治理，因而，其治理的表现形式便回归最传统的“民主化”形式——投票。[1]即提出议案，节点以投票方式参与决策，获多数票同意的议案也将付诸执行。广义上，区块链治理是指系统内的参与者，共同制定并用来保护区块链运行规则及参与者权益的市场规范。基于由何者对议案付诸执行，实践中有三种不同的区块链治理模式：

其一，“链下治理”，又可称为“链外治理”。顾名思义，是指依赖于区块链系统以外的机制或措施完成对区块链的治理工作。大多数情况下，链下治理模式是由区块链社区提出更改建议后，由区块链的开发人员进行技术协调，完成相应的修正。链下治理作为最初区块链治理的方式有许多优势，包括执行的效率、责任明确等，但与此同时也存在一些弊端，包括安全性差、治理的透明度低、容易滋生权力滥用等。[2]其中，链下治理的核心问题在于容易导致“硬分叉”，即区块链发生了永久性的分歧，在新共识规则发布后，部分没有升级的节点无法对已升级的节点进行验证。2016年，以太坊曾因The DAO事件而进行了硬分叉。[3]也正是因为该事件，区块链治理的模式逐步由“链下治理”转变为“链上治理”。

其二，“链上治理”。链上治理与链下治理不同，不再由开发人员以技术更新进行区块链的更新或修正，而是将治理规则编码进区块链协议之中，关于治理的最终决定将通过代码的形式实现。链上治理模式系由区块链系统内部的机制完成，因此，相较于链下治理模式，透明度更高，进行的调整是预定义的、有限的，减少了恶意的硬分叉。[4]

---

〔1〕 参见李柳君、鲁俊群：《中国Web3.0战略发展路径浅析》，载《科技导报》2023年第15期。

〔2〕 参见唐任伍、范烁杰、史晓雯：《区块链赋能共同富裕实现的技术支撑、价值内涵与策略选择》，载《改革》2023年第3期。

〔3〕 参见任航、谢昭宇：《区块链2.0时代智能合约的犯罪风险及其应对——以The DAO黑客事件为例》，载《犯罪与改造研究》2020年第3期。

〔4〕 Pelt Rowan van, Jansen Slinger, Baars Djuri, et al., DeFining Blockchain Governance: A Framework for Analysis and Comparison, Information Systems Management2020, pp. 1-21, doi: 10.1080/10580530.2020.1720046.

其三，“混合治理”。混合治理是指同时使用链上和链下两种模式进行治理。如上文所述，链上治理及链下治理都有其优劣，因此，实践中开始探索结合链上治理及链下治理模式的新方式，以期兼顾区块链中的公平及高效。混合治理的模式在当前的联盟链应用中得到了较为广泛的应用。通常情况下，联盟链架构于联盟内的多个组织之间，这些组织会协商确定具体机构负责进行区块链的运营和协调，并以链下治理的方式推动区块链的重要升级或更新。而对于区块链上的一般性的活动及规则，如智能合约的变更、组织的加入与许可等，便通过链上治理的模式完成。〔1〕

二、区块链技术治理的风险

从上述分析可知，区块链治理的本质形成决策意见并落实的过程，基于区块链去中心化的特征，该决策意见依靠的是“民主投票”。因此，区块链治理的核心在于“投票权”的合理设置。换言之，如何正确的设置“投票机制”，以避免系统性风险，是区块链合规风险审查的重点。

区块链社区治理的协调方式是去中心化自治组织，即 DAO。DAO 是围绕一个共同的目的聚集在一起的虚拟社区，通过公共区块链上的智能合约投票来进行协调。〔2〕从技术角度，区块链社区的链上治理很大程度上是根植于其共识机制及智能合约的设置。共识机制是区块链系统的核心，负责保障各节点的数据统一性问题。共识机制封装着区块链节点间协作运行的各类共识算法，实现区块链系统去中心化等特征。可以认为，共识机制是区块链系统运行的底层逻辑，各节点通过参与共同的共识机制，以实现无须中心化第三方的情况下进行链上活动。在共识机制下，各节点拥有确认数据的投票权，同样也拥有链上治理模式中提案的投票权。因此，共识算法是区块链系统治理的第一原则，其中智能合约负责协调投票的进行并执

〔1〕 Jin H. , Xiao J. , Towards trustworthy blockchain systems in the era of “Internet of value”: development, challenges, and future trends. Sci China Inf Sci, 2022, 65 (5): 153101, https://doi.org/10.1007/s11432-020-3183-0.

〔2〕《DAO 的五大特点、现状、以及未来的展望》，载 https://cloud.tencent.com/developer/article/1928190，最后访问日期：2022 年 11 月 15 日。

行投票结果。

虽然，DAO 的协调方式能够使区块链社区在去中心化的情况下，完成系统的治理，但其存在的风险不可忽视。首先面临的风险便是通过掌握多数投票权，利用机制而劫持他人利益。[1]具体而言，在区块链系统中，一个用户可以拥有多个钱包来累积投票权，或者在不太复杂的一币一票式治理中，简单地囤积代币以累积 51%的投票权，并剥夺其他 49%持有者的投票权。实践中，累积投票权的方式多种多样，既可以通过“女巫攻击”的形式创建多个虚拟的身份、账号或节点，也可通过购买投票权完成累计。在区块链系统匿名化的环境下，这种通过掌握半数投票权而劫持系统治理的情况难以在一开始被察觉，而一旦非中心第三方取得对系统治理的掌控权，系统内其他用户的利益将无法得到基本的保障，甚至演变为对这个系统的劫持。[2]

以“Decentraland”[3]为例，与区块链的治理相同，在 Decentraland 中，各地块的运营系统由用户通过投票决定的，而管理团队仅负责投票的维持和结果的确认。从技术角度与 DAO 的方式基本无异，同样是“完全民主”的模式。同时，Decentraland 中地块的权属也是通过上述投票的方式进行确认的，即任何人都可以通过投票，将地块的所有权归为己有。因此，一旦有人具有过半的投票权，则可以通过提出将地块所有权转移至自己名下的提案，并投票通过，由此以 51%的投票权获得全部的地块权益。这类情况在实践中大量存在，且利益受损的权益人往往难以通过现有的救济模式去维护权益，导致对于 Decentraland 的大量质疑，也间接造成 Decentraland 二级市场中的非正常波动，对 Decentraland 的治理带来了不小的冲击。

---

〔1〕 曾雪云、陈泓旭、赵涔：《源于区块链技术漏洞的数字资产盗用风险与管理改进——以 The DAO 为例》，载《财务与会计》2022 年第 16 期。

〔2〕 参见田国华、胡云瀚、陈晓峰：《区块链系统攻击与防御技术研究进展》，载《软件学报》2021 年第 5 期。

〔3〕《深度解读元宇宙 Decentraland》，载 https://www.qklw.com/top/20210715/205123.html，最后访问日期：2023 年 10 月 18 日。

事实上，Decentraland 投票机制的问题还不止于此，诚然，通过区块链技术能够充分保障“投票”的真实性，但对于客观层面投票行为是缺乏审查的。而这所产生的问题便在于任何人——并不限于一组地块的拥有者，都可以撰写包括转移地块所有权的条款在内的“建设方案”，然后以欺诈手段诱使无意仔细阅读该方案或者本质上无能力理解该方案条款含义的地块拥有者进行投票。一旦投票结果符合方案批准的条件，即使条款的公平性严重违背常识、常情、常理，Decentraland 也将以几乎自动的方式令该方案生效，并且这种生效是无法反转的。因此，本质上，区块链系统治理之核心便在于治理机制的合理性及有效性，〔1〕因而区块链治理的核心风险便在于利用“投票机制”挟制治理，损害其他用户利益，甚至控制治理进程的风险。

三、区块链技术治理路径

治理的风险需要通过治理的方式解决。如上文所述，区块链治理的核心风险是因“投票机制”所造成的系统性的风险，包括利用投票机制挟持区块链系统或区块链治理兜底性功能的失灵。为此，可以从以下几个方面强化区块链治理的合规性，防范风险的发生。

首先，应当经历采用“混合治理”模式，适当情况下应接入国家级公链。区块链应用治理的合规，首要任务是保障区块链应用能够对系统风险进行兜底防御，也即应当以保障应用本身不失控，由此需要强有力的治理节点进行管理。目前，许多区块链项目的开发团队都会以设置超级节点的方式，实际进行区块链的治理活动。为保障治理过程的合规性，该超级节点可为国家级公有链，在保障安全的前提下还可享有广泛的治理自主权。〔2〕事实上，基于治理能力及治理责任的问题，在我国逐步开始重视“以链治链”的监管模式的情况下，〔3〕接入国家级公有链成为区块链治理合规的重

〔1〕 参见［英］凯伦·杨：《区块链监管：“法律”与“自律”之争》，林少伟译，载《东方法学》2019 年第 3 期。

〔2〕 苏宇：《区块链治理的政府责任》，载《法商研究》2020 年第 4 期。

〔3〕 参见邹萍、李艳东等：《区块链监管的现状与展望》，载《网络空间安全》2019 年第 6 期。

要选项。此外，为实践兜底保障与治理效率的有机结合，建议以采用“混合治理”模式。

其次，完善治理规制。治理规则的完善是区块链合规的必经步骤。对于区块链治理而言，治理规则包括“投票机制”的设定，治理决策的落实，治理结果的审查。区块链治理规则一般是通过智能合约嵌入区块链系统。智能合约在自动化的运转过程中是难以进行人工辨识或其他的风险审查，因此有必要充分审查治理规则的合理性，防止不必要的治理漏洞，并完善治理规则。在实践中，不同的区块链应用所需要的治理规制是不同的，因此，对于治理规则的制定也需要视具体情况而定，结合应用场景及必要的法律规范要求设置区块链规则，以避免相关区块链技术应用主体权益损害的可能性。而如上文所述，区块链治理规则中，“投票机制”是核心的风险所在，因此，对于治理规则的完善，我们认为，需要重点关注投票机制的合理性，判断是否存在节点挟持或诸如“女巫攻击”的可能性。[1]为此，可以在治理规则中加入相应的披露机制或审查机制，强化对于滥用投票权侵害他人利益行为的审查或限制。

最后，积极进行区块链项目上链前的安全测评和共识机制的安全评估。为保障区块链项目的安全落实，我国已有许多省份推出了省级标准，确立了区块链项目的评估与测评要求。例如，湖南省发布了《区块链共识安全技术测评标准》（DB43/T 1838—2020）等。为防范区块链的治理漏洞，为日后的治理行为提供有效依据，通过既有的规范性文件及有权机构在上链前对区块链项目进行安全评估与审查是必要的。只有建立事前安全评估，事中规范治理，事后及时调整，才能真正构建合理的区块链治理体系，规避攻击风险，为区块链项目的有序运营提供安全保障。

〔1〕 参见［美］凯文·沃巴赫：《信任，但需要验证：论区块链为何需要法律》，林少伟译，载《东方法学》2018年第4期。

第三节　区块链技术的应用规范化治理

一、区块链技术应用的现状

随着我国对区块链技术研究与应用的支持力度加大，数字化转型带来的行业对区块链技术应用的热情越发凸显，区块链技术应用的广阔前景备受市场关注。“区块链+”及“+区块链”成为许多市场进行数字化转向的选择。[1]无论是在传统市场领域还是在增量市场领域，区块链技术都有不错的表现。在应用层面，区块链技术正逐步成为许多行业的重要解决方案，用于提高协作效率，减少运营成本，并推动资产的市场化运行。[2]

依据中国信息通信研究院发布的《区块链白皮书（2021）》，当前区块链已形成三种典型应用模式，在不同行业领域匹配刚需场景，实现了成功应用。该三类分别为：链上存证类、链上协作类及链上价值转移类。链上存证类主要系发挥区块链技术对数据不可篡改这一特性，应用于对数据一致性具有较高要求的场景，包括溯源、审计等。链上协作类则是利用区块链技术去中心的特征，通过公有链或联盟链的形式，发挥区块链技术在多部门协助时的作用，主要应用于数据共享的场景。链上价值转移类综合利用了区块链技术，以实现资产的数字化流通，典型应用场景，如跨境支付、能源交易等。总体而言，当下我国区块链技术的应用以联盟链与私有链为主，[3]同时在公有链上正积极探索，所涉场景范围广泛，能够很好地契合许多行业需要，具有巨大的价值潜力。

区块链技术如火如荼在市场中得以应用的同时，对于区块链应用的标

---

〔1〕参见徐冬根：《论法律语境下的金融科技与监管科技——以融合与创新为中心展开》，载《东方法学》2019年第6期。

〔2〕参见华为技术开发团队编著：《区块链技术及应用》，清华大学出版社2021年版，第183页。

〔3〕参见邓建鹏：《区块链的规范监管：困境和出路》，载《财经法学》2019年第3期。

准及规范依旧是相对空白的状态。[1]换言之，当下我国区块链技术系处于野蛮生长的状况。

首先，在实践层面，市场对区块链技术应用是缺乏足够的经验积累，未能形成可行的参考标准。无论是企业还是政府，都在积极的探索关于区块链应用的有效路径，包括对区块链技术与应用场景的匹配，区块链应用的顶层设计，区块链技术在应用过程中的完善等。[2]

其次，在监管层面，我国对区块链应用并无可被遵循的管理规则，如前述关于监管政策的归纳总结，对于区块链技术应用的标准尚有欠缺，法律层面更未成体系，仅有关于区块链应用备案的规定。这从侧面体现出我国区块链应用尚未成熟。

然而，规则方面的缺失并不代表对区块链技术监管的停滞。随着我国对区块链技术应用的重视，区块链技术应用的规范监管必然到来。事实上，虽然区块链技术应用相关的法律法规处于空白状态，但区块链技术应用的合规却非无迹可循，依旧应当引起重视。

二、区块链技术应用的核心要素

在分析区块链技术应用的合规风险前，有必要厘清区块链技术应用中的核心要素，通过对核心要素的合规性分析，来识别区块链技术应用的合规风险。我们认为，区块链技术应用中的核心要素包括场景选择、智能合约构建、Token 机制的确认。

（一）场景的选择

区块链技术应用需首要解决的问题就是场景的选择。[3]本质上，区块链作为数据管理技术，其更多的是“工具”的角色。该工具可以用于提升

---

〔1〕 参见陈奇伟、聂琳峰：《技术+法律：区块链时代个人信息权的法律保护》，载《江西社会科学》2020 年第 6 期。

〔2〕 参见刘孝男、王永涛、白云波：《区块链+时代，行业面临的机遇与挑战》，载《中国信息安全》2017 年第 8 期。

〔3〕 参见孙占利：《区块链的网络安全法观察》，载《重庆邮电大学学报（社会科学版）》2021 年第 1 期。

既有业务的效率或精确性，也可以用于创新或新兴业务场景，为市场中的需求提供解决方案。目前，从实践应用层面，各方已积极探索关于区块链技术应用的判断规则，即区块链技术适合在何种情况下进行应用。例如，在《区块链白皮书（2021）》提到，区块链技术应用具有一定的前提条件，一般要求所应用的场景具有数据存储且不可篡改的需求，能够进行跨主体、多方写入。当然也需要该场景有应用区块链技术的尝试意愿。华为区块链开发团队也提出了判断某场景是否需要区块链的准则。但在合规层面，相关的研究则较为鲜见。从监管政策及区块链技术的特性出发，我们认为，场景选择作为区块链技术应用的重要因素，对于区块链技术应用的合规有重要意义，即如何正确选择场景是避免区块链技术陷入合规风险的重要考量。

（二）智能合约构建

智能合约是区块链技术应用发展史上重要的里程牌，正是由于智能合约的引入，区块链从 1.0 较为单一的数字代币应用，发展为 2.0 多面开花的应用爆发时代。如今，当谈论区块链技术的应用，则必然需要涉及智能合约。目前，具有代表性的智能合约应用平台主要是以太坊和超级账本。其中，以太坊作为公有链的代表，超级账本作为联盟链的代表。[1]无论哪一类，智能合约都是数字形式的承诺，其被以代码的形式记录在区块链的体系当中，作为区块链社区运行的重要执行者。故而，当区块链技术应用跳出数字代币的场景，智能合约则能够帮助区块链技术实现更多的应用可能性，是当下区块链技术应用的重要核心。[2]目前，几乎所有的区块链技术公司都已经支持和正在推出支持智能合约的产品。而从法律视角来看，智能合约普及并未消解其所具有的风险。理论上，对于智能合约的定性从未停止，理论中的讨论，要么注重其与传统合同的比较而未论及智能合约的全面特征，要么片面强调智能合约在适用中存在的监管风险，未能关注其具有的

---

〔1〕 参见胡甜媛等：《智能合约的合约安全和隐私安全研究综述》，载《计算机学报》2021 年第 12 期。

〔2〕 参见何士青：《基于法治主义维度的区块链智能合约发展研究》，载《政法论丛》2022 年第 2 期。

从缔约至纠纷解决的效率价值。[1]而实践的监管对智能合约亦未形成准确的认识与认定。与此同时，智能合约的安全性及编写的规范性也存在一定的隐患，著名的DAO事件便是典型例子。概言之，当下区块链技术应用绕不开对智能合约的设计与构建，规避智能合约的合规风险则成为必然步骤。

（三）Token机制的确定

相较于前两个要素而言，Token机制并非所有区块链技术应用都会遇到的问题，但我们认为，基于对区块链技术应用的发展趋势及区块链技术本身的价值彰显而言，Token机制将是重要的因素。所谓Token，即通证，是区块链激励层的核心。[2]在比特币为唯一区块链技术应用的时代，Token可理解为比特币，其作为用户参与记账的权益，需要通过“挖矿”取得。而在如今区块链应用场景多样化的情况下，Token则不再仅作为比特币的另一种称呼，而是客观的作为区块链技术应用中的，以数字形式存在的权益凭证。[3]在Token机制的作用下，区块链上能够实现对资产的数字化确认及流转，激发区块链社会的活力。因此，若认为智能合约是区块链技术应用的技术核心，那么Token机制便是区块链应用的经济核心。

然而，相较于市场上区块链应用对Token机制的强烈需求，由于监管上对“虚拟货币”的强硬态度及区块链1.0时代遗留下的涉数字代币的违法活动，使得目前实践对于在区块链技术应用中加入Token机制产生了较大的畏难情绪，也抑制了区块链技术在市场环境下的价值发挥。故而，对Token机制进行合理的合规审查及分析是风险防范中所应当进行的。

三、区块链技术应用的法律风险及治理路径

（一）合理选择应用场景

应用场景的选择是许多技术应用中的关键环节。技术有其中立性，技

---

〔1〕参见夏庆锋：《智能合约的法律性质分析》，载《东方法学》2022年第6期。

〔2〕参见胡云腾、周维明：《加密资产的属性及其刑事风险研究》，载《广东社会科学》2023年第4期。

〔3〕参见李佳伦：《区块链信任危机及其法律治理》，载《法学评论》2021年第3期。

术应用则不然。任何技术本身都有一定的局限性，因此技术应用场景也有范围限制。例如，我们不可将基因克隆技术用于进行人体克隆，其有违当下的生命伦理；我们不可将反编译技术用于外挂软件的制作，其有违我国的监管规范。而对于区块链技术而言，在法律层面，其场景选择的核心考量因素是其技术特征与具体场景监管要求的匹配，其中，容易造成合规风险的技术特征便是“去中心化”。[1]因此，可以认为区块链技术应用的场景选择需要重点考量区块链技术特征的影响。

鉴于此，我们将区块链技术应用划分为中心化应用、多中心化应用及去中心化应用展开分析。

1. 中心化应用

狭义上，中心化应用与区块链技术是相左的两个概念，但在实践应用中，区块链技术依旧有中心化应用场景。该类场景主要利用区块链技术的数据保真及数据溯源，而对于去中心化的数据交互管理并无需求。大多数的私有链都属于区块链技术的中心化应用，其一般是作为商业主体向用户所提供的一种数据记录方式，但也仅限于数据记录，而并没有其他的交互。[2]主要应用场景包括电子存证、可信机制、产权确权、环保科技等。

对于中心化应用，其避免了区块链去中心化的技术特征所带来的监管难题，与其他技术应用场景相同，契合了当下的社会管理模式，从法律角度而言并不存在应用上的局限性。因此，对于此类场景，需重点考察的是应用场景本身所可能存在的合规风险。事实上，对于中心化的区块链技术应用，限制其场景选择的并不是其合规性要求，而是技术对场景的适配。换言之，中心化的区块链技术应用虽然法律风险的敞口较小，但在商业中的可替代方案亦较多，因此，中心化应用的场景较为传统且有限。

---

〔1〕 参见苗泽一：《论区块链技术的应用与规制——从“腾讯诉老干妈案”谈起》，载《重庆大学学报（社会科学版）》2023 年第 1 期。

〔2〕 参见金璐：《规则与技术之间：区块链技术应用风险研判与法律规制》，载《法学杂志》2020 年第 7 期。

2. 多中心化应用

多中心化应用是目前区块链技术应用中最为主流的方式。[1]所谓多中心化，是由多个中心节点组成的区块链网络，其他节点的参与和退出具有一定的限制。多中心化应用一般是以联盟链的形式出现，其由多个明确的机构共同设立，也由设立的机构确立负责区块链管理的多个中心节点。该模式以牺牲自由度换来了更高的效率与安全性。[2]也由于多中心化应用通常系处理组织机构间的共识性业务，因此，相应区块链社区的运作有着内在驱动，并非必然需要激励层的设置。多中心化的主要应用场景包括供应链金融、数据交易、跨境清算等。

多中心化应用虽可通过固定节点，形成对区块链上的活动辖制，但依旧具有一定去中心的特性。因此，在场景选择上，应当避免强监管的场景，也就是依据政策规范，对项目方的监管具有很强要求的场景。例如，食品安全、内容社区。在此类场景中，项目方对场景下的活动负有较强的监管义务，涉及对于相应内容的频繁管控，因此，不适宜作为多中心的区块链技术的应用场景。

3. 去中心化应用

去中心化应用是我们对于区块链技术最熟悉的应用方式，也是实践中存在问题较多，合规风险较大的方式，数字代币便是去中心化应用中最主要也最为熟知的应用场景。[3]去中心化应用的核心在于其依据共识机制所建立的去中心的连接机制，通过低成本建立共识信任，加强具体场景下的交易效率。而如上文所述，由于去中心的区块链技术与当下社会监管的模式有一定的抵牾，因此应当慎重选择其应用场景。

结合我国监管规范及去中心的特征，笔者认为，对于去中心区块链技

[1] 参见齐延平：《论人工智能时代法律场景的变迁》，载《法律科学（西北政法大学学报）》2018 年第 4 期。

[2] [美] 凯文·沃巴赫：《信任，但需要验证：论区块链为何需要法律》，林少伟译，载《东方法学》2018 年第 4 期。

[3] 王萍：《论监管沙盒下我国数字藏品市场的法治实现》，载《广东社会科学》2023 年第 3 期。

术应用，应当限制在允许高度自治领域内，需要判断应用内的权利主体是否具有相应的监管要求。[1]在去中心化应用的场景中，区块链中所流转的应当是个人具有处分权利且个人独自为相关内容负责的信息，对于此类情况，无论是信息主体自己承担还是区块链项目方进行审查，监管任务大多在信息上链前便已完成，有效缓解了上链后的监管困境。简言之，此类存在高度自治可能性的领域是适用去中心化区块链的最佳场景。例如，个人信息的流转、版权的交易等。反之，如果对不存在自治空间的场景，区块链技术的去中心应用的伦理困境便会再次浮现，随之而来的便是监管缺失所带来的合规风险。

总体而言，区块链技术应用场景选择的合规应用依据不同的应用方式进行不同的判断，除了场景本身的违规违法性，还需要注意区块链技术去中心与场景监管的匹配性。

（二）正确构建智能合约

如上文所述，智能合约的出现在颠覆传统合约履行模式的同时，也带来了一定的风险。智能合约能够以公开透明且不可逆转的方式，在缔约条件达成的情况下执行合约，对于当下的区块链技术应用而言，智能合约的安全与规范关系区块链项目本身的安全与规范。一方面，智能合约作为区块链平台中的业务逻辑，负责区块链系统中的数据处理。[2]其底层的代码逻辑面对复杂的交易场景难免出现漏洞，进而演变为安全问题。另一方面，智能合约改变了传统的合同履行模式，却也与传统的合同法律逻辑存在冲突。在智能合约不可逆转的执行方式下，缔约方的撤销权利及救济权利都遭到了一定程度的限制。[3]

故而，上述的安全问题及权利保障问题便是智能合约合规中的重点

〔1〕 倪蕴帷：《区块链技术下智能合约的民法分析、应用与启示》，载《重庆大学学报（社会科学版）》2019年第3期。

〔2〕 胡元聪、谢凤：《智慧司法下数据保护困境突破的区块链技术进路》，载《科技与法律（中英文）》2021年第6期。

〔3〕 参见赵志华：《区块链技术驱动下智能合约犯罪研究》，载《中国刑事法杂志》2019年第4期。

所在。

首先，应当审慎审查智能合约规则的合理性、公平性、有效性，防范智能合约应用过程中可能造成的缔约方权利损害的问题。在进行规则审查的过程中，尤其需要重视的是智能合约的形式与传统法律规定的矛盾。一方面，智能合约不同于一般合同先签订后执行的模式，其无法逆转且多数情况下缔约方无撤销权；〔1〕另一方面，智能合约设计中假定无违约的逻辑与救济权之间是存在内生矛盾的。对此，笔者认为，在智能合约构建之时应注意关于缔约双方的权利保障与权利救济问题，考量多种可能的情形，并为缔约方的权利预留可行的空间，无论该权利的实现是区块链上解决还是链下解决。以此避免智能合约应用过程中，缔约双方的争议给项目方带来的不必要风险。

其次，应当确保智能合约本身及其运行过程中的安全。笔者认为，在智能合约应用前应进行充分的评估，做好事前审查。从技术上完全避免智能合约的安全风险是概率问题，而从法律层面，应当保障自身已尽到对于智能合约安全防范的审慎义务，当出现安全问题时，可从主观方面减轻义务的承担，避免行政或刑事上的风险。

（三）规范设置 Token 机制

如上文所述，依托全网参与的共识机制为技术基础的有商业价值的区块链项目，不可避免地需要引入相应的 Token 机制，作为其经济价值实现的方式。目前，我国对“数字货币”的监管政策较为严格，限制了数字货币的任何金融行为，并禁止数字代币的衍生服务。但从监管政策的底层逻辑出发，我国所要重点打击的是不具有底层资产支撑的，依靠纯粹的共识机制构建或通过炒作形成市场价值的数字代币。〔2〕因此，若需要在区块链技术应用中引入 Token 机制，则应当严格地将 Token 与底层资产挂钩。简言之，Token 机制的合规逻辑在于 Token 不能作为货币化形式的一般等价

---

〔1〕 参见何士青：《基于法治主义维度的区块链智能合约发展研究》，载《政法论丛》2022年第2期。

〔2〕 陈沛文、陆姚旭：《区块链不法风险与合规治理专题研究（二）——区块链与数字货币的迷思》，载 https://www.scxsls.com/column/publishInfo/7532，最后访问日期：2021年11月5日。

物，必须具有一定的底层资产挂钩，仅可作为权益凭证进行流通。

在该方面，以 NFT 作为基础的区块链项目是规范 Token 机制的有效例证。NFT 相关的项目依托全网的共识，以 NFT 记录了其上所载全部权利的信息，作为 NFT 发布者的权利，尤其是知识产权相关的权利，在确权和溯源上提供了保障的可行性。依托 NFT 的链上共识，任何人均可以通过链上的信息确认该 NFT 的权属和授权情况，权利人也可以通过链上达成的共识，确认侵权方，并向其主张合法权益。[1]而 NFT 项目的参与者都可以因其对每一个 NFT 权属的共识投入的资源获取以 Token 为载体的回馈。该等回馈价值等同全网每一个 NFT 权属所对应载体的技术、商业、应用等价值之和，由在链上提供并形成共识的参与者们共同分享。笔者认为，对于这样的一套基础设施的建设，确实在逐步解决知识产权在至今发展过程中所存在的确权和侵权防范方面的困难，具备应用和推广的价值，应当为其参与者和创建者投入资源所获得的 Token 回馈赋予法律许可下的价值。

综上所述，在设置区块链项目的 Token 机制时，应当充分确保 Token 本身非货币的属性及非金融化应用的本质。Token 作为区块链项目用于激励的数字代币，其合规的要职便是回归“代币”本身，使其作为具有价值的、被法律认可的资产的数字凭证，以发挥其应有之价值。[2]

第四节　区块链技术的安全规范化治理

一、区块链技术的安全现状

随着区块链技术应用的发展，技术的安全越发受到重视。截至 2022 年 3 月，国家信息安全漏洞共享平台（CNVD）区块链漏洞子数据库收录与区块链行业相关的安全漏洞高达 389 个，其中，高危漏洞 86 个，中危漏洞

---

〔1〕 参见闫冬：《论 NFT 数字作品的权属特点与规则适用》，载《上海师范大学学报（哲学社会科学版）》2024 年第 1 期。

〔2〕 参见陈志刚：《论非同质化通证的数据财产属性》，载《政法论丛》2023 年第 5 期。

280个，低危漏洞23个。[1]上述漏洞不仅包括传统的网络安全威胁，还包括区块链技术在应用层面的底层技术安全风险，如区块链共识机制的安全漏洞、区块链数据的完整性漏洞、智能合约底层逻辑漏洞、隐私保护漏洞等。[2]这些漏洞的背后是各类网络攻击所造成的区块链技术安全隐患，如最具代表性的51%共识攻击、双重花费攻击、扣块攻击、自私采矿攻击，[3]以及在智能合约领域发生的闪电贷攻击、手续费炸弹等新近高发的攻击行为。更重要的是，区块链技术所依赖的一系列底层协议，如P2P协议、GRTC协议等，在安全性方面都缺乏有效的验证，技术漏洞与被攻击风险较高，这给区块链技术的安全合规性带来了更大的挑战。

二、区块链技术的安全的规范要求

受制于区块链领域立法的滞后性，总体而言，当前对于区块链技术应用的相关监管规则和技术标准相对欠缺，除部分规范性文件和地方性法规中的部分条款涉及区块链领域的监管外，针对区块链技术应用的专门性立法非常有限。

针对区块链技术应用的首部专门性立法为2019年1月10日国家互联网信息办公室公布的《区块链信息服务管理规定》，该规定就区块链的特殊性对其信息服务管理和法律责任等主要问题作了相应的规定，使得区块链领域的监管执法活动有法可依。《区块链信息服务管理规定》第5条规定："区块链信息服务提供者应当落实信息内容安全管理责任，建立健全用户注册、信息审核、应急处置、安全防护等管理制度。"该条款首次从法规层面，对区块链技术的安全合规提出了制度层面的要求。《区块链信息服务管理规定》第6条规定："区块链信息服务提供者应当具备与其服务相适应的技术条件，对于法律、行政法规禁止的信息内容，应当具备对其

---

〔1〕 数据来源：国家信息安全漏洞共享平台，载 https://bc.cnvd.org.cn/，最后访问日期：2022年4月20日。

〔2〕 房卫东等：《区块链的网络安全：威胁与对策》，载《信息安全学报》2018年第2期。

〔3〕 赫巍、尚秋明、王利军：《区块链的网络安全：威胁与对策》，载《网络安全技术与应用》2021年第5期。

发布、记录、存储、传播的即时和应急处置能力，技术方案应当符合国家相关标准规范。”该条款进一步对区块链信息发布的安全标准提出了技术层面的要求。《区块链信息服务管理规定》第 9 条规定：“区块链信息服务提供者开发上线新产品、新应用、新功能的，应当按照有关规定报国家和省、自治区、直辖市互联网信息办公室进行安全评估。”该条款对区块链信息服务者的产品功能进一步地提出了安全评估的要求，并指定国家或省级互联网信息办公室作为安全评估的职能机构。

2021 年 4 月 27 日，国务院第 133 次常务会议通过了《关键信息基础设施安全保护条例》，全方位地规定了关键信息基础设施维护、保障的安全要求与标准。而区块链技术应用也涉及包括分布式存储部署、底层区块链算力网等基础设施的建设，该条例实质上成为区块链技术安全保护的基础依据。同时，一些地方的政策及规范性文件中，也对区块链技术应用的安全保护提出了相应的要求，如 2020 年 5 月，广州市工业和信息化局印发《广州市推动区块链产业创新发展的实施意见（2020—2022 年）》，2020 年 4 月，贵州省人民政府发布《区块链技术应用和产业发展的意见》等。

而在行业规范层面，区块链行业主管部门及行业自律组织对区块链安全合规的技术标准亦不断进行探索。2016 年，工业和信息化部信息化和软件服务业司首次发布了《中国区块链技术和应用发展白皮书（2016）》，该白皮书比较全面地阐释了区块链这一新生事物的来龙去脉、核心内容、技术特征、功能效果、应用范围等相关事项，描述了 6 个典型应用场景。具体分析了数据存贮、加密算法、共识机制、智能合约、网络协议、隐私保护这 6 个区块链核心技术，提出区块链标准化建议。自此，相关部门便大量通过白皮书的方式制定或阐述区块链技术安全之要求。诚然，白皮书并不具有法律约束力，但在目前关于区块链的立法体系尚不成熟的情况下，上述白皮书之类的行业性研究报告及文献，对区块链应用安全的合规工作具有一定参考价值。

事实上，无论是区块链技术的产业应用还是区块链技术的安全保护，标准的制定都是重要环节。如果区块链技术企业和相关机构不能建立通用的技术标准，区块链技术的应用优化和安全防护措施将很难形成有效的方案。因此，2017 年 5 月，中国电子标准化研究院发布了《区块链参考架构》（T/CESA 6001—2016）标准。2018 年 3 月，工业和信息化部发布《2018 年信息化和软件服务业标准化工作要点》，提出推动组建全国信息化和工业化融合管理标准化技术委员会、全国区块链和分布式记账技术标准化委员会。2019 年 11 月 7 日，工业和信息化部信息化和软件服务业司在北京组织召开的区块链标准化工作座谈会上，信息化和软件服务业司相关负责人表示，将联合有关部门加强区块链标准化研究，加快关键急需标准的研制和应用，同时积极对接国际标准组织，提升国际话语权和规则制定权。

2020 年 4 月 13 日，工业和信息化部科技司发布了《全国区块链和分布式记账技术标准化技术委员会组建公示》，根据该公示，第一届全国区块链和分布式记账技术标准化技术委员会将承担起体系化推进区块链标准制定工作的具体任务。2020 年 9 月，工业和信息化部批准 2020 年第 37 号公告，批准通信行业标准 62 项，其中《区块链技术架构安全要求》（YD/T 3747—2020）作为唯一的区块链技术标准获批正式发布，并于 2020 年 10 月 1 日起实施。《区块链技术架构安全要求》面向区块链平台，规定了区块链技术架构应满足的安全要求，包括共识机制安全、智能合约安全、账本安全等，为区块链系统的设计开发提供参考。国家互联网应急中心互联网金融监管技术支撑专项组组长曾表示，目前除数字货币交易损失等引起社会事件外，区块截留、私自挖矿、代码漏洞、密匙窃取等技术风险也更加明显。从发展形势上看，区块链系统安全受多个层面影响，攻击手段日益升级，损失不断增加。随着区块链应用范围逐渐扩大，安全是必须重视的课题。必须加强区块链安全威胁分析和检测手段建设，提高防护水平。而这一标准的出台，对于区块链技术应用的各个关键安全模块提出了全面的技术要求，为区块链技术的安全运营提供了有效的指引。同时，伴随该标准出台，国家互联网应急中心同步上线了国家区块链漏洞库、区块链之家等公共平台，联动区块链安全厂商、科研院所、高校等多部门，共同推动区块链技术应用的安全合规。

三、区块链技术的核心安全风险及防范路径

技术安全的问题无疑需要回归技术层面进行解决。区块链技术应用的底层架构主要包括 6 个技术层，分别为数据层[1]、网络层[2]、共识层[3]、激励层[4]、合约层[5]、应用层[6]。其中，激励层、合约层和应用层不是每个区块链技术应用的必备要素，部分区块链技术应用不完全包含完整的后三层结构。对于区块链技术应用的安全问题而言，在不同的技术结构层面，合规之风险亦有所不同。

（一）数据层的安全风险及应对

1. 量子攻击

如上文所述，区块链技术建立在当今密码学算法基础上的，而密码学算法安全的核心在于现有的算力无法在短时间内计算出如此复杂的数学难题，但如果量子计算机成功诞生，其运算速度将远远超过现在的计算机系统，这会对当今的密码学算法的有效性造成毁灭性的打击。因此，在量子计算技术完全成熟之前，必须有能够对抗量子计算的新型密码体制出现，否则一切运用现有密码体制的事物都将失去原有的安全性。特别是与密码体制紧密相关的区块链技术，更需要具备抗量子计算的密码体制来保证其安全性。[7]

2. 后门攻击

后门攻击的方式作用于所有开源加密算法库中，而 RSA 算法是区块链中身份验证的基石。虽然 RSA 算法本身不存在较大的安全性问题，但在实

---

〔1〕 数据层：封装了底层数据区块的链式结构，以及相关的非对称公私钥数据加密技术和时间戳等技术，这是整个区块链技术中最底层的数据结构。

〔2〕 网络层：包括 P2P 组网机制、数据传播机制和数据验证机制等。

〔3〕 共识层：封装了网络节点的各类共识机制算法。共识机制算法是区块链的核心技术，因为这决定了到底是谁来进行记账，而记账决定方式将会影响整个系统的安全性和可靠性。

〔4〕 激励层：将经济因素集成到区块链技术体系中来，包括经济激励的发行机制和分配机制等，主要出现在公有链当中。

〔5〕 合约层：封装各类脚本、算法和智能合约，是区块链可编程特性的基础。

〔6〕 应用层：封装了区块链的各种应用场景和案例各类区块链应用即部署在应用层。

〔7〕 孙国梓、王纪涛、谷宇：《区块链技术安全威胁分析》，载《南京邮电大学学报（自然科学版）》2019 年第 5 期。

际运用过程中，开发者往往会选择别人预先编写的开源代码直接使用，而这就带来一个核心的风险，即开源代码的提供者可能在代码中安插后门，并通过后门发起攻击。基于区块链项目的创新性和去中心化特性，会有一些别有用心的开发者，在区块链合约中加入隐藏的漏洞后门，在项目上线后窃取用户的数据资产后跑路。因此，对于区块链项目上线前的代码安全审计就显得至关重要。

3. 密钥安全管理不当

密钥的安全管理一直是网络安全的核心。对于建立在现代密码学理论基础上的区块链技术而言，秘钥的安全管理更是重中之重，特别是在泛金融领域内应用的区块链技术，需要进行频繁的数字资产交易。密钥管理的安全性直接关系到用户的数字资产安全，一旦密钥遭受窃取，或因不当的使用、存储导致泄露和丢失的，将给用户带来不可估量的经济损失。当前区块链技术应用普遍缺乏有效的密钥管理技术，用字符串作为加密手段的方案容易遭受字典攻击（Dictionary Attack），而采用硬件存储的密钥容易遭受侧信道攻击（Side Channel Attack）。特别是在去中心化的区块链网络中，由于中心节点参与组织监管，进一步增加了密钥管理方案的设计难度。并且，由于区块链技术的不可篡改性，区块链密钥一旦被盗，用户的损失将不可逆转。〔1〕

当前，区块链密钥管理技术的研究主要集中在数字钱包技术上，其核心的密钥储存方式主要包括本地存储、离线存储、托管钱包和门限钱包。上述存储方式均存在一定的风险。首先，本地储存的风险最高，易被恶意软件读取，物理设备损坏时也无法恢复。而离线储存虽然可以在储存阶段隔绝外部的攻击，但使用密钥时需要接入网络，无法完全防止恶意软件入侵。其次，对于托管钱包技术，则存在单点失效的问题，破坏了区块链的去中心化特性，一旦防护措施被攻破，将会造成大量密钥失窃。〔2〕并且，

〔1〕 参见漆彤、卓峻帆：《加密货币的法律属性与监管框架——以比较研究为视角》，载《财经法学》2019 年第 4 期。

〔2〕 参见吴浩伟：《数字货币型电信网络诈骗犯罪秘密侦查策略分析》，载《中国刑警学院学报》2023 年第 4 期。

中心化托管方案，还存在极高的托管方监守自盗的道德风险。最后，门限钱包相较前两者，有一定的安全优势。门限钱包利用门限加密技术将密钥分散存储在多个设备中，使用密钥时需要多个设备参与，是一种适用于去中心化区块链应用场景的钱包技术。即便某个设备被攻击突破，攻击者也无法利用少量密钥份额恢复出完整的密钥。但是，门限钱包的方案在设计上存在一定的困难，算法编写的难度较高。目前，门限钱包安全管理技术已然成为区块链密钥安全管理的主流研究方向。

（二）网络层的安全风险及应对

1. 拒绝服务攻击

所谓“拒绝服务攻击”，是指利用目标系统网络服务功能缺陷或直接消耗目标系统资源，使得目标系统无法提供正常的服务网络的攻击手段。[1]受制于网络协议本身的安全缺陷，拒绝服务攻击（DoS）的问题一直得不到合理的解决。攻击者进行拒绝服务攻击，实际上是让服务器实现两种效果：一是迫使服务器的缓冲区满，不接收新的请求；二是使用 IP 欺骗，迫使服务器把合法用户的连接复位，影响合法用户的连接。而分布式拒绝服务攻击（DDoS）是指攻击者采用分布式攻击手法施行 DoS 攻击，通常是控制了多台机器向目标主机，或者路由器发起 DoS 攻击。针对区块链来说，攻击者通过 DDoS 攻击试图减慢网络速度，或者迫使网络停止运作。也可用于针对矿池，使矿池脱机，或者针对特定的目标主机，使其从网络离线。在区块链场景下，DDoS 攻击通常是为了一定的利益，导致网络速度变慢，或者影响矿工挖矿，从而方便攻击者对目标下手。具体的攻击形式主要包括带宽攻击[2]、CC 攻击[3]等。2016 年，以太坊发生过一次严重的 DDoS 攻击，此次攻击也被称为“EXTCODESIZE”攻击。攻击者让矿工和节点处理区块的时间延长（20—60 秒）以达到相应目的。造成这次攻

---

〔1〕 参见邢永杰：《DDOS 攻击案初探》，载《人民检察》2009 年第 12 期。

〔2〕 带宽攻击：通过攻击使受害者节点的网络带宽耗尽，从而造成拒绝服务的效果。

〔3〕 CC 攻击：CC 攻击全称 Challenge Collapsar（挑战黑洞），CC 攻击的原理是通过代理服务器或者大量肉鸡模拟多个用户访问目标网站的动态页面，制造大量的后台数据库查询动作，消耗目标 CPU 资源，造成拒绝服务。

击的原因是以太坊上一个名为“EXTCODESIZE”的操作码，由于其具有相当低的 gas 价格，但需要节点从磁盘读取状态信息，因而攻击者可以攻击交易调用此操作码的频率，这样的后果就是，网络大大放缓了。因为此次攻击事件，很多媒体都宣告了以太坊的末日。由此可见，在区块链世界里，DDoS 攻击的后果是比较严重的。而类似的拒绝服务攻击在以太坊上的 Dapp Fomo3D 上也为黑客所利用，黑客利用此次攻击取得了价值 2200 万的数字资产。

对于该类攻击而言，虽然是传统网络层普遍存在的攻击手段，且目前通行的技术处理方式包括部署高防服务器、CDN 加速、配置防火墙、攻击检测溯源和黑名单机制等常见的安全防护措施，但对于区块链系统来说，由于接入的节点性能参差不齐及无许可的特征，想要利用中心化的防御机制做好 DDoS 防御难度较大，同时受制于区块链本身的性能瓶颈，对该种攻击的防范变得更加艰难。

2. 日蚀攻击

所谓日蚀攻击是指攻击者利用网络拓扑结构垄断目标节点的所有传入与传出连接，将受害者与网络中的其他节点隔离开来。这种类型的攻击旨在阻止最新的区块链信息进入日蚀节点，从而隔离节点。[1]该种攻击除破坏区块链网络，隔离目标受害者的节点外，还会作为其他网络攻击的基础，如以此实施的自私挖矿攻击和双重花费攻击。为了应对这种攻击，区块链矿工或客户端用可以通过修改区块链网络代码，禁止新的传入链接和设置链接白名单的方式，选择链接特定的对等节点或已知的矿工的传出链接。但该种防范方案亦会使得区块链算力被过度集中，破坏区块链的去中心化程度。[2]

3. 交易延展性攻击

所谓交易延展性攻击主要发生在 BTC 链上，BTC 在支付交易发出后、交易确认前可被修改，因此存在被攻击的风险。具体而言，攻击者在发出

---

〔1〕 参见苏宇：《非同质通证的法律性质与风险治理》，载《东方法学》2022 年第 2 期。

〔2〕 参见苏宇：《数字代币监管的模式、架构与机制》，载《东方法学》2021 年第 3 期。

一笔 BTC“交易 1”之后，在该交易还没被确认之前，攻击者通过改变某些交易数据，使得这一笔交易的唯一标识（哈希）发生改变，从而形成“交易 2”，如果“交易 2”先被记录到 BTC 账本中，那么“交易 1”就会被验证为不合法，从而被拒绝。而攻击者依据被确认的“交易 2”可获得交易的代币，而被拒绝的“交易 1”则可以通过向交易所申诉的方式撤销，这样实现了“交易 1”的代币未转出，而同一个被修改过的“交易 2”却收到了交易代币的情形，攻击者可以以此获利，而致使区块链交易所的资金流失。

而对于这种攻击，通常需要以“隔离见证”的方式进行防范。“隔离见证”的全称是“Segregated Witness”，缩写为 Segwit。顾名思义，就是将“见证”隔离开来，使得整个交易过程中交易的唯一标识改变。而整个攻击过程中矿工的签名信息被截获修改，是该攻击被诱发的核心原因。因此，“隔离见证”将用户的签名信息进行了隔离，即交易进行哈希计算时不包含签名的信息，因此，即使签名被截获修改，亦不会生成不一样的交易标识，从而可以避免交易延展性攻击。[1]

（三）共识层的安全风险及应对

1. 双重花费攻击

所谓双重花费攻击是指攻击者通过某种方式拥有了区块链全网络上 1/2 以上的算力，并通过其算力让区块链产生分叉，从而引导主链走向改变的攻击方法。具体而言，双重花费攻击包含短程攻击、长程攻击等。[2]双重花费攻击主要针对的就是工作量证明（PoW）的共识机制，但这种攻击在大型的区块链网络中很难实现，因为想获得全网 1/2 以上的算力在大型区块链网络中非常困难，而该种攻击在小型区块链网络中发生的可能性更高。而双花攻击其实很难防御，只有通过提高攻击成本来防范它。

---

〔1〕 参见韩旭至：《司法区块链的价值目标及其实现路径》，载《上海大学学报（社会科学版）》2022 年第 2 期。

〔2〕 孙国梓、王纪涛、谷宇：《区块链技术安全威胁分析》，载《南京邮电大学学报（自然科学版）》2019 年第 5 期。

2. 女巫攻击

由于区块链运行过程中，区块链商的节点随时可能加入或者退出，为了维持区块链网络数据的稳定，同一份数据需要在多个区块链分布式节点上进行备份。[1]而女巫攻击正是利用了这种区块链数据冗余机制而进行的攻击。具体而言，女巫攻击是将攻击者的区块链恶意节点进行了分裂，伪装了其多重身份，原来需要备份到多个节点的数据被欺骗地备份到了同一个恶意节点。

而这种攻击的防范核心在于提升伪造节点身份的难度，因此，最常见的防范手段就是利用 PoW 机制或 PoS 机制等抗女巫攻击的共识算法，或通过对每个加入区块链的节点进行身份认证的方式来进行。特别是加入节点身份认证的方式，虽然削弱了区块链技术应用匿名化的特征，但更好地加强了区块链的身份审核的安全性，更受监管层的青睐。[2]

（四）激励层的安全风险与防范

区块链系统由大量节点组成，在挖矿过程中算力越大，即单位时间内计算哈希的次数越多，则找出答案的概率就越大。[3]哈希运算是一个复杂的计算，在计算过程中需要消耗大量的能源，一般只有一个节点会成为下一个区块的发现者。在这种情况下，大量的节点自发组成“挖掘池”，通过贡献自己的算力形成更大计算哈希的能力，每个成员共同挖掘下个区块，这样解决难题的概率会更高。当挖掘出下个区块后，奖励按照每个节点的算力贡献份额进行分配。而由少数节点组成的“挖掘池”获得超过其算力份额的收入，即超过了其挖矿能力的比率。这种策略被称为自私挖矿。这是一种典型的利用区块链激励层机制进行攻击的方案。因此，为了应对这种自私挖矿的攻击，通常需要对区块链激励机制进行优化，对于区块产出的有效性规则进行调整。通常的方案是设置一定的区块链分叉惩罚机制或者利用不可伪造的时间戳惩罚隐藏区块的矿工来减少私自挖矿的

[1] 张怀印、凌宗亮：《区块链技术在商标领域的证明作用》，载《知识产权》2018 年第 5 期。

[2] 参见闫伟泽：《加密货币跨境交易纠纷法律问题研究》，载《数字法治》2024 年第 1 期。

[3] 参见宋睿：《元宇宙视野下 NFT 的刑事风险探析与防治》，载《辽宁大学学报（哲学社会科学版）》2023 年第 6 期。

收益。

（五）合约层的安全风险与防范

在区块链领域中，智能合约本质可以说是一段运行在区块链网络中的代码，它以计算机指令的方式实现了传统合约的自动化处理，完成用户所赋予的业务逻辑。随着智能合约在区块链领域的应用增加，暴露出来的安全问题也越来越多，攻击者常能利用漏洞入侵系统对智能合约用户造成巨大损失，据 SlowMist Hacked 统计，仅 ETH、EOS、TRON 三条链上因智能合约被攻击而导致的损失就高达 126 883 725.92 美元，具有相同攻击特征的手法更是呈现出多次得手且跨公有链的趋势。[1]典型的攻击手法包括交易回滚攻击、交易排挤攻击、随机数攻击等。

所谓交易回滚攻击是指攻击者本来已经发生了支付动作，但是通过某些手段，让转账流程发生错误，从而回滚整个交易流程，达到交易回滚的目的，[2]这种攻击手法多发于区块链上的智能合约游戏当中。

所谓交易排挤攻击是指针对 EOS 上的使用 defer 进行开奖的游戏合约的一种攻击手法，攻击者可以通过某些手段，在游戏合约的 defer 开奖交易前发送大量的 defer 交易，恶意侵占区块内的 CPU 资源，使得智能合约内本应在指定区块内执行的 defer 开奖交易因资源不足无法执行，只能到下一个区块才能执行。通过这样的方式，攻击者在获知无法中奖的时候，通过发送大量的 defer 交易，强行让智能合约重新开奖，从而达到攻击目的。

所谓随机数攻击是指针对智能合约的随机数生成算法进行攻击，预测智能合约的随机数。目前，区块链上很多游戏都是采用的链上信息（如区块时间、未来区块哈希等）作为智能合约的随机数源。但这种随机数生成方式存在被预测的可能，一旦随机数生成的算法被攻击者猜测到或通过逆向等其他方式拿到，攻击者就可以根据随机数的生成算法预测游戏即将出

---

〔1〕《常见的三种智能合约攻击手法介绍》，载 https://www.21ic.com/article/757351.html，最后访问日期：2023 年 1 月 20 日。

〔2〕许丽萍：《如何理解数字资产交易平台的交易回滚？》，载 https://www.163.com/dy/article/DFA18K790519JUSN.html，最后访问日期：2023 年 1 月 20 日。

现的随机数，实现随机数预测，达到攻击目的。

而上述这些针对智能合约的攻击，本质上都是利用了智能合约代码本身的漏洞所进行的，而对于智能合约而言受制于其去中心化的特征，上链后往往很难进行更改。因此，对于智能合约的安全性的合规防范，需要放在智能合约上链前，对其底层代码进行全面深入的代码安全审计，尽可能地消除漏洞，降低安全风险。〔1〕这也是应对智能合约应用最切实可行的做法。

（六）应用层的安全风险与防范

区块链在金融、供应链、能源等多领域具有广泛的应用场景。虽然在不同的应用场景下，应用层需要反映不同的区块链的业务功能，在设计上略显差异。但是，应用层作为直接与用户交互的区块链层级，在架构设计上还具有一定的共同点，也存在同样的应用层攻击的风险。理想情况下，用户可以直接通过区块链应用层提供的功能接口来调用相应的区块链服务。然而，从目前区块链技术应用发展来看，多数应用服务还需要依赖第三方中介平台和区块链服务供应商来提供，这就为攻击者从上层应用进行攻击创造了条件。除典型的钱包应用上存在的后门攻击和密钥泄露风险外，应用层开发过程中存在的代码漏洞也会遭受钓鱼攻击、木马劫持等传统网络攻击的威胁。〔2〕更重要的是，在有多方参与的区块链应用中，攻击者可以在个人权限范围内控制应用软件或硬件实施攻击，恶意泄露或篡改用户信息，破坏数据的保密性与完整性。

因此，对于区块链应用层的安全风险，本质上是区块链应用供应商的管理风险及监管风险，〔3〕需要通过推出更加完善的区块链应用安全审计方案，构建多企业参与的安全生态，共同推动区块链技术在数据存储安全、

---

〔1〕 参见宋睿：《元宇宙视野下 NFT 的刑事风险探析与防治》，载《辽宁大学学报（哲学社会科学版）》2023 年第 6 期。

〔2〕 参见孙涛、田光伟：《区块链技术犯罪风险机理分析及防控》，载《江西警察学院学报》2020 年第 3 期。

〔3〕 参见贺嘉：《社会治理中区块链的安全风险及其法治应对》，载《西南政法大学学报》2021 年第 3 期。

隐私保护、节点认证等方面的发展和落地。随着相关技术安全规范的完善与落地，则更多的区块链行业技术标准的建立，将会为区块链技术在实际应用场景下的安全性合规提供充足的支持与依据。进一步建立、健全对区块链项目的第三方密码服务、智能合约审计、恶意代码检测机制等多种安全防范机制，并通过安全能力服务化转化的策略，将区块链安全向市场化、专业化、开放化、服务化方向转型，打造健康安全的区块链生态环境。

第五节 区块链技术的运营规范化治理

一、区块链技术运营的现状

区块链技术应用运营可理解为对区块链项目的运营。而所谓“项目运营”，是指一切用于连接用户和项目，并产生项目价值和商业价值的手段，通常包括项目发行、项目宣传、项目运行维护、客户的激活等。不同的项目对运营的偏重与要求是不一致的，但毋庸置疑的是，包括区块链项目在内的任何面向市场的，以用户使用为价值导向的项目，对于优秀的运营都有较高的需求。相较于其他项目而言，由于我国政策层面对数字货币的限制，以及大量涉数字货币或打着数字货币旗号的违法犯罪，区块链项目的运营需要更为重视合规风险的防范与运营行为的规制。[1]实践中，区块链项目的运营是涉及内容广泛，要求繁多的复杂课题，而就项目运营的不同阶段与要求而言，需要关注的环节主要为项目发行、项目宣传及用户发展。

首先，关于项目发行。在区块链 1.0 时代，区块链技术的主要应用场景便是数字货币，在该时期，区块链技术应用的主要发行方式为 ICO。如上文所述，ICO 是一种以区块链项目为基础发行数字代币（比特币、以太币等具有一定价值共识的数字货币）进行融资的手段。在这样的场景下，ICO 可以被解读为，在区块链技术发展和承认数字货币的前提下，区块链项目运营团队，通过发行区块链技术产生的数字代币（Token），以数字货

[1] 参见王文华、魏祎远：《互联网平台企业反腐败、反洗钱合规机制构建初探——以 G20 为视角》，载《中国应用法学》2022 年第 1 期。

币的形式募集其项目发展所需资金的一种融资手段。区别于传统融资渠道，ICO 并非通过创始团队所控制企业实体而享有的所有者权益（股权等）作为资本交换的对价，而是以区块链项目的未来收益和增值空间作为交易的对价。[1]这种融资模式规避了传统的股权融资存在的对创始团队的控制权的削减，也在一定程度上规避了以货币资金进行融资的金融监管。[2]因此，ICO 作为一种融资渠道，受到了当时创业团队的广泛青睐。但由于 ICO 缺乏有效的监管，出现了大量的违规、违法操作，许多团队在不具有区块链技术开发及运营的能力情况下，大肆通过 ICO 进行融资，造成了市场秩序的混乱。[3]伴随我国对于数字代币监管政策的逐步明确，ICO 及 IEO、IFO、IDO 等融资模式已被正式禁止。

在传统的代币发行融资的模式宣告破产后，市场中的区块链项目开始积极寻找合规的发行途径。部分公有链项目将目光投向相对域外的包容性态度，许多 ICO 纷纷借路海外发行。而随着区块链 2.0 及区块链 3.0 时代的到来，NFT 成为市场热门，许多区块链项目通过 NFT 进行发行活动。无论方式为何，基于我国目前的政策环境，绕过金融监管的发行行为的合规性都存在巨大风险，应当警惕对待。

其次，关于项目宣传。宣传是任何市场经营活动所不可缺少的步骤。区块链技术应用的宣传与其他市场经营活动的宣传相比较，并无特殊之处。而其中应当引起重视的便是区块链项目白皮书。所谓“白皮书”，是指由政府团体、议会、机构等公开发表，针对某一问题或项目的正式说明文件，以白色封面装帧的重要文件或报告书的别称。区块链项目白皮书由区块链项目方发布的项目正式说明文件，是区块链项目面向公众的第一次正式亮相，承担介绍区块链项目的目的要旨，运行方式及技术特征的重

---

〔1〕 Javier Sebastian Cermeno, Blockchain in financial services: regulatory landscape and future challenges for its commercial application, BBVA Research Working paper No. 16/20, Dec. 2016.

〔2〕 参见常健、罗伟恒：《论区块链技术下我国互联网金融法律的制度演化》，载《北京行政学院学报》2018 年第 6 期。

〔3〕 参见吴进娥：《涉数字货币犯罪司法治理的多重困境与突破路径》，载《山东大学学报（哲学社会科学版）》2021 年第 6 期。

任，被视为区块链项目宣传的关键一步。一般情况下，区块链项目发行前都需要发布区块链项目白皮书，其系投资人判断区块链项目真实性、可行性及项目预期市场价值与增值空间及投资人权利的核心甚至是唯一依据。因此，白皮书可以视为区块链项目的重要宣传渠道，系吸引投资的重要方式，也是向潜在用户进行的一次全面项目介绍。

最后，关于用户发展。区块链项目的运营与一般互联网技术应用的项目运营有相似的底层逻辑，以增加用户活性与黏性为主要目的，通过低价提供服务或适当的返利机制，激发用户需求与动力。在获得一定基数的用户依赖后，通过其他渠道，如广告收益、项目收费等方式来获取商业利益。而与一般互联网技术应用项目有所不同，区块链项目有独特的激励机制，能够为用户提供参与项目的奖励，以此维护用户黏性，激发活跃度。如上文所述，数字货币便是“激励机制”的重要载体。

对于大多数的联盟链及公有链项目，项目开发方会制定相应的奖励机制，如对于 IPFS 项目，用户通过提供存储空间获得对应的 Filecoin，该 Filecoin 便是用户提供的资产对应的权益凭证。但在该链上的其他用户需要使用你所提供的存储空间时，则需要花费 Filecoin 进行购买。通过对该奖励机制的运行与维护，用户需求及获益之间形成良性平衡，用户的黏性则可大大增加。而为进一步扩大此类奖励机制的正向效应，部分区块链项目还会通过代理的模式加强项目触达更深的用户群体，同时也利于奖励发放的效力。

二、区块链技术运营的法律风险

（一）区块链技术应用发行法律风险

如上文所述，我国当前已全面禁止 ICO 及 IEO、IFO、IDO 等代币发行融资的模式。进行 ICO 等发行活动的，可能涉及证券、期货犯罪及非法集资类犯罪。对此，前文中已有论述，在此不再赘述。

（二）区块链技术应用宣传法律风险

上文分析中提到，区块链项目的白皮书是对区块链项目进行介绍，宣传的重要手段，是发行环节中吸引投资的渠道。从法律性质的角度，包括区块链项目白皮书在内，区块链项目发行过程中的宣传实质上具备广告属性，因此，区块链项目团队作为商品的提供者相当于《消费者权益保护法》中的“经营者”。故而，对于区块链项目的宣传，其核心的合规风险在于宣传的真实性问题。

具体而言，若区块链项目存在明显夸大的虚假宣传或不正当的利诱性宣传时，将可能虚假广告罪。[1]且一旦后续项目运营过程中用户存在亏损或因市场问题项目难以为继时，基于前期虚假宣传，将存在被认定为诈骗行为的风险。同样，在区块链项目发行行为的司法认定中，是否存在虚假宣传也是认定行为是否构成虚假广告罪的其中一个重要因素。

（三）区块链技术运营中用户发展活动的法律风险

通过上述分析可得，区块链项目用户发展的核心在于其奖励机制的设计与管理。具体而言，共识奖励机制所解决的是区块链项目中以数字代币形式呈现的奖励的规则，该规则涉及用户在何种情况下能够取得数字代币的奖励，以及确认取得奖励后如何进行发放的问题。而如上文所述，区块链项目中的数字代币是相应资产的权益凭证，仅从客观的市场层面，是具有“价值”属性的。因此，共识奖励机制从本质上而言，可以被视作区块链项目方所制定的一种获利方式，或是报酬规则。[2]但由于当前区块链项目的司法监管环境，尤其是假借“区块链”“数字货币”之名，行诈骗之实的案件频发，当区块链项目涉及发放奖励时，往往容易陷入“非法传销”的泥潭，产生行政与刑事上的合规风险。[3]

根据《禁止传销条例》及《关于办理组织领导传销活动刑事案件适用法律若干问题的意见》，非法传销的核心特征可归纳为三点：一是以发展人员数量或变相交费作为获利基础；二是形成 3 级以上层级结构（不含消

---

〔1〕 高铭暄、郭玮：《平台经济犯罪的刑法解释研究》，载《法学杂志》2023 年第 1 期。

〔2〕 参见赵磊：《NFT 的法律规制——从“胖虎打疫苗案”谈起》，载《法律适用》2023 年第 11 期。

〔3〕 参见赵志华、毛典辉：《区块链技术背景下金融刑法的风险与应对》，载《北外法学》2020 年第 2 期。

费者层级)；三是通过虚假宣传骗取财物。具体表现为以下三类行为模式：其一，层级计酬型。以直接或间接发展的人员数量为依据给付报酬。其二，门槛收费型。要求缴纳费用或变相交费获取加入资格。其三，团队返利型。以下线销售业绩为依据计算上线报酬。司法实践中认定组织、领导传销活动罪的核心要件包括：其一，层级达 3 级及以上；其二，存在“入门费”“拉人头”“团队计酬”行为；其三，实施虚构项目、夸大收益等欺诈手段。上述特征构成刑事风险的核心判断标准。

归纳上述规定及司法实务的认定要点，在对组织、领导传销活动罪的入罪的客观方面，主要考察以下几个方面，这些方面也是核心的风险要点。第一，组织层级达 3 级或 3 级以上的（需要注意的是，该层级包括组织者与一级经销主体，不包括经销主体与实际的消费者)；第二，存在“入门费”“拉人头”“团队计酬”等行为；第三，采取编造、扭曲国家政策，虚构、夸大经营、投资、服务项目及盈利前景等手段骗取财物。

基于上述的归纳可得，区块链项目运营过程中存在以下具体风险：

1. 共识奖励的依据

首先，关于共识奖励机制中的奖励依据。当下司法实践中，将“入门费”“拉人头”“团队计酬”等行为作为非法传销模式中典型的违规奖励机制。所谓“入门费”是指传销人员向平台一次性支付固定金额的会员费或者平台服务费，部分变种的传销平台会以支付“入门费”获取一定的产品或者权益的赠送来掩盖“入门费”的性质。[1]所谓“拉人头”是指传销者获利的基础是源于不断的发展下线，形成固定的层级，所有的收益都与人头数量相挂钩，以发展下线的人员数量作为计算收益的依据。[2]所谓“团队计酬”是指要求传销者按照其发展的下线的总营业额来确定上线所获得的报酬。此三类收益结算方式是实践中认定非法传销的重要环节，其非法性根源在于将“下级”所发展的人员数量、发展人员的业务额作为其

〔1〕参见路长明、丁梦婷：《新型传销犯罪案件的侦查难点与侦防对策》，载《山东警察学院学报》2021 年第 1 期。

〔2〕参见印波：《团队计酬式传销非犯罪化研究》，载《法学论坛》2023 年第 6 期。

获利依据，或是以缴纳费用为获利前提，导致不再追求实际的商品或服务的产出，而片面追求“引人入局”，破坏市场秩序。[1]

当区块链项目的奖励依据与用户所发展的人员数量或其“下线”的业务量挂钩时，将易于被视为通过“拉人头”或“团队计酬”的方式进行项目运营。此外，在实践中，部分区块链项目具有一定的参与成本，如上文提到的IPFS项目，用户想要加入，需要提供存储空间，而若在运营过程中缺少对奖励机制的明确定位和说明，则有可能被视为收取用户“入门费”。在上述情况下，一旦项目中还存在等级制的代理推广模式，则可能被认定为“非法传销”，产生极大的行政及刑事风险。因此，在项目运营过程中，尤其是对于形成代理结构模式进行推广的区块链项目，应当注意规避“入门费”“人头费”“团队计酬”的表现形式。

2. 共识奖励的发放

除奖励依据的合理设置外，如何发放奖励也同样潜藏风险。基于一般的商业运营考虑，许多区块链项目在运营阶段，会通过代理的方式进行项目推广，扩大用户范围。在代理推广的过程中，区块链项目方作为节点商，难免需要通过代理进行奖励发放。在区块链项目的案例中，许多代理商出于赚“快钱”的意图，极可能在具体销售过程和销售网络建立中实施了以上述“拉人头”“收入门费”“团队计酬”等方式为基础的经销体系（传销体系），形成层级关系，进行了相应的传销活动。虽然该等传销行为系代理商自身作出，但因为区块链项目方的确为代理商就奖励分配等行为提供了技术服务，可能会被处以帮助犯承担组织、领导传销活动罪相关的刑事责任。[2]

三、区块链技术宣发的规范路径

（一）区块链项目发行合规路径

在我国监管政策保持高压态势的当下，区块链技术应用发行的首要准

---

〔1〕 参见王筱：《揭开“传销式非法集资行为”的面纱——“传销式非法集资行为”的刑法处遇》，载《刑法论丛》2020年第2期。

〔2〕 参见印波：《网络传销犯罪的司法认定逻辑及其修正》，载《比较法研究》2022年第1期。

则便是不得以“区块链的外壳，进行任何金融集资行为”，尤其针对代币发行，无论采取何种形式，代币发行都已然在刑事的规制范围之内，并不存在合规的可能性。

（二）区块链项目宣传合规路径

区块链项目宣传的合规核心在于对宣传内容真实性的审查。其中包括宣传内容是否与项目情况一致，以及是否对项目情况进行充分合理的披露。[1]如上文所述，区块链项目白皮书是宣传中的重点，也是区块链项目宣传有别于其他市场活动宣传的要素。因此，对于区块链项目开发团队而言，应当审慎应对白皮书的发布。目前，尚未有具体的法律规定对区块链项目白皮书的内容进行明确规制。[2]但一般认为，区块链项目白皮书应当详细披露发行团队信息与项目治理结构、区块链项目内容、Token 发行方案、投资人权利等。借鉴江苏省互联网金融协会发布《互联网传销识别指南》，白皮书内容应当着重明晰以下几点：（1）所依托算法能够确保 Token 产生不依靠特定机构发行，避免中心化的发行方式。（2）团队自营 ICO 与 Token 托管业务相分离。（3）采用开源代码。（4）白皮书应用场景及生态具备可实现性。（5）Token 应用于实际业务操作的模拟情景。（6）项目操作与运营过程透明化披露渠道：成立专门的基金进行托管、聘请第三方审计公司参与财务审计保证资金透明性。（7）项目可行性评估：预期监管风险与项目解决方案。（8）项目商业落地评估：定期工作报告计划与项目进程记录。

因此，对于区块链项目的宣传而言，由于区块链项目的复杂性及非常识性，以及实践中对于区块链项目的警惕，其应当审慎的不仅是不作为义务的履行，还有作为义务的承担。换言之，区块链项目的宣传合规不能仅停留于对禁止性广告行为的规避，还需要积极的承担披露、解释、说明的

[1] 参见许世强：《区块链存证平台运行中面临的三重矛盾及其化解》，载《数字法治》2023年第5期。

[2] 参见金泽刚、朱品翰：《涉虚拟货币非法集资犯罪及其治理——以江浙沪92份裁判文书为实证样本》，载《河南警察学院学报》2023年第5期。

义务，为后续可能存在的稽查活动提供显性的合规出路。〔1〕

（三）区块链项目的客户发展活动合规路径

区块链项目的客户发展的核心在于奖励机制的有效构建，为此需要规范共识奖励机制的依据及发放。

首先，对于共识奖励依据。可以明确的是，区块链项目的奖励机制中不应将“发展人员的数量”或所谓的“下线营业额”作为发放奖励的依据，项目的奖励应当仅围绕区块链项目本身的玩法进行设计，与具有价值的资产深度绑定，将奖励的数字代币明确为资产的权益凭证，而非作为推广盈利的方式。〔2〕具体而言，共识奖励依据应当来源于上链资产，且能够与区块链本身的玩法相匹配。例如，在核心为数据交易的区块链项目中，用户可以进行相关数据的上链，以上链数据为数字代币的对应资产。用户使用、查看或共享他人上链的数据时，需要通过数字代币进行交易。在此过程中，用户得到奖励系基于其分享的数据，由此将更有动力进行数据共享。在确保不缓存数据、保护个人隐私、数据版权保护等前提的情况下，区块链技术为数据交易提供了安全可信的渠道，由此以去中心化的方式解决了各个行业的共享数据交换。〔3〕可以看到，在该数据交易的区块链项目上，奖励机制与上链资产相匹配，符合该区块链的核心目的与玩法，形成良性循环，也达到了区块链项目运营的实质目的。

当然，在确认共识奖励依据来源于上链资产的，除不具有“入门费”“人头费”“团队计酬”的形式外，还应当清楚展现奖励规则，明确各环节中产出、消耗、投入或交易的各项代币的具体含义与实质，为日后可能出现的调查充分留痕。

其次，对于共识奖励机制的落实。在共识奖励发放的过程中需要注意

〔1〕参见皮六一、薛中文：《证券类加密数字资产监管的国际实践》，载《多层次资本市场研究》2022年第2期。

〔2〕参见陈乃刚等：《区块链在数据交易场景中的应用》，载《电力信息与通信技术》2021年第10期。

〔3〕参见刘玲胜军：《区块链时代的刑事证据规则与技术自证限度》，载《法律适用》2024年第2期。

对于代理商的管理与监督，避免因代理商的行为而涉及合规风险。一方面，应当避免多层级代理的模式；[1]另一方面，应当有效监督代理商的行为，落实奖励规制，保障从技术层面，作为项目方是完全依据奖励机制进行奖励发放的。应当注意的是，我国监管政策中所要求的合规不仅需要形式合规，更需要实质合规。在各项规则或机制都能够符合合规要求的同时，应当进一步落实规则，避免"名不副实"的奖励机制。当然，由于区块链项目本身的去中心化的特点，既定的规则大多数情况下能够得到充分的执行，而区块链项目作为重要节点，在其中需要发挥治理与监管的作用。

除上述主动的合规路径外，对于运营过程中的代理商及所涉及的共识奖励的发放，在必要的情况下，作为区块链项目方还应当设置有效的风险隔离，即主要需要与代理商之间完成制度上的权责划分，隔离风险传导。[2]其一，做好法律关系上与代理商之间的切割，通过合约安排，除了与代理商的直接交易，避免参与或为其进一步的销售行为作出帮助，从而从法律关系上，阻隔代理商因为其自身的不合规行为自下而上的将风险传导的路径。其二，考虑在代理模式下，技术上区块链项目方需要在奖励发放上与代理商形成帮助关系。因此，在隔断的基础上，区块链项目方依旧需要承担注意义务。具体而言，为代理商提供的技术服务，在与代理商的合同中应明确用户在技术服务合同项下的具体权利，尤其是奖励的分配，应明确严格按照奖励机制进行，避免涉及、参与或为代理商在奖励分配中因各种不合规原因涉及的奖励再分配提供帮助。同时，区块链项目方后台亦应建立与前述建议配套的后台系统和基础审核流程机制，就任何不以既定奖励机制为基础的分配要求及形式内容不符合要求的服务申请进行筛选，并要求进行整改或拒绝为其提供该等不合要求的服务。

综上所述，从本质上，区块链技术应用的运营合规，是要避免区块链项目成为投机敛财方式，造成对我国正常社会秩序的影响。无论是哪一类

---

〔1〕 参见王书剑、王玉洲：《网络赌博犯罪新态势及立法困境应对之策——基于200份判决书的分析与思考》，载《山东法官培训学院学报（山东审判）》2019年第6期。

〔2〕 参见印波：《网络传销犯罪的司法认定逻辑及其修正》，载《比较法研究》2022年第1期。

运营行为，其本质应当是推动区块链项目更好的发展，加强用户动力与黏性。因此，区块链项目运营应当围绕区块链项目本身的长期发展，以区块链项目本身的实际价值为依托。在实践中的许多区块链诈骗、虚假宣传或非法传销的案例中，为求用户的快速增长，脱离区块链价值的产出模式，不合理的设置奖励机制，以层级化的经销模式进行推广，最终都演变为空对空的“击鼓传花”游戏，导致走向非法传销的深渊。

故而，如我们在上文中反复强调的，区块链技术应当服务于实体经济，产生客观的社会价值，无论是对数据流转还是作为存证技术。对于区块链技术应用的运营亦是如此，过度夸大宣传抑或传销运营都是区块链项目合规风险的“重灾区”。[1]对于区块链项目运营的合规而言，应当把握以上链资产为核心，以区块链本身玩法为依据的奖励机制，防范过度营销与传销模式为关键，代理商权责划分与风险隔离为重点，落实形式与实质相统一。

[1] 参见洪刚：《数字平台犯罪治理责任的检视与完善》，载《法律适用》2023年第10期。

第六章

区块链技术监管的政策建议及未来展望

第一节　国际区块链监管政策的关切

区块链技术及应用在国际层面缺乏全面的法律乃至法律框架，加上该领域的快速发展，必然促使立法者和监管者介入填补这一空白。在过去三年中，各监管机构采取了一系列措施，为区块链技术及应用提供指导。虽然这些指导意见普遍支持对区块链技术活动进行有助于其健康发展的监管的观点，但还需要等待立法者和监管者未来的动向，以更好地了解区块链技术将如何融入现有市场，而其监管又应当如何通过法律实现。根据现有的规范了解，目前各国对于区块链技术及其应用的监管核心关系有以下几个方面。

一、为创新发展提供安全空间

区块链技术是一种新的通用技术，其主要应用数字货币已经诞生了十年有余，直至最近几年，数字货币慢慢从一种为追求某种目的而存在的小众产品，转变为一种兼具投机功能、弱势货币对冲和潜在支付手段的更加主流的事物。区块链技术及数字货币市值的增速十分惊人（即使其市值并不稳定），且已逐渐进入了受监管金融体系，这使各方对其加大了监管力度。〔1〕同样，区块链技术的广泛应用，以及数字货币众多不同产品和发行活动的大肆扩张促进其发行和交易的持续创新，也是监管加码背后的原因。〔2〕数字货币发行机构、交易所和对冲基金的失败，加之最近加密资产估值的下滑，都为加强监管提供了动力。

从现有的国际区块链技术监管现状来看，有关区块链技术应用及数字货币的监管架构正在成型。而无论从市场情绪，还是各国对区块链技术及数字货币的政策考量，国际层面还是对区块链技术及数字货币的发展抱持

〔1〕 参见吴燕妮：《金融科技前沿应用的法律挑战与监管——区块链和监管科技的视角》，载《大连理工大学学报（社会科学版）》2018 年第 3 期。

〔2〕 参见李帅、屈茂辉：《数字货币国际监管的法律秩序构建》，载《法学评论》2022 年第 4 期。

可期的心理预期，这也与其他技术发展阶段相同，各国政府必须决定在多大程度上允许区块链数字转型和数字货币的使用，而政策的约束和限制是否会影响未来区块链技术所产生的大的市场红利，以及技术变革所带来的向好的变化。

正如许多域外学者提到，政府可以通过多种方式阻碍数字货币的发展，包括对数字货币征税，使其在财政上不可行；攻击数字货币，使其在经济上不可行；对其有用性质疑，如宣传对其有用性质疑，宣传其主要用于实施非法行为的观点；或利用其金融力量买卖加密货币，造成其价格结构的重大混乱。[1]许多国家政府似乎非但没有阻止数字货币，反而正在适应数字货币，而即便是对数字货币目前的应用进行政策约束，也同样对区块链技术的应用抱持宽容态度。许多国家认识到，区块链技术监管要最大限度地发挥基础技术的优势，并管理监管套利和加密资产内部相互关联性带来的风险，以及外溢到传统金融体系的可能性[2]。因此，国际对区块链技术及数据货币的监管政策上依旧将长期注重并关切是否为技术及应用的创新发展提供足够的空间。

二、国际社会的协调与配合

区块链技术和数字货币的监管并非完全不会导致负面影响，监管可以限制市场准入，导致一些投资者对加密货币或其他数字资产的访问受到限制。如上文所述，由于严格的规则和合规要求可能会减缓或阻碍区块链创新的步伐。其中，由于数字货币的特性，其对于跨境流通及跨境使用有较强的需求，因而，监管层面的另一大难题便是各国复杂、各异，乃至于矛盾的监管政策，可以认为，如果每个立法机构和政府机构都制定自己的加密政策，不仅执行所有法规可能会变得非常困难，遵守这类监管规则也意

---

〔1〕 Steven Johnson, Beyond the Bitcoin Bubble, New York Times Magazine, Jan. 21, 2018, 37-41, 52.

〔2〕 Osariemen G. E. , Osei M. B. , The effects of blockchain technology on corporate governance: Evidence from Emerging Economy, Management Dynamics in the Knowledge Economy, 2022, 10 (3): 239-250.

味额外的费用和影响数字资产的财务业绩。

IMF 便呼吁各方做出一个全球性回应，在加密资产的监管上应做到以下几点：（1）相互协调，填补因加密资产发行活动固有的跨部门和跨境特性而造成的监管缺口，并确保公平的竞争环境；（2）一致行动，即与各类活动和风险的主流监管做法保持一致；（3）全面覆盖，即应涵盖加密资产生态系统的所有参与者和各个方面。[1]

各国关于区块链技术及数字货币监管的合作是实际存在的，但数字货币及资产生态系统的相对新颖导致了数字货币及资产的不断发展和快速变化，数字货币及资产的发展和广泛使用仍然相对有限。由于生态系统正在走向成熟，因此，对实施协调一致的监管可能为时尚早。自 2022 年以来，从美洲、亚太地区、中东到欧洲的国家都开展了磋商，重点关注生态系统中的各种活动，从中心化活动和稳定币的运营到分散式金融及保护和防止市场滥用等监管目标。与此同时，一些司法管辖区将最终确定立法提案，将加密货币监管从反洗钱扩展到审慎问题，如欧盟的加密资产市场（MiCA）。[2]根据这些磋商和立法活动中的预定承诺，各种审慎的加密货币监管模式可从 2024 年起逐步开始实施。

因此，在较长一段时间内，关于区块链技术及数字货币的监管，鉴于市场成熟度的不同阶段、地区中心的发展及监管机构的能力各不相同，谨慎的做法是国际组织和国家/区域组织的重要作用，在确保负责任的监管发展方面可以发挥的重要作用。目前，国际行业自律组织纷纷成立区块链专门机构，如欧盟区块链观察站和论坛[3]、世界银行区块链实验室、国际货币基金组织金融科技高级顾问小组等专门组织，并且国际组织也在加强对区块链技术和加密货币的研究，以推进对其全球化的监管。国际组织

---

〔1〕 International Monetary Fund, The right rules could provide a safe space for innovation，载 https://www.imf.org/en/Publications/fandd/issues/2022/09/Regulating-crypto-Narain-Moretti，最后访问日期：2024 年 5 月 5 日。

〔2〕 参见曾灿：《利用加密货币“逃避”经济制裁的国际规制——兼论其对中国的启示》，载《河南财经政法大学学报》2024 年第 2 期。

〔3〕 参见齐爱民：《区块链环境中个人信息保护的法律障碍与应对》，载《现代法学》2022 年第 5 期。

在跨境及联合监管方面将发挥更重要的作用，部分国际组织的监管要求对各国政策的制定已经产生了实质性影响。

三、防范区块链技术应用的非法使用

区块链活动本质上（甚至通常情况下）并不构成犯罪，但不可避免地存在大量使用虚拟货币和区块链技术实施的各项犯罪行为，其中又以诈骗、洗钱等最为典型。以暗网某某之路网站为例，该网站是世界上最大的毒品和其他非法商品销售平台，主要得益于暗网和比特币的匿名性，犯罪分子之间能进行无信任交易，致使犯罪的泛滥。在美国联邦调查局和缉毒署的调查后，于 2013 年 10 月某某之路网站被关停，并被没收了该网站的所有比特币资产，该网站的创建者及网站上的几个供应商也面临各种刑事指控。在我国，利用或使用区块链技术及数字货币实施犯罪的行为也并不鲜见。

对于犯罪行为的遏制与防范是国际监管的一大共识。事实上，区块链技术应用的非法使用不仅体现在犯罪活动上，也体现在市场活动中的违规操作。例如，FTX 加密交易平台和 Terra Luna 稳定币的失败。上述种种都凸显了制定明确政策的紧迫性。实质和明确的法规对区块链技术及数字货币的蓬勃发展和实现大规模采用是必要的。[1]包括：为投资者提供保护，防止市场操纵和加密货币诈骗；确保投资者始终收到必要和准确的信息；阻止洗钱和恐怖主义融资等非法活动；通过加强行业监督来降低系统性风险。简言之，防范区块链技术应用的非法使用是区块链技术监管始终的重要内容，也是观察国际社会对区块链技术及数字货币监管政策的重要面向。

第二节　我国区块链技术监管政策的建议

一、监管的核心目的：国家安全与网络安全

监管的本质是通过合理的手段或方式所进行的治理活动，其首要步骤

---

〔1〕 Destan K.，Importance of anti-money laundering regulations among prosumers for a cybersecure decentralized finance，Journal of Business Research，2023，157.

是明确核心目的，或所谓的监管诉求。对于区块链技术，包括数字货币的监管亦是如此。只有正确理解监管的目标，才能有的放矢，实现监管效果。

为明确监管的目的，需要对监管对象有清晰的认识。究其本质，区块链是一种分布式的网络数据管理技术，是综合性的“技术”成果。技术本身具有天然的价值中立性及利弊中立性。数字货币是区块链技术重要的应用场景，也是众多区块链项目的主要激励机制。从我国对区块链技术本身的鼓励态度，以及对区块链项目标准制定及数字货币的监管中可以发现，对于技术的监管往往并非监管技术本身，而是对技术应用安全性、合法性的管理。〔1〕换言之，虽然所讨论的是区块链技术的监管，但实际需要进行管理并规制的是区块链技术的应用，以及其应用过程中的相关市场行为。

区块链技术发端于比特币，也因为比特币而备受关注。比特币作为当下区块链技术最主要的应用场景，其不仅是进行区块链技术监管时不可忽视的重要环节，也是进行区块链监管的逻辑起点。比特币是基于共识机制的非主权货币，其从诞生至今一直被视为替代主权货币的重要方式，所彰显的是避免被中心化监管或过度操控的货币制度。〔2〕区块链的技术伦理与比特币的目的在一定程度上是契合的，作为去中心化的应用，区块链技术有逃避监管的底色，当然，实际所寻求的是对生产力效率的积极提升。然而，正如我国作为主权国家不可能允许比特币取得法币地位，区块链技术虽具有去中心的特点，但不意味着其可以完全不受监管地进行应用。〔3〕

基于这一角度便不难得出，我国对区块链技术监管的首要目的便是避免区块链技术基于其技术本身去中心化的特点及逃避监管的技术伦理造成对我国社会管理的冲击，甚至影响国家货币政策及公共管理政策。〔4〕因

〔1〕参见查云飞：《行政程序的区块链再造及其限度》，载《国家检察官学院学报》2023年第2期。

〔2〕参见吕睿智：《数字货币的交易功能及法律属性》，载《法律科学（西北政法大学学报）》2022年第5期。

〔3〕参见李帅、屈茂辉：《数字货币国际监管的法律秩序构建》，载《法学评论》2022年第4期。

〔4〕参见杨延超：《论数字货币的法律属性》，载《中国社会科学》2020年第1期。

此，区块链技术应用的监管核心目的无疑是约束区块链技术特征造成的社会治理的困境，以及区块链技术应用可能造成的对于国家安全，尤其是货币主权安全的潜在危险。

除国家安全的监管目的外，计算机网络安全同样是区块链技术应用的重要监管面向，尤其是数据安全方面。如上文所述，区块链技术作为计算机技术，其本质是数据管理。实践中，区块链技术合规应用多是以区块链技术在数据管理中的优势为根基。因此，无论在何种场景下，区块链技术应用中都存在大量的数据交互及数据交易需求，各类区块链技术应用的不同之处表现为对数据交互规则的不一致，以及数据所承载内容的不一致。因而，无论是对何种区块链技术应用，还是对数据安全及数据权益保护，都将是永恒的话题，也是区块链技术监管的重要方向。换言之，数据系区块链技术的生命线，数据安全与数据权益的保障是区块链技术合法合规应用的重要前提，也是区块链技术监管的重要前提。

然而，实践中区块链技术应用在数据安全及数据权益保护方面的监管存在诸多问题，以何种形式监管，如何监管及责任和义务的确认都存在较大争议。在我国当下的立法体系中，数据权益以数据控制者的确定为逻辑起点，而这也为区块链技术应用的数据管理形成了理论上的障碍，因此，数据安全反而成为区块链技术监管的“漏网之鱼”，并未得到相应的重视。但是，笔者认为，随着区块链技术应用的不断成熟，我国对于区块链技术应用监管方式的不断完善，区块链技术应用中的数据安全将成为未来区块链技术监管的重要方向。

二、以合理目的作为治理导向

如果说，数字货币的到来对社会经济秩序的影响如同洪水猛兽，那么，对其的治理则宜疏不宜堵。如上文所述，目前数字货币的治理所体现的矛盾核心症结在于过度“一刀切”的监管及对数字货币核心价值的误判乃至于忽视。因此，我们认为，对于当下数字货币的治理应当回到疏导的通道上。

数字货币的核心价值在于共识机制，该机制的确立与运用能够使传统的商业活动迸发新的创新活力，创造非中介的网络市场及分离的对价功能。从这一层面来讲，数字货币的监管要点应该是通过合理的规制发挥其共识机制的作用。为此，不可避免地需要具有数字货币价值的衡量标准与体系。放眼全球数字货币市场，目前包括比特币在内的数字货币价格主要还是由投资与交易所驱动。为数字货币的投资与交易提供合法合规的渠道与政策则成为规范治理中所需要具备的理性目的。[1]进一步而言，不应过度担忧在数字货币这一应用场景下，数字货币会对法定货币造成何种冲击，更应关注数字货币本身的创新价值。若期望技术能够改善社会生活就必须借助法治平衡，单纯遏制必将徒劳无功。诚然，数字货币存在洗钱等犯罪风险，但一见风险就因噎废食，未免太过草率。

因此，建立健全我国数字货币投资交易渠道是进行数字代币治理的重要方式。当然，这并非承认数字货币在我国具有法定货币地位，而是需要为市场的需求在规范的要求下进行释放与保护。对于数字货币的投资交易，基于数字货币明显的金融表征，可以考虑由银保监会或证监会来负责监督，创建数字货币交易所。[2]

当然，在这一过程中，我们需要对数字货币交易所的设立条件、监管职责、法律责任乃至于合规要求予以明确的规范化，使得数字货币在具有法定监督职责的交易中心中，进行有序的、合理的交易，以便在国家监管机关与投资者之间形成良性的过渡与互动。为此，可以参考现行其他交易所的制度，要求交易所持牌上岗，严控监管，为数字货币构建生存空间，释放数字货币创新活力。[3]同时，交易所的设立为数字货币价格的计算提供了合理的依据，进而实现数字货币侵权类案件中的有据可依，有价可算，保护了权利人的合法权益，避免了司法中的“退而求其次”。

---

〔1〕 欧阳本祺、童云峰：《区块链时代数字货币法律治理的逻辑与限度》，载《学术论坛》2021 年第 1 期。

〔2〕 参见马明亮、徐明达：《数字资产刑事处置的公私协作平台建设》，载《数字法治》2023 年第 4 期。

〔3〕 参见吴晓灵、李曙光、郭雳：《金融改革与法律监管》，载《中国法律评论》2023 年第 3 期。

三、制定有针对性的监管政策

不可否认的是，由于数字货币价格的涨跌所带来的暴富光环吸引了一批又一批投机者进入市场，数字货币逐步脱离技术价值本身成为可能带来隐患的另一个金融产品。与此同时，还有许多不法分子，打着数字货币的旗号招摇撞骗，导致了十分恶劣的影响。更为重要的是，需要警惕数字货币的发展对法币可能带来的冲击。但无论基于何种缘由，作为区块链技术重要的应用场景，在明确需要发展区块链行业的前提下，监管层面便不应当盲目地“一刀切”。我们认为，在否定数字货币法币价值的基础上，对于更多的，具有实际底层应用价值的数字代币应当在监管层面区分，并且因地制宜地制定监管措施。

首先，对于依托全网参与的共识机制为技术基础的有商业价值的区块链项目，可以尝试放开政策上对该等项目及其衍生 Token 的监管束缚，通过许可或审批的方式，主动将其纳入监管，促进其稳定向好发展，由此更能推动这一潜在的新兴技术行业的成长。〔1〕具体的实施方式可以是将区块链项目和其 Token 作为类证券的项目（这也是其他认可数字货币交易的司法管辖区往往采取的对数字货币的定性模式）进行监管。项目组可以就其所开发的项目和链的应用场景提出申请，经审批后进行主网上线，并招募参与者投入资源参与以换取相应的 Token。Token 的价值将由市场供需决定，以区块链项目（往往是基于某个链的技术）能够产生的共识价值和由此而产生的应用前景作为判断项目优劣和项目价值的标准〔2〕，从而许可参与方投入资源而获取 Token 作为类证券的权益。

在这种情况下，Token 本身的价值也将与区块链项目在实际应用中产出的技术和共识价值相适应，从而产生正向的反馈和激励。这样既解决对区块链所发行的 Token 实施制度化的监管，也能够使共识机制的效用和参

〔1〕 参见朱娴：《代币发行交易中的犯罪风险》，载《国家检察官学院学报》2018 年第 6 期。

〔2〕 参见林竹静：《去中心化自治组织犯罪的形态剖析与治理对策》，载《犯罪研究》2023 年第 6 期。

与者的投入所获得的回馈相匹配。

其次，对于非基于共识机制为基础的所谓数字货币，即上文所述的基于中心化体系的区块链项目，或是不具有实际底层价值的空气币，[1]监管的“大棒”则可以适时地挥动。加强对该类区块链项目的识别，杜绝该类区块链项目中的数字货币进入金融领域或实际进行交易，以此维护市场秩序，避免可能的诈骗行为。

在区分监管的制度中，数字货币的治理能够有效匹配区块链行业的支持与鼓励政策，有效解决治理矛盾的问题，也更能正向鼓励企业进行区块链项目的创新与发展。

四、发展“以链治链”的监管模式

发展的问题需要通过发展来解决，技术的监管也应当通过技术来解决。目前，我国的实践已逐步重视发展、更新区块链技术应用的监管模式与监管技术，其中，引起关注最多的便是“以链治链”。所谓“以链治链”，就是用区块链的技术治理区块链及其应用，其不仅是对区块链技术的正确理解，也是对区块链技术应用的正确理解。

一方面，在技术层面，以链治链的模式便是通过设置以政府或相关监管机构为主导的主权区块链的加入，多层协作，与政府数据开放相关的各个利益主体均可被置于互联、并行的主权区块链中，形成由政府引导、多元主体参与的政府数据开放治理格局。[2]事实上，区块链的本质是一个集体维护的数据账本，而且，由于区块链的联盟链或私有链数据可以根据权限实现分级共享，监管机构通过链的形式加入，并进行管理是具有可行性与合理性的。

另一方面，通过区块链技术治理区块链项目是对区块链技术应有的正确理解。区块链不仅包含一种存储信息和处理信息的机制，还可以利用区

---

〔1〕 参见耿阁、陈轶群、余意然：《协同推进电信网络诈骗案件追赃挽损——电信网络诈骗追赃挽损与财产处置研讨会综述》，载《人民检察》2023 年第 16 期。

〔2〕 参见匡梅：《主权区块链：政府数据开放的创新治理模式》，载《重庆大学学报（社会科学版）》2023 年第 6 期。

块链技术打造监管规则执行平台。〔1〕通过区块链的智能合约和共识机制，监管机构可以在其系统中建立内置的预防性合规系统，如反洗钱、欺诈预防等。传统的监管解决方案可以解决很多市场紊乱问题，规范市场健康运行，但也存在监管效率不高、监管成本高等问题。而通过区块链技术加强监管是一个非常重要的应用场景，因为，人们在区块链上的所有操作都是可以被记录，且较难更改的，利用区块链技术对区块链进行监管恰能解决市场监管中的很多问题。〔2〕因此，如上文所述，监管所要辖制的核心并非区块链技术本身，而是区块链技术的应用，故而，区块链也不会对监管造成阻碍，还会成为监管的助力，让监管更容易，也因此通过区块链技术监管区块链应用是区块链技术应用的正确理解。

事实上，域外国家也在积极地探索“以链治链”的模式，〔3〕包括英国、澳大利亚、新加坡等国家监管机构。由于区块链技术本身的特性，“以链治链”的模式更好地解决了不同情景下的区块链项目监管要求。笔者认为，通过技术手段来改变监管方式，提高监管效率，降低监管成本是必然趋势。基于区块链的规制系统将有助于提高监管的有效性，用区块链技术来监管区块链市场是未来监管的新方向。

第三节 区块链技术发展的未来展望

一、Web 3.0 下的发展与变革

2009 年比特币诞生至今的十余年时间，区块链技术的发展不可谓不迅速。无论是技术探究还是应用场景的不断扩宽，区块链技术都以其去中心化、不易篡改、便于溯源的技术特征在金融、数据、政务、民事等各个行

〔1〕 参见杨东、马扬：《数字货币监管溢流的协同规制》，载《证券法苑》2019 年第 2 期。

〔2〕 参见洪学海、汪洋、廖方宇：《区块链安全监管技术研究综述》，载《中国科学基金》2020 年第 1 期。

〔3〕 参见杨东：《“以链治链”：面向元宇宙的区块链司法科技范式革命》，载《中国应用法学》2022 年第 6 期。

业或领域中迸发出巨大的价值，也成为我国数字基建中的重要技术。而随着区块链与大数据、云计算、物联网等周边技术的深度融合，“区块链+”所带来的涟漪效果将进一步体现，区块链的行业渗透率亦将进一步提升。

立足当下的区块链技术与其应用情况，区块链的实际潜力还尚未得以充足开发，尤其是在数字货币遭遇政策紧缩的情况下。回顾 Web 1.0 时代及 Web 2.0 时代，基于中心化的组织或机构建设信用体系是传统商业社会的基础。[1] Web 1.0 可以理解为第一代互联网，20 世纪 90 年代，计算机刚刚普及，互联网的概念刚刚兴起，只可以简单打开网页翻看信息，完全是被动接收信息。在 Web 1.0 时代，人们从互联网获取信息，但是这些信息大部分是只读的。Web 1.0 的典型代表是新浪、搜狐、网易这样的门户网站。而时至 2004 年，由于当时互联网在网速、光纤基础设施和搜索引擎等方面都取得了发展，用户从被动地接收信息，变成可以自主发布言论，与其他用户进行交流。当下最流行的短视频平台就是 Web 2.0 的典型代表。但无论是 Web 1.0 还是 Web 2.0，用户的线上活动都依赖于特定的互联网平台；虽然在 Web 2.0 阶段，用户可以是内容的生产者，但规则依然由互联网平台制定，用户缺乏自主权。[2]

区块链技术是技术发展的结果，亦是技术发展的可能。事实上，区块链技术的意义不仅在于其变革了数据管理，更在于其提出了新的社会交互模式。在区块链技术出现前，尚无任何一个行之有效的去中心化的信息体系，而区块链技术则首次使去中心化的价值交换系统成为可能。随着具有图灵完备的智能合约在以太坊中的使用，上述的去中心化的价值交互系统有了更多的应用可能性。如上文所述，Web 2.0 时代的技术局限性在于对特定中介结构的依赖，使用户缺乏自主权，而区块链技术便成为突破该技术局限性的重大可能，为 Web 3.0 时代的到来进行了底层技术铺垫。可以认为，区块链技术是目前互联网从 Web 2.0 向更安全、更自由的 Web 3.0

---

〔1〕 参见徐珉川：《知识产权的“去中心化”——比特币与登记制度》，载《科技与法律》2014 年第 3 期。

〔2〕 参见姚前：《Web3.0：渐行渐近的新一代互联网》，载《中国金融》2022 年第 6 期。

转变的核心技术基础。[1]具体而言，在区块链技术加持下，Web 3.0 将引来如下变化：

第一，数据权益的回归。数据作为数字经济范式下日益重要的生产要素和基础设施，由广大用户日常各种行为产生，具有越来越强的公共属性，但由于现阶段每个用户自己掌握数据的条件尚未完全成熟，因此，Web 2.0 的数据系由平台方代为管理、利用用户数据[2]。而区块链技术则为用户掌控数据提供可能，分布式账本技术提供了一种全新的自主可控数据方案。用户数据经密码算法保护后在分布式账本上存储，而不再依赖中心化平台。因而，Web 3.0 将打破中心化模式下数据控制者对数据的天然垄断，数据权益由真正的数据主体享有，在区块链中，数据主体的同意权、访问权等都将通过技术得到保护与实现。

第二，用户拥有自主权。互联网技术发展的过程是逐步以技术加持用户的过程，Web 3.0 被视为以用户为核心的时代。区块链技术的分布式账本提供了严防篡改的可信计算范式，在这一可信机器上，发证方、持证方和验证方之间可以端到端地传递信任。因而，基于区块链技术 Web 3.0，用户无须在互联网平台上开户，而是通过公私钥的签名与验签机制相互识别数字身份。[3]与此同时，基于智能合约，链上交互具有了技术可信的优势，程序上的操作对于任何用户而言都将是公开透明的，严格按照智能合约所确认的逻辑进行执行，行为的结果完全可预期。换言之，由于规则与执行的全透明，用户将真正掌握自主权，行为的路径、执行、结果都将被有效地记录、检测、公开。基于此，用户不再依赖特定中心化平台的部署，技术层面的开发与开源赋予了用户实质的自主能力。

第三，全新的信任与协作模式。流量是 Web 1.0 时代与 Web 2.0 时代的主要经济形式，也是发展的主要桎梏。中心化的平台以引流、导流为核心目的及获益方式，而用户作为互联网价值的源泉，不得不在中心化的平

[1] 参见刘艳：《三层技术架构撑起 Web3.0》，载《科技日报》2022 年 7 月 11 日，第 6 版。

[2] 参见吴桐、商健光：《Web 3.0：元宇宙的底层网络结构》，载《东北财经大学学报》2023 年第 2 期。

[3] 参见姚前：《Web3.0：渐行渐近的新一代互联网》，载《中国金融》2022 年第 6 期。

台建立信任，进行协作。当平台的红利期过去，用户将毫无意外地被平台占有，并榨干剩余价值。Web 3.0 则将改变上述的组织方式和商业模式。基于区块链系统打造的全新信任机制，用户与用户之间的交互将自主完成，项目或交易的实现不再需要中介方的供需配给，而是通过去中心化自治组织点对点实现，从而实现标准化的、技术互信的、可编程的去中心化社会协作新模式。总体来说，区块链是一种去中心化的信任中介，它将人与人之间的信任转化为人与机器的信任。更进一步说，它将人们对抽象的社会制度、法律合同的信任转化为计算机语言书写的、可自动化执行的规则的信任。在这样的信任机制下，人们的合作将向着新的可能性前进。[1]

二、大力发展区块链技术基建及数字人民币

（一）发展区块链技术基础设施建设

区块链技术有十分广阔的应用场景及发展空间。无论是境内还是境外的企业或政府都已经开始布局自身的区块链的产业。2015 年 12 月，IBM 与其他 29 名成员共同创立 Hyperledger 开源项目，致力于将区块链的解决方案应用于各个行业之中。2015 年，行业巨头微软也正式开始区块链技术的构建，启动了“Azure 区块链即服务（BaaS）”计划。网络社交行业的先驱公司 Facebook 同样下场参与竞争，其通过与其他实体合作的方式，开发运营基于区块链技术的 Libra 项目，发行 Libra 币，[2]在 2019 年引起了大量关注。我国科技企业也较早地入局区块链行业。2016 年，腾讯公司自研区块链底层技术平台 TrsutSQL 建立，2017 年，腾讯公司成为首批通过中国信通院《可信区块链检测标准》的单位。此后，腾讯公司还是陆续与政府部门合作，开发司法服务区块链及税务服务区块链。百度在 2017 年 5 月通过合作方式发布国内首单区块链技术支持的 ABSI 项目。2019 年 5 月，百度区块链平台 Xuper Chain 正式开源，百度希望通过 Xuper Chain 适配比

---

〔1〕 参见彭小准、董晨晨：《Web3.0、元宇宙与金融科技的发展》，载《金融科技时代》2022 年第 8 期。

〔2〕 参见罗辉林：《Libra，比特币的“帮凶”》，载微信公众号“本质说”，2019 年 6 月 21 日。

特币和以太坊生态，力图打造区块链最为广泛的应用场景。支付宝母公司蚂蚁集团也在2015年投身区块链行业布局。

在当下区块链产业激烈的市场竞争中，除区块链技术研究的比拼外，在国家层面，还注重两个方面关键话语权的抢夺。一方面是对于大型国家级区块链项目基础设施的构建，另一方面是对于数字代币结算的布局。

我国已较早进行大型区块链项目基础设施的建设，由工信部、国家信息中心、中国人民银行共同牵头建设了几个大型区块链项目，旨在构建新型基础设施。首先，关于链网建设。2020年8月，由工信部发起的“星火”链网建设正式启动。2020年9月，星火链网首个超级节点签约落地重庆两江新区。截至2021年2月，星火链网已拥有12个超级节点，3个骨干节点和34个服务节点，运行了23条子链。星火链网以许可公有链形态构建区块链网络，通过内置的标识管理能力向整个接入的区块链网络提供标识基础服务，并以此提供跨链互通的能力。2019年8月，由国家信息中心带头，中国移动等多家公司参与建设的区块链服务网络1.0.0版本正式发布。区块链服务网络以解决联盟链应用的高成本为核心，致力于提供跨云服务、跨门户、跨底层架构，用于部署和运行区块链应用的全球性公共基础设施网络。当前，区块链服务网络已发展至1.4.0版本，可适配Fabric国密、FISCO BCOS、以太坊等多种联盟链及公有链框架，促进了区块链技术应用的快速发展与普及。除上述大型区块链项目外，在顶层设计层面，中国银行数字货币研究所与中国人民银行深圳中心支行牵头发起的中国人民银行贸易金融区块链平台也已完成建设，并投入使用。

笔者认为，区块链基础设施的项目建设是发展区块链技术，推动区块链技术应用的重要因素。通过区块链基础设施建设的进一步强化，以及顶层设计的优化，能够在国际区块链技术应用中取得较大优势。[1]吸引更多优质的跨境区块链技术应用，从而把握区块链技术应用的主导权，在国际竞争中取得优势。

---

〔1〕 参见李佳佳：《区块链赋能新基建的作用和价值研究》，载《商业经济》2020年第12期。

（二）大力发展数字人民币

自比特币问世以来，私营部门推出各种所谓加密货币。据不完全统计，目前有影响力的加密货币已达 1 万余种，总市值超 1.3 万亿美元。[1] 比特币等加密货币采用区块链和加密技术，宣称“去中心化”“完全匿名”，但缺乏价值支撑、价格波动剧烈、交易效率低下、能源消耗巨大等限制，导致其难以在日常经济活动中发挥货币职能。同时，加密货币多被用于投机，存在威胁金融安全和社会稳定的潜在风险，并成为洗钱等非法经济活动的支付工具。针对加密货币价格波动较大的缺陷，一些商业机构推出所谓“稳定币”，试图通过与主权货币或相关资产锚定来维持币值稳定。[2] 有的商业机构计划推出全球性稳定币，此举无疑将给国际货币体系、支付清算体系、货币政策、跨境资本流动管理等带来诸多风险和挑战。

当前，各主要经济体均在积极考虑或推进央行数字货币研发。国际清算银行最新调查报告显示，65 个国家或经济体的央行中约 86%已开展数字货币研究，正在进行实验或概念验证的央行从 2019 年的 42%增加到 2020 年的 60%。据相关公开信息，美国、英国、法国、加拿大、瑞典、日本、俄罗斯、韩国、新加坡等国央行及欧央行近年来以各种形式公布了关于央行数字货币的考虑及计划，有的已开始甚至完成了初步测试。

因此，我国发展数字人民币具有必要性与迫切性。一方面，通过采用区块链技术，数字人民币能够更为充分有效地实现货币电子化，向社会公众提供更为多元的货币形式，满足当下货币需求，亦能够为跨境支付及人民币国际化提供重要推力。另一方面，同样重要的是，目前且较长一段时间内，数字货币市场会是区块链技术的重要应用场景，不仅是既有的比特币市场将长期存在且保持，而且对于其他区块链技术应用的发展而言，也势必将进一步活跃数字代币市场。可见，对于数字代币市场的话语权抢夺

---

〔1〕 代小佩：《央行：有影响力的加密货币已达 1 万余种　总市值超 1.3 万亿美元》，载 http://www.stdaily.com/index/kejixinwen/2021-07/16/content_ 1183892.shtml，最后访问日期：2023 年 12 月 10 日。

〔2〕 参见覃俊豪：《电子支付的法律监管问题研究：基于数字货币的视角》，载《电子知识产权》2022 年第 11 期。

同样重要。也因此，许多市场主体希望通过推行稳定币的形式来占有市场主导权。事实上，这背后还暗含对于主权货币的竞争，其中最为典型的便是 USDT。

Tether USD 是 USDT 的全称，中文名为泰达币。发行方 Tether 于 2015 年在 Bitfinex 及 Poloniex 上线 USDT。[1]作为稳定币，Tether 承诺每一枚 USDT 背后都有价值 1 美元的现金或者等价物来支撑 USDT 的价值，现如今已经发行了 200 亿美元规模，成为稳定币的头部，其从 BTC 中，慢慢拓展到 ETH、TRX、Algorand、OMG 等多条链上。USDT 通过锚定美元，给予数字货币市场以充分的信心，以此作为其稳定币的重要支点。而随着 USDT 的不断壮大，美元成为加密资产价格的锚点，逐步开始成了作为区块链和数字货币的结算媒介，掌握了数字货币市场的话语权。[2]

为此，我国应当大力发展数字人民币，通过数字人民币的锚定，抢夺数字货币市场的话语权，建设具有中国特色的数字货币的结算中心，使数字人民币成为数字货币的结算媒介，进一步在区块链的市场中取得优势。

---

〔1〕《数据告诉你，USDT 才是属于币圈普通人的机会》，载 https://zhuanlan.zhihu.com/p/78001556，最后访问日期：2023 年 12 月 10 日。

〔2〕参见张蓓、张晓艳、张文婷：《稳定币发展现状与潜在宏观政策挑战》，载《国际经济评论》2023 年第 2 期。

附　录

区块链重要中央政策一览表

发布时间	名称	发文单位	所涉内容摘要
2013年12月	《关于防范比特币风险的通知》	中国人民银行、工业和信息化部、中国银行业监督管理委员会（已撤销）、中国证券监督管理委员会、中国保险监督管理委员会（已撤销）	一、正确认识比特币的属性 二、各金融机构和支付机构不得开展与比特币相关的业务 三、加强对比特币互联网站的管理 四、防范比特币可能产生的洗钱风险 五、加强对社会公众货币知识的教育及投资风险提示
2016年12月	《“十三五”国家信息化规划》	国务院	加强量子通信、未来网络、类脑计算、人工智能、全息显示、虚拟现实、大数据认知分析、新型非易失性存储、无人驾驶交通工具、区块链、基因编辑等新技术基础研发和前沿布局，构筑新赛场先发主导优势
2017年1月	《关于创新管理优化服务培育壮大经济发展新动能加快新旧动能接续转换的意见》	国务院办公厅	在人工智能、区块链、能源互联网、智能制造、大数据应用、基因工程、数字创意等交叉融合领域，构建若干产业创新中心和创新网络。建成一批具有国际水平、突出学科交叉和协同创新的科研基地，着力推动跨界融合的颠覆性创新活动
2017年1月	《关于进一步推进国家电子商务示范基地建设工作的指导意见》	商务部	大力发展众创空间等新型孵化器，完善技术支撑服务和创业孵化服务，提升孵化能力。推动示范基地创业孵化与科研院所技术成果转化有效结合，促进大数据、物联网、云计算、人工智能、区块链等技术创新应用
2017年1月	《商贸物流发展“十三五”规划》	商务部、发改委、国土资源部、交通运输部、国家邮政局	推广使用自动识别、电子数据交换、货物跟踪、智能交通、物联网等先进技术装备，探索区块链技术在商贸物流领域的应用，大力发展智慧物流

续表

发布时间	名称	发文单位	所涉内容摘要
2017年7月	《新一代人工智能发展规划的通知》	国务院	促进区块链技术与人工智能的融合，建立新型社会信用体系，最大限度降低人机交往成本和风险
2017年8月	《关于开展供应链体系建设工作的通知》	商务部办公厅、财政部办公厅	支持供应链核心企业追溯系统创新升级。重点推进二维码、无线射频识别（RFID）、视频识别、区块链、GS1、对象标识符(OID)、电子结算和第三方支付等应用，推动追溯系统创新升级
2017年8月	《关于进一步扩大和升级信息消费持续释放内需潜力的指导意见》	国务院	鼓励利用开源代码开发个性化软件，开展基于区块链、人工智能等新技术的试点应用
2017年9月	《偿二代二期工程建设方案》	中国保险监督管理委员会（已撤销）	跟踪云计算、大数据、人工智能、区块链等金融科技的发展趋势，开展监管科技的应用研究，积极探索新科技条件下新型的保险业审慎监管
2017年9月	《关于防范代币发行融资风险的公告》	中国人民银行、中央网络安全和信息化领导小组办公室(已变更)、工业和信息化部	一、准确认识代币发行融资活动的本质属性 二、任何组织和个人不得非法从事代币发行融资活动 三、加强代币融资交易平台的管理 四、各金融机构和非银行支付机构不得开展与代币发行融资交易相关的业务 五、社会公众应当高度警惕代币发行融资与交易的风险隐患 六、充分发挥行业组织的自律作用
2017年10月	《关于积极推进供应链创新与应用的指导意见》	国务院办公厅	研究利用区块链、人工智能等新兴技术，建立基于供应链的信用评价机制。推进各类供应链平台有机对接，加强对信用评级、信用记录、风险预警、违法失信行为等信息的披露和共享
2017年11月	《关于深化“互联网+先进制造业”发展工业互联网的指导意见》	国务院	促进边缘计算、人工智能、增强现实、虚拟现实、区块链等新兴前沿技术在工业互联网中的应用研究与探索
2017年12月	《关于推进邮政业服务“一带一路”建设的指导意见》	国家邮政局	发挥行业内国家工程实验室等科研机构作用，与沿线国家交流邮政业和互联网、大数据、云计算、人工智能及区块链等融合发展的经验，联合开展科技应用示范

续表

发布时间	名称	发文单位	所涉内容摘要
2018 年 1 月	《知识产权重点支持产业目录（2018 年本）》	国家知识产权局	《目录》确定了 10 个重点产业，细化为 62 个细分领域，明确了国家重点发展和急需知识产权支持的重点产业；有利于各部门、地区找准知识产权支撑产业发展中的着力点，高效配置知识产权资源，协同推进产业转型升级和创新发展。 目录 2.7.6 为区块链
2018 年 1 月	《关于开展为非法虚拟货币交易提供支付服务自查整改工作的通知》	中国人民银行营业管理部	一、各单位即日起立即在本单位及分支机构开展自查整改工作，严禁为虚拟货币交易提供服务，并采取有效措施防止支付通道用于虚拟货币交易。 二、各单位应加强日常交易监测，对于发现的虚拟货币交易，应及时关闭有关交易主体的支付通道，并妥善处理待结算资金
2018 年 2 月	《关于组织开展信息消费试点示范项目申报工作的通知》	工信部办公室	支持发展面向信息消费全过程的现代物流服务。支持多式联运综合物流的创新应用，积极探索利用区块链技术开展物流信息全程监测，推进物流业信息消费降本增效
2018 年 8 月	《关于防范以“虚拟货币”“区块链”名义进行非法集资的风险提示》	中国银行保险监督管理委员会、中央网络安全和信息化委员会办公室、公安部、中国人民银行、国家市场监督管理总局	近期，一些不法分子打着“金融创新”“区块链”的旗号，通过发行所谓“虚拟货币”“虚拟资产”“数字资产”等方式吸收资金，侵害公众合法权益。此类活动并非真正基于区块链技术，而是炒作区块链概念行非法集资、传销、诈骗之实，主要有以下特征： 一、网络化、跨境化明显。 二、欺骗性、诱惑性、隐蔽性较强。 三、存在多种违法风险
2018 年 4 月	《教育信息 2.0 行动计划》	教育部	积极探索基于区块链、大数据等新技术的智能学习效果记录、转移、交换、认证等有效方式，形成泛在化、智能化学习体系，推进信息技术和智能技术深度融入教育教学全过程，打造教育发展国际竞争新增长极
2019 年 2 月	《区块链信息服务管理规定》	国家互联网信息办公室	为了规范区块链信息服务活动，维护国家安全和社会公共利益，保护公民、法人和其他组织的合法权益，促进区块链技术及相关服务的健康发展，根据《中华人民共和国网络安全法》《互联网信息服务管理办法》《国务院关于授权国家互

续表

发布时间	名称	发文单位	所涉内容摘要
			联网信息办公室负责互联网信息内容管理工作的通知》，制定本规定
2019年12月	《数字农业农村发展规划（2019—2025年）》	农业农村部、中央网络安全和信息化委员会办公室	加快推进农业区块链大规模组网、链上链下数据协同等核心技术突破，加强农业区块链标准化研究，推动区块链技术在农业资源监测、质量安全溯源、农村金融保险、透明供应链等方面的创新应用。积极开展5G技术在农业领域的应用研究，建立健全5G引领的智慧农业技术体系
2020年4月	《高等学校区块链技术创新行动计划》	教育部	当前，全球科技创新进入空前活跃的时期，以人工智能、量子信息、移动通信、物联网、区块链为代表的新一代信息技术加速突破。区块链技术的集成应用在全球范围内呈现强劲发展势头，在新的技术革命和产业变革中起着重要作用，将在建设网络强国、发展数字经济、助力经济社会发展等方面发挥更大作用。为加快高校区块链技术创新，服务国家战略需求，制定本行动计划
2020年4月	《关于工业大数据发展的指导意见》	工业和信息化部	加快数据汇聚、建模分析、应用开发、资源调度和监测管理等共性技术的研发和应用，推动人工智能、区块链和边缘计算等前沿技术的部署和融合
2020年9月	《关于以新业态新模式引领新型消费加快发展的意见》	国务院办公厅	大力推动智能化技术集成创新应用。在有效防控风险的前提下，推进大数据、云计算、人工智能、区块链等技术发展融合，加快区块链在商品溯源、跨境汇款、供应链金融和电子票据等数字化场景应用，推动更多企业“上云上平台”
2020年10月	《中华人民共和国中国人民银行法（修订草案征求意见稿）》	中国人民银行	第二十二条　（代币）任何单位和个人不得制作、发售代币票券和数字代币，以代替人民币在市场上流通。 第六十五条　（制作发售代币责任）制作、发售代币票券和数字代币，以代替人民币在市场上流通的，中国人民银行应当责令停止违法行为，销毁非法制作、发售的代币票券和数字代币，没收违法所得，并处违法金额五倍以下的罚款；不能确定违法金额的，处十万元以上五十万元以下罚款。情节严重的，依照第六十一条第二款的规定处罚

续表

发布时间	名称	发文单位	所涉内容摘要
2020 年 11 月	《关于进一步深化改革强化监管提高司法鉴定质量和公信力的意见》	司法部	探索区块链等新技术应用，研发运用案件可查重、可追溯功能，加强数据分析，强化核查比对，防范多头、重复和虚假鉴定发生
2021 年 3 月	《中华人民共和国国民经济和社会发展第十四个五年规划和 2035 年远景目标纲要》	全国人民代表大会	培育壮大人工智能、大数据、区块链、云计算、网络安全等新兴数字产业，提升通信设备、核心电子元器件、关键软件等产业水平
2021 年 5 月	《防范和处置非法集资条例》	国务院	第十九条　对本行政区域内的下列行为，涉嫌非法集资的，处置非法集资牵头部门应当及时组织有关行业主管部门、监管部门以及国务院金融管理部门分支机构、派出机构进行调查认定： …… （二）以发行或者转让股权、债权，募集基金，销售保险产品，或者以从事各类资产管理、虚拟货币、融资租赁业务等名义吸收资金
2021 年 5 月	《全国一体化大数据中心协同创新体系算力枢纽实施方案》	国家发展改革委、中央网信办、工业和信息化部、国家能源局	（七）促进数据有序流通。 建设数据共享、数据开放、政企数据融合应用等数据流通共性设施平台，建立健全数据流通管理体制机制。试验多方安全计算、区块链、隐私计算、数据沙箱等技术模式，构建数据可信流通环境，提高数据流通效率
2021 年 5 月	《关于防范虚拟货币交易炒作风险的公告》	中国互联网金融协会、中国银行业协会、中国支付清算协会	一、正确认识虚拟货币及相关业务活动的本质属性 二、有关机构不得开展与虚拟货币相关的业务 三、消费者要提高风险防范意识，谨防财产和权益损失 四、加强对会员单位的自律管理
2021 年 5 月	《关于坚决打击惩戒虚拟货币“挖矿”行为八项措施》	内蒙古自治区发展和改革委员会	一、对工业园区、数据中心、自备电厂等主体为虚拟货币“挖矿”企业提供场地、电力支持的，依据《中华人民共和国节约能源法》《中华人民共和国电力法》等相关法规，加大节能监察力度，核减能耗预算指标；对存在故意隐瞒不报、清退关停不及时、审批监管不力的，依据有关法律法规和党内法规严肃追责问责

续表

发布时间	名称	发文单位	所涉内容摘要
2021 年 9 月	中国人民银行、中央网信办、最高人民法院等《关于进一步防范和处置虚拟货币交易炒作风险的通知》	工业和信息化部、公安部、国家市场监督管理总局、中国银行保险监督管理委员会、中国证券监督管理委员会、国家外汇管理局	市场监管部门加强市场主体登记管理，企业、个体工商户注册名称和经营范围中不得含有“虚拟货币”“虚拟资产”“加密货币”“加密资产”等字样或内容
2021 年 12 月	《国务院关于印发计量发展规划（2021—2035 年）的通知》	国务院	充分运用大数据、区块链、人工智能等现代技术，探索建立新型计量监管模式和制度，推动监管重点从管器具向管数据、管行为、管结果的全链条计量监管体制转变
2022 年 1 月	《国务院办公厅关于加快推进电子证照扩大应用领域和全国互通互认的意见》	国务院办公厅	加强电子证照签发、归集、存储、使用等各环节安全管理，严格落实网络安全等级保护制度等要求，强化密码应用安全性评估，探索运用区块链、新兴密码技术、隐私计算等手段提升电子证照安全防护、追踪溯源和精准授权等能力
2022 年 4 月	《国务院办公厅关于进一步释放消费潜力促进消费持续恢复的意见》	国务院办公厅	健全进口冷链食品检验检疫制度，加快区块链技术在冷链物流智慧监测追溯系统建设中的应用，推动全链条闭环追溯管理，提高食品药品流通效率和安全水平
2022 年 4 月	《国务院办公厅关于印发“十四五”国民健康规划的通知》	国务院办公厅	推广应用人工智能、大数据、第五代移动通信（5G）、区块链、物联网等新兴信息技术，实现智能医疗服务、个人健康实时监测与评估、疾病预警、慢病筛查等
2022 年 5 月	《国务院关于印发扎实稳住经济一揽子政策措施的通知》	国务院	鼓励平台企业加快人工智能、云计算、区块链、操作系统、处理器等领域技术研发突破
2022 年 7 月	《国务院办公厅关于进一步规范行政裁量权基准制定和管理工作的意见》	国务院办公厅	要推进行政执法裁量规范化、标准化、信息化建设，充分运用人工智能、大数据、云计算、区块链等技术手段，将行政裁量权基准内容嵌入行政执法信息系统，为行政执法人员提供精准指引，有效规范行政裁量权行使

续表

发布时间	名称	发文单位	所涉内容摘要
2022 年 9 月	《国务院办公厅关于印发全国一体化政务大数据体系建设指南的通知》	国务院办公厅	坚持新发展理念，积极运用云计算、区块链、人工智能等技术提升数据治理和服务能力，加快政府数字化转型，提供更多数字化服务，推动实现决策科学化、管理精准化、服务智能化
2022 年 10 月	《国务院关于数字经济发展情况的报告》	国务院	数字技术研发投入逐年上升，量子计算原型机、类脑计算芯片、碳基集成电路等基础前沿领域取得原创性突破，人工智能、区块链、物联网等新兴领域形成一批自主底层软硬件平台和开源社区，关键产品技术创新能力大幅提升，初步形成规模化应用效应
2022 年 10 月	《国务院关于金融工作情况的报告》	国务院	2018 年以来，按照党中央确立的“稳定大局、统筹协调、分类施策、精准拆弹”的基本方针，坚决打好防范化解重大金融风险攻坚战，取得重要阶段性成果，金融风险整体收敛、总体可控，金融体系经受住了复杂环境的冲击考验。2022 年以来，继续积极稳妥化解金融风险。……四是严厉打击非法金融活动。打击非法集资、境内虚拟货币交易炒作和地下钱庄、跨境赌博等非法跨境金融活动
2022 年 12 月	《中华人民共和国反电信网络诈骗法》	全国人大常委会	第二十五条　任何单位和个人不得为他人实施电信网络诈骗活动提供下列支持或者帮助： …… （二）帮助他人通过虚拟货币交易等方式洗钱
2023 年 5 月	《深入贯彻落实习近平总书记重要批示精神加快推动北京国际科技创新中心建设的工作方案》	科技部等十二部门	支持公共底层技术平台和中试平台建设，打造超大规模人工智能模型训练平台、区块链可信数字基础设施平台以及相关领域中试熟化平台、概念验证平台等，加速前沿技术和底层技术快速迭代与创新突破
2023 年 6 月	《数字人社建设行动实施方案的通知》	人力资源社会保障部	利用 5G、视频、区块链等技术，辅助远程实现工伤事故调查、劳动能力鉴定。全面实现非涉密人社信息系统通过电子社保卡扫码登录

续表

发布时间	名称	发文单位	所涉内容摘要
2023 年 11 月	《关于加快建立产品碳足迹管理体系的意见》	国家发展改革委	将创新作为提高碳足迹管理水平的关键，强化碳足迹核算和数据库构建相关技术方法的原始创新集成创新和消化吸收再创新，引导碳足迹管理与大数据、区块链、物联网等技术交叉融合
2024 年 1 月	《关于推动未来产业创新发展的实施意见》	工信部等七部门	探索以区块链为核心技术、以数据为关键要素，构建下一代互联网创新应用和数字化生态。面向新一代移动信息网络、类脑智能等加快软件产品研发，鼓励新产品示范应用，激发信息服务潜能
2024 年 1 月	《区块链和分布式记账技术标准体系建设指南》	工信部等三部门	到 2025 年，初步形成支撑区块链发展的标准体系建立标准体系建设和标准研制的总体规则，重点面向基础共性、应用和服务等标准化领域，制定 30 项以上区块链相关标准，基本满足我国区块链标准化需求

关键词索引

B

扁平式治理模式　35

不可能三角　21，28

C

传销　Ⅵ，123，132，136～138，156，177，181，183，194，197～199，216，217，223，224，232，274～277，279，280，301

侧信道攻击　264

超级节点　249，296

D

点对点系统　8

DApp　32～35，63，68，205，207～209，212，213，216，266

DeFi　7，10，11，51，52，63，64，68，72，73，96，210～218

代码安全审计　264，270

多层级代理　279

F

非对称加密技术　21，184

NFT　7，10～12，51，52，63，64，67，72，73，96，97，102，103，135，140，160，218，219，221～223，259，272

分布式技术　7，154，155，160，161，210

反洗钱　37，64，66，88，90，91，97，98，103，106，108，111～113，

116，117，142，152，187~189，213，223，285，292

非法获取计算机信息系统数据　157，158，169，171，172，174，206，207

非法集资　Ⅵ，75，123，132，136~138，156，158，170，177，179，180，190，194，197，273，301，303，305

非法经营罪　180~182，216，222，232

IPFS　193~196，273，276

分布式存储系统　192，193

G

供应链管理　39，40

共识机制　19，21，22，23，28，29，32，51，52，54，58，70，75，78，154，155，160，161，166，184，196，231~233，242，243，245，247，250，256，258，260~263，267，287~292

通货膨胀　114

国家安全　123，133，139，167，177，195，231，232，286，288，301

公共管理政策　287

H

哈希算法　21，56，131，184

豪威测试　93

货币主权　133，138，139，288

后门攻击　263，270

J

激励机制　23，27，80，136，154，155，198，208，213，268，273，287

加密数字货币　Ⅶ，5，8~11，17，28~32，34，36，37，44~57，59~64，66~80，86~94，96~103，105~108，110~116，135，137，138，140~142，147~149，151，153，157，165~171，199，225

加密数字货币交易所　47，53，55，68，71，73，87，90，98，106，

107，137，148
极端自由主义　241
交易延展性攻击　266，267
拒绝服务攻击　265，266

K
空投　45，70，73，206
矿池　29，31，265
跨链互通　131，296

L
零知识证明　61
链上治理　246，247
链下治理　246，247
冷钱包　73

M
密码朋克　44
密码学　V，5，7，14，15，36，52，53，55，56，70，184，185，199，263，264
Merkle 树　7，22

N
女巫攻击　29，248，250，268

P
P2P 网络技术　21，22

Q
去中心化网络　V，4，6，194

去货币化　133，136~138，140，173，174
去金融化　136~139，154
区块链应用备案　252

R

燃料币　45
热钱包　27，73
日蚀攻击　266

S

时间戳　21~23，58，61，78，131，263，268
ICO　45，48，49，64~66，73，91，93，94，96，105~107，111，115，132，135，138，148，153，174，175~181，223，271~273，277
数字藏品　7，10，140
沙盒监管　47，90，115，141，159
双重花费攻击　260，266，267
数字基建　293
数字人民币　97，130，166，295，297，298

W

稳定币　11，34，45，48，49，61，63，68~70，93，97，99，100，111，141，144~147，179，189，210，212~214，217，285，286，297，298
网络犯罪　Ⅰ，96
无政府主义　54，240，241，245

X

信托宪章　100

Y

元宇宙　Ⅰ，Ⅴ，7，10，11~13，41，52，73，218，219，221，225，

229，231

一带一路　141，143，300

自愿发牌制度　147

以链治链　159，249，291，292

Z

质押币　197

智能合约　5～8，10，11，14，21，23～27，30，31，34，36～38，40，48，49，51，56，57，59，61，68，71～73，76，92，103，117，140，143，159，161，176，184，185，199～214，216～218，224，225，227，242，247，250，252～254，257，258，260～263，269～271，292～294

主权区块链　291

后 记

近年来，随着区块链技术的不断发展，区块链基础功能框架已趋于稳定，其技术应用也大量涌现，得到了各界的关注。然而，区块链技术应用的背后潜藏着许多法律风险，亟待进行合规治理。本书立足于区块链技术本身，通过技术角度解析其应用中的监管疑难、法律风险与合规要求。我们充分借鉴了国内外研究经验，搭建了区块链技术应用从规范到风险再到治理的各层面分析路径，希望为我国区块链技术应用的研究与实践提供有益的参考和借鉴。

在第一章“区块链的基础理论”中，对区块链基本技术、产业影响及其目前主流应用场景，即数字货币的发展与未来进行了阐述与说明。在第二章“区块链技术与数字代币监管的域外实践”中，介绍了域外的区块链技术应用及数字代币的监管政策及实践情况。在第三章“我国区块链技术与数字代币监管的相关实践”中，介绍了我国区块链技术与数字代币的监管现状及监管困境。在第四章“当前监管背景下区块链技术的应用风险”中，剖析了各区块链应用场景下的法律风险，并以案例分析的形式，充分分析了风险背后的法律逻辑。在第五章“区块链技术及应用的风险防范治理模式”中，基于前述讨论，架构了我国区块链技术应用各环节中的合规问题及合规治理思路。在第六章“区块链技术监管的政策建议及未来展望”中，对区块链技术监管及技术发展的未来展开论述。

本书的作者既有区块链技术领域中理论与实务经验丰富的法律工作者，也有掌握区块链技术了解产业发展的一线研究者。马贺、陈沛文系本书核心作者，其通过经验及研究形成本书框架逻辑及主要观点，共同讨论、指导项目研究及本书撰写工作，实际落实把握各章节撰写要旨及方向。其他参与编撰作者在相关指导下，共同参与各具体章节的撰写工作，将马贺、陈沛文的研究文章、日常讲座、授课内容等进行整理与编写，形成具体章节内容。我们希望通过共同的努力，为搭建我国区块链技术应用规范体系作出贡献。诚挚希望读者朋友能与我们一道探讨，也欢迎各位读者朋友提出您宝贵的意见。

全书的撰写具体分工如下：

第一章：麻双豹

第二章：麻双豹

第三章：陈沛文、张伟伟

第四章：陈沛文、张警语、黄双双

第五章：陈沛文、陆姚旭

第六章：马贺、张伟伟

此外，特别感谢林潇狄、刘鹏、刘玲为本书撰写作出的贡献。